Köster

Spiegelungen

Für Raffael, Eva und Tamina
Für Maretta, die mir die Hintergründe erkennen half

Der Arzt soll die Kraft und die Natur der Krankheit im Ursprung suchen und nicht in dem, was von der Krankheit selber kommt, denn den Rauch vom Feuer sollen wir nicht löschen, sondern allein das Feuer selbst.

Paracelsus, „Große Wundarznei", 2. Buch

Prof. Dr. med. Walter Köster

Spiegelungen zwischen Körper und Seele

- Erkennen Sie psychosomatische Zusammenhänge des Heilens aus der Sicht eines erfahrenen Homöopathen

Haug

Die Deutsche Bibliothek – CIP-Einheitsaufnahme

Ein Titeldatensatz für diese Publikation ist bei Der Deutschen Bibliothek erhältlich·

Haug Sachbuch:
Büro Stuttgart, Steiermärker Straße 3–5, 70469 Stuttgart

Lektorat: Dr. Elvira Weißmann-Orzlowski
Textbearbeitung: Susanne Arnold
Illustrationen: Maretta Köster
Umschlagillustration: Maretta Köster
Umschlaggestaltung: Cyclus • Visuelle Kommunikation, Stuttgart
Satz: IPa, 71665 Vaihingen/Enz
Druck: Gutmann, Talheim

ISBN 3-8304-2051-X 2 3 4 5

Inhalt

Die Einordnung kleinerer Organe und bestimmter Krankheiten entnehmen Sie bitte dem Stichwortverzeichnis.

Vorwort

Niemals kam ein Körper ohne Seele in meine Behandlung, niemals eine Seele ohne Körper. Solange ich lebende Menschen behandelte, waren sie beides, Körper und Seele. Das macht den Menschen aus. Doch unsere chemische Medizin lebt von der Vorstellung, nur den Körper zu behandeln. Unsere Psychotherapie ist, wie ihr Name sagt, eine Therapie nur der Seele.

Heil sein heißt ganz sein

Ein Jahrzehnt lang behandelte ich nach der chemischen Methode, und ich war darin ein sehr erfolgreicher Arzt. Doch je länger ich Menschen zuhörte, wie sie ihre Leiden darlegten, umso deutlicher wurde mir, dass die Trennung zwischen Körper und Seele in der Medizin ein folgenschwerer Irrtum ist, der einer Heilung entgegensteht.

Wie soll der Mensch ganz werden, wenn wir nur die eine Hälfte behandeln? Wie gelangen wir dahin, ihn wirklich zu heilen? Der erste Meilenstein auf diesem Weg ist das Wahrnehmen des Menschen, der vor uns sitzt. Dazu gehört auch, ihm ruhig zuzuhören. Das sind Eigenschaften, die zur Klassischen Homöopathie gehören. Sie bringt uns die Verwandtschaft der beiden Aspekte des Menschen nahe: Wir bemerken, dass Vorgänge, die wir als psychisch empfinden, körperliche Prozesse spiegeln – und körperliche die psychischen. Doch nicht nur das. Sie können sich ersetzen, indem sie sich abwechseln oder gleichzeitig ablaufen. Doch immer und unübersehbar sprechen Körper wie Seele die gleiche Sprache. Und: Es ist die gleiche Sprache wie die der Klassischen Homöopathie.

Mein Buch ist die Frucht jahrzehntelanger Bemühungen, diese auffallenden Zusammenhänge zu erhellen. Es erhebt keinen Anspruch auf umfassende wissenschaftliche Darlegung. Es will Verständnis für eine faszinierende Medizin wecken, die vom Menschen in seiner Ganzheit fasziniert ist.

Dabei wird offen bleiben, ob die Psyche Körperliches hervorruft oder der Körper Psychisches. Die Zusammenhänge entfalten sich durchaus überschaubar. Sie erscheinen wie das Ergebnis eines Bilderrätsels, bei dem aus der Verbindung von Zahlen eine Figur entsteht. Auch hier könnte man meinen, die Zahlen bedeuteten nichts. Wer aber die Verbindung sehen kann, der kann die Figur nicht mehr wegdenken. Wer die Gesetze der Geometrie durchschaut hat, glaubt nicht mehr, dass deren Figuren Zufall sind. Wer die

Klassische Homöopathie und ihre Arzneien kennt, glaubt nicht mehr, dass der Mensch ein Zufall ist.

Wir entdecken, dass körperliche Beschwerden Abbildungen der Psyche darstellen, vom Unbewussten mit schlafwandlerischer Sicherheit dort sichtbar gemacht. Können wir die Sprache der Symbole lesen, so verdichten sie sich zu einem immer genaueren Bild. Eine überraschend exakte Verbindung zwischen den körperlichen Beschwerden und dem psychischen Zustand wird fassbar. Wie eine Spiegelung beinhaltet sie von beidem etwas und führt doch ein Eigenleben. Ich habe diesen Zwischenbereich, der sich weder eindeutig dem Körper noch der Psyche zuordnen lässt, auch eine „Psyche des Körpers" genannt. Man könnte sie mit gleichem Recht auch als körperlichen Teil der Psyche bezeichnen.

Die Sprache der Funktionen

Eines lässt sich aus dem anderen erklären, ohne dass deshalb ein körperlicher Vorgang unbedingt psychisch oder ein psychischer Vorgang körperlich sein muss. Es ist ein zeitliches Zusammentreffen, zunächst nicht mehr, aber auch nicht weniger. Doch es ist deutlich genug, um aufzufallen. In diesem Niemands- oder Allesland sprechen beide die gleiche Sprache, die der Funktionen.

Der Entdecker der Klassischen Homöopathie, der Arzt Samuel Hahnemann, nannte diesen Bereich, in dem sich Körper wie Psyche finden, die Dynamis. Er fand einen Weg, homöopathische Arzneien so anzuwenden, dass sie exakt dort wirken, wo Körper und Seele nicht getrennt sind, wo der Mensch ein Ganzes ist. Und tatsächlich vermag die Klassische Homöopathie dort zu heilen, weil sie – wie kaum eine andere Medizin – das Ganze des Menschen anrührt.

Wir können präzise auf dem Mond landen und fähige Computer entwickeln, weil wir sie vorurteilsfrei betrachten und ihnen viel Zeit widmen. Aber: Wie viel Zeit widmen wir dem Menschen, ohne den dies alles keinen Bestand hat? Wie viel Zeit sind wir uns wert? Welchen Wert hat unsere Medizin, nun, da sie das Ganze, das Heile verloren hat, etwas, das nie hätte verloren werden sollen? Das wird klar, wenn wir alle auffallenden und sonderbar erscheinenden Beschwerden eines Kranken beachten. Sie weisen uns den Weg zum ganzen Menschen. Wer wie Hahnemann besonnen und klar jedes Wort und jede Äußerung des Kranken in Betracht zieht, erstaunt über die Genauigkeit und Prägnanz dieser bildhaften Spiegelungen zwischen Körper und Seele.

Bilder im Sinne fixer Stempel kann und will dieses Buch dabei nicht bieten, so wenig wie die Archetypen, die Symbole des tiefen Unbewussten, mit einem einzigen Wort benannt werden können. Diese scheinen aus einem Land zu kommen, das wir besser in Bildern und Symbolen beschreiben können. Dort sind die Träume ebenso zu Hause wie die homöopathischen Arzneien. Dort werden auch die Gründe für schwere Krankheiten und deren Beschwerdebilder geboren. Und dies sind exakte Informationen über Zustände, wie sie in jedem einzelnen Menschen auf seine eigene Art zum Ausdruck kommen.

So drückt der sprichwörtliche Stein im Magen eine exakte seelische Information körperlich aus, beinahe so, als würde das Wort zu Fleisch werden. In diesem Buch will ich die Fassbarkeit dieser Worte am Beispiel der Organe skizzieren. Ich werde versuchen, die in menschliche Ausdrucksformen gekleidete Information für sich sprechen zu lassen. Und ich gehe noch einen Schritt weiter: Die Klassische Homöopathie übersetzt Krankheiten und Beschwerden möglichst exakt in Arzneien. Ich übersetze sie zurück in das Wort, die Form in die Information, fortlaufend und aufbauend von Kapitel zu Kapitel.

Der Körper ist fassbar, und ebenso fassbar spiegelt er die Seele

Ich danke dem Arzt Samuel Hahnemann, durch dessen Klassische Homöopathie ich gelernt habe, dass genaues Betrachten den ersten Schritt zu einem sicheren Weg der Heilung eröffnet. Ich achte den fünftausend Jahre alten, tiefsinnig beobachtenden Gelben Kaiser aus China für die bewusst der Nachwelt gewidmeten Aufzeichnungen. Ich werde die eindrücklichen Gespräche nicht vergessen, die ich mit meinen Patienten in der Geborgenheit des Arztzimmers führen durfte. Bei unserer gemeinsamen Suche nach der Wahrheit wurden unerkannte Hintergründe begreifbar, oft zur Überraschung für beide. Am meisten verdanke ich der Wirklichkeit, die sich in meinen Patienten offenbarte, als ich lernte, ihnen zuzuhören.

Prof. Dr. med. Walter Köster

Spiegelungen der Klassischen Homöopathie

Ich kannte gerade die Anfänge der Homöopathie, als mich eines Nachmittags schlagartig um 15 Uhr eine heftige Infektion überfiel. Über 39 Grad Fieber und der mir schon von anderen Malen bekannte pochend-stechende Kopfschmerz signalisierten mir, dass mich mein treuer Begleiter, der halbjährliche Infekt, abermals ergriffen hatte. Wieder diese Fiebervorstellungen von Tieren an der Wand, wieder die üblichen Gliederschmerzen. Die Gedanken um die zahlreichen Patienten, die mich am Nachmittag beschäftigt hatten, gingen mit den Kopfschmerzen, und der von mir als positiv, aber heftig empfundene, emotional angeregte Zustand dieses Tages verebbte, indem ich eine Kleinigkeit aß. Ich kannte schon den Prozess, der hier anrollen würde: Wieder würde ich ein Antibiotikum einnehmen, um arbeiten zu können, und die nächsten Wochen mit einer leeren Übelkeit im Magen dafür bezahlen. Weitere vierzehn Tage würde ich mich mit Gliederschmerzen und Unlust dahinschleppen und mich fragen, wozu ich mich so herumquälte … Nein, diesmal wollte ich einen anderen Weg wählen, denn schlimmer konnte es nicht kommen. Und das Antibiotikum konnte ich auch morgen noch nehmen, es lief mir nicht weg. Ich nahm also BELLADONNA, eine homöopathische Arznei. Es war eine von den beiden Arzneien, die ich bis dahin recht gut kannte. Kaum aus der Apotheke zurück, schluckte ich das erste Kügelchen. Homöopathische Arzneien werden meist als kleine Kügelchen verabreicht. Ich legte mich ins Bett und schlief bald ein. Bereits nach zwei Stunden erwachte ich schweißnass. Ich fühlte mich schon besser. Ich verordnete mir ein weiteres Kügelchen, das ich in Wasser auflöste und schluckweise einnahm. Es hat sich grundsätzlich bewährt, mit dem zweiten Kügelchen in dieser Art zu verfahren. Danach schlief ich wieder ein und erwachte gegen Mitternacht. Ein unglaubliches Frischegefühl im ganzen Körper überraschte mich. Jetzt wollte ich gar nicht mehr schlafen. Ich schaute noch bis vier Uhr nachts eine Fernsehsendung an, und als ich morgens um acht Uhr in meiner Praxis stand, fühlte ich mich so ungewöhnlich fit, dass ich im Spaß zu meinen Angestellten sagte: „Noch so ein Kügelchen, und ich kann fliegen!" So blieb es auch die nächsten vierzehn Tage. Ich hatte keine Gliederschmerzen mehr, sondern eine Art Glücksgefühl. Dieses verriet mir, dass ich – ohne es auch nur geahnt zu haben – die Seele mitbehandelt hatte. Ich hatte das erste Mal gespürt, was es bedeutete, als Ganzes erfasst zu werden.

Was hatte ich geschluckt? Das Kügelchen war aus BELLADONNA, der Tollkirsche, hergestellt worden. Diese Pflanze ist hochgiftig. Sie kann Fieber und pulsierende Kopfschmerzen hervorrufen. Genau das waren meine Beschwerden. Der Logik nach hätte dieses Mittel meine Beschwerden verstärken müssen. Es nahm sie aber weg! Wieso? Ich hatte BELLADONNA C30 genommen. Diese Arznei war zwar aus BELLADONNA hergestellt, danach aber in vielen Schritten verdünnt worden, so lange, bis es schließlich kein BELLADONNA mehr enthielt. Und es wirkte doch. Als sei es eine Spiegelung, eine Information, die erhalten blieb. So, als habe BELLADONNA die Arznei geprägt wie ein Fußabdruck den Sand. Auch im Sand ist dann kein Fuß mehr, und doch findet sich eine deutliche Spur. Diese ist das exakte Abbild des Fußes. Gleichzeitig ist der hohle Abdruck sein genaues Gegenteil, seine Spiegelung: In ihm hat die Information des Fußes Form angenommen. In gleicher Weise trägt die homöopathische Arznei die Information von beispielsweise BELLADONNA. Sie hatte bei mir gewirkt, weil meine Beschwerden exakt zu ihr gepasst hatten. Bei meinen damals geringen Kenntnissen hatte ich Glück gehabt. Sehen Sie: Ein Fußabdruck passt genau zu seinem Fuß, er bildet selbst die Form der kleinen Zehe exakt ab. Stimmt er nicht überein, ist er nicht der richtige Fußabdruck. Dieser Abdruck enthält alles an Informationen, was die Form des Fußes von unten bietet. So bietet auch die homöopathische Arznei BELLADONNA C30 alles an Information, was die Tollkirsche BELLADONNA enthält – sozusagen als Abdruck. Um zu wirken, muss dieser Abdruck der homöopathischen Arznei nun wiederum genau zu den Beschwerden des Kranken passen. Nur dann wirkt Homöopathie! Diese gegenseitige Ähnlichkeit ist die Grundlage der Klassischen Homöopathie. Homoios heißt auf Griechisch ähnlich. Das bedeutet, dass dabei eine Arznei mit ähnlichen Symptomen wie die des Kranken gesucht wird.

Nicht alle Symptome werden jedoch gewertet. Die Klassische Homöopathie beachtet nur die, die sonderlich, eigentümlich und fremdartig sind. Gliederschmerzen bei Grippe hat fast jeder; sie sind nicht eigentümlich und werden daher in der Homöopathie übergangen. Aber die pulsierenden Kopfschmerzen mit den Fieberfantasien von Tieren an der Wand, die Besserung des Gedankenflusses mit Auftreten der Kopfschmerzen, und dies gewöhnlich um 15 Uhr, waren zwar typisch für BELLADONNA, aber sehr untypisch für mich als Gesunden. Als Gesunder wusste ich sehr wohl, dass sich auf unserer Raufasertapete keine Tierbilder fanden, und Kopfschmerzen kannte ich dann niemals. Dieser Fußabdruck von BELLADONNA in mir, in meinem Land, erschien mir folglich

> Die fremdartigen, sonderlichen Beschwerden sind von Bedeutung

wie ein fremder Fußabdruck, ein Kennzeichen von dem, der mich hier als Feind angriff, als Fremder – daher fremdartig – in seiner ihm eigenen und mir fremden Art. Diese fremdartigen, sonderlichen Beschwerden waren also der Schlüssel zu dem Fußabdruck der Krankheit. Kein Wunder, dass die Klassische Homöopathie fast allein diese eigenartigen Beschwerden beachtet.

Dabei zeigt sich ein Grundgesetz, das unser Denken revolutionieren dürfte. Wenn wir nämlich den Fußabdruck auflösen, der zu dem Gegner passt, so findet der Gegner keinen Angriffspunkt mehr. Er hat keinen Zugang mehr zu uns; es ist, als würde er abgleiten. Das ist ein ganz anderes Denken. Lao Tse, der Vater der chinesischen Philosophie, dachte so, und der Vater unserer Atomphysiker, Niels Bohr, fühlte sich diesem Denken sehr nahe. Warum sollten wir Ärzte dem nachstehen?

Wenn wir so unangreifbar werden, brauchen wir nicht mehr zuzuschlagen. Die chemische Medizin hat lauter Anti-Medikamente wie Antibiotika. Chemische Ärzte kämpfen gegen dies und das, zum Beispiel, indem sie Bakterien töten. Die Homöopathie hat entdeckt, dass es einen Weg gibt, der uns die Bakterien ignorieren lässt. Wir brauchen nur die Fußabdrücke, die Ansatzpunkte der Information zu löschen. Dann „findet das Nashorn nichts, worein es sein Horn bohren kann", wie Lao Tse es ausdrückt, „der Tiger findet nichts, worein er seine Krallen schlagen kann"[1]. Und das Bakterium löst keinen Infekt mehr aus, wie meine Einnahme von BELLADONNA zeigte. Die Homöopathie tötet also keine Bakterien. Ich hatte bei meinem Infekt kein Antibiotikum gebraucht. Es ging mir dennoch gut, und alle Zeichen der Zerstörung wie Eiter und Unwohlsein, die die Bakterien sonst bei mir bewirkten, kamen nicht zum Zuge – eine faszinierende Aussicht.

Sie werden verstehen, dass ich vier Jahre danach aufhörte, Antibiotika zu geben. Als ich die Klassische Homöopathie gut genug beherrschte, brauchte ich die Antibiotika erst selten und dann so gut wie gar nicht mehr. Sie waren kein Gegner, sie wurden überflüssig. Politisch schlagen wir doch auch nicht jeden tot, der uns gefährdet. Darüber sind wir seit 2500 Jahren hinweg. Wir empfinden das heute als primitiv. In gleicher Weise wirken Antibiotika auf den, der die Gesetze der Klassischen Homöopathie kennt. Warum sollte die Medizin so hinterherhinken? Als ich verstand, was für eine revolutionäre und moderne Methode die Klassische Homöopathie darstellt und dass sie kein Hirngespinst ist, sondern in der alltäglichen Praxis funktioniert, gab es für mich kein Halten mehr. Ich wollte und musste sie besser kennen lernen.

Die Klassische Homöopathie ist eine revolutionäre und moderne Methode

Ich wusste nun, dass man die Symptome sehr exakt aufnehmen muss, wie ein Kriminologe einen Fußabdruck. Wie dieser sich nicht nur mit dem kleinen Zeh begnügt, so nimmt auch die Klassische Homöopathie alle, wirklich alle Symptome auf. Bei einer wiederholten Bronchitis wird also nicht nur nach dem Husten gefragt, sondern auch nach Fußpilz und Gemüt. Wir wollen den Menschen als Ganzes und überall behandeln, die Fußabdrücke löschen, die er beispielsweise den Bakterien bietet. Informationen sind wie die Mathematik nicht lokalisiert, nicht lokale Ereignisse kennen wir in der Quantentheorie ebenso wie in der Homöopathie. Sie können 1 + 1 = 2 nicht auf Häuser beschränken und für 1 Auto + 1 Auto = ? eine andere Mathematik erfinden. 1 + 1 = 2 gilt auch für Autos, sie ist nicht auf eine Stelle beschränkt, ist nicht lokal. Die Regeln der Mathematik gelten generell. Dabei werden Sie die Zahlen selbst nirgends finden, oder haben Sie die Zahl eins irgendwo spazieren gehen gesehen? Wir leben also mit einer Abstraktion, spüren ihre Wirklichkeit und Auswirkungen jeden Tag, sehen sie jedoch nie außer an ihrer Wirkung. Diese kann sich an Autos wie an Häusern äußern. Deshalb müssen wir, um die Formeln der Mathematik zu finden, alles in Betracht ziehen, denn sie können sich überall äußern. Und um die gestörte Formel des Menschen, den Fußabdruck der Krankheit zu finden, nimmt die Klassische Homöopathie alle Äußerungen des Menschen wahr. Vom Scheitel bis zur Sohle, von der Trauer bis zum Durchfall.

Dann folgt der zweite Schritt, den Sie jetzt auch schon kennen. Aus diesem Informationsberg aller Daten, die ein Mensch von sich gibt, gilt es nun, die eigentümlichen, die sonderlichen Beschwerden herauszufiltern. Diese können sich überall finden. Der Kriminologe wird aus einem sonderlichen Abdruck des kleinen Zehs auf den Fuß von Herrn Müller schließen können, weil nur er diesen besonders geformten Kleinzeh hat. Herr Schmidt hat dagegen einen Plattfuß. Und Herr Maler hat vielleicht beides zusammen, und die Kombination von beidem deutet auf ihn. Das ist sein Abdruck, das weist auf ihn hin mit all seinen Stärken und Schwächen, die man an seinem Fußabdruck vielleicht noch gar nicht erkennen kann. Haben wir ihn kennen gelernt, wissen wir vielleicht auch, dass er im Gegensatz zu Herrn Müller und Herrn Schmidt eine Brille trägt. Diese erkennen wir nicht am Fußabdruck, und doch reicht der Abdruck aus, Herrn Maler zu identifizieren. So kann auch der homöopathische Arzt an einem eigenartig kreisrunden Haarausfall und einer Überwucherung des Körpers mit allerlei Warzen und anderen körperlichen Symptomen die Zeichen einer

> Es gilt, die sonderbaren Beschwerden herauszufiltern

Arznei für Pubertätswahnsinn erkennen, in diesem Fall THUJA, obwohl dies gewiss keine psychischen Zeichen sind. Wo genau die Information in Form kommt, ist nicht so wesentlich. Aber was sie beinhaltet, welche Arznei sich hier äußert, das zu finden kann entscheidend sein über Leben und Tod. Also gilt es, die sonderbaren Beschwerden herauszufiltern. Sie sind gar nicht so selten, wie man auf den ersten Blick annehmen mag.

Da berichtet ein Kranker über das Gefühl, sein Kopf sei wie locker und das Gehirn rolle hin und her, als Zeichen der Arznei TUBERCULINUM. Bei einem anderen werden Bauchschmerzen sonderbarerweise durch Verstopfung besser, wie bei CALCIUM CARBONICUM. Das lässt sich chemisch kaum behandeln. Sollen er abführen, um die Verstopfung zu beheben, was aber den Bauchschmerz verstärkt, oder verstopfen, bis er platzt? Der medizinische Alltag ist voll von solchen Beispielen, und wenn wir Ärzte nur die chemische Medizin beherrschen, stehen wir und unsere Kranken dann nicht selten unglücklich da. 70 Prozent aller Kranken, die ihren Hausarzt aufsuchen, sind mit der chemischen Medizin nicht heilbar!

Wenn wir dann doch versuchen, eine Beschwerde durch tägliche Einnahme von chemischen Tabletten zu kaschieren, beginnt ein Versteck- und Suchspiel. Denn nun äußert sich die Information an einer anderen Stelle. Einem Hautausschlag kann nun ein Magenschleimhautausschlag, also eine Magenschleimhautentzündung, folgen. Die Krankheit wurde nur verdrängt, nicht geheilt. Wieder ein neues chemisches Medikament, wieder eine Zeit Ruhe, und an einer anderen Stelle muckt der Körper auf, zeigt, dass die Information, der eigentliche Fußabdruck, nicht gelöscht wurde. Wie die Mathematik kann sich Krankheit generell äußern, und es ist falsch, sie nur lokal zu behandeln. Wer das verstanden hat, ist auf dem halben Weg zur Heilung! Krankheit muss ganzheitlich verstanden werden. Ein Hautkranker ist nicht nur hautkrank, sondern überall krank im Sinne der Haut. Es ist deshalb nicht erfreulich, wenn eine Salbe den Hautausschlag weggebracht hat, nun aber der Magen schmerzt. Das ist Informationsverschiebung an einen anderen Ort. Die Information bleibt die gleiche. Jeder, der sich die Zeit nimmt, chronisch Kranken zuzuhören, kann über diese Zusammenhänge, wenn er sie einmal erkannt hat, nicht mehr hinwegsehen. Immer finde ich ein krankes Ganzes im Kranken, eine einzige Information mit vielen Gesichtern. Daher ist es nur zu verständlich, dass man in der Klassischen Homöopathie nur ein einziges Mittel gibt und nicht parallel zwei oder gar fünf. Ich behandele den Kranken an seinem Zentralproblem. Das

> Krankheit ist eine einzige Information mit vielen Gesichtern

ähnelt einer Pyramide, wo der oberste Stein alle anderen abdeckt. Genauso deckt die homöopathische Arznei alle Symptome ab, auch unbekannte. Das zeigt sich beispielsweise, wenn Herr Müller nach einem Monat verwundert berichtet, auch seine Zahnfleischentzündung sei zurückgegangen, obwohl er davon gar nichts berichtet habe. Wir haben ihn als Ganzen behandelt, und dazu gehört auch sein Zahnfleisch.

Haben wir aus allen Symptomen die sonderlichen, eigenartigen herausgefischt, folgt der dritte Schritt. Ich vergleiche die eigenartigen Symptome mit denen, die ich von homöopathischen Arzneien kenne. Die eigenartigen Symptome der Tollkirsche BELLADONNA kennen wir von Vergiftungen mit der Tollkirsche. Dabei bekommen ursprünglich Gesunde Wahnvorstellungen und Hitze, vor allem gegen 15 Uhr, wie der akut Fieberkranke. Von diesen Vergiftungen und von höher verdünnten Gaben von BELLADONNA an Gesunde kennen wir die Symptome, die BELLADONNA als Gift verursacht und in der hohen Verdünnung heilt, als Information, Spiegelung oder Gegenabdruck. So sind sie sich äußerst ähnlich, das ursprüngliche Gift und dessen Abdruck als homöopathische Arznei. Der Kranke, dem es hilft, muss ebenfalls extrem ähnliche Symptome haben, als sei er tatsächlich mit dem Gift in Kontakt gekommen. Er muss aber nicht wirklich mit Tollkirsche in Verbindung gekommen sein, sondern lediglich den Abdruck zeigen, der in diesem Fall durch ein Virus und nicht durch die Tollkirsche entstanden ist. Das Bild ist das gleiche, die Information die gleiche. Einen Fußabdruck können wir auch mit einem Gipsfuß nachahmen. BELLADONNA half mir, obwohl ich nicht mit Tollkirsche in Kontakt gekommen war. Ich hatte die ähnlichen Symptome, das war das Entscheidende, wie ein Abbild. Wir sprechen von Arzneimittelbild und Krankheitsbild, die sich wie ein Spiegelbild äußerst ähnlich sein müssen. So ähnlich und nahe, dass wir homöopathischen Ärzte beide oft austauschen und dann sagen, die Arznei CALCIUM CARBONICUM habe Beschwerden, die durch Verstopfung besser werden, und damit den Kranken meinen, der CALCIUM CARBONICUM bräuchte, weil dann Arzneimittelbild und Krankheitsbild sich decken. Hier spiegelt eines das andere.

> Arzneimittelbild und Krankheitsbild müssen sich spiegeln

Bevor der Arzt die homöopathische Arznei gibt, bestimmt er die richtige Potenz. Eine hohe Verdünnung hat eine hohe Potenz. Potenz kommt aus dem Lateinischen und heißt Macht. Er will nicht die Tollkirsche pur geben, sie ist hochgiftig. Er will ihre Information geben, abstrakt herausgezogen. Je mehr herausgeholt, umso mächtiger und stärker. Das passiert durch die Verdünnungsschritte und Schüttelschläge, die der Apotheker bei der Herstellung von BELLADONNA C30 durchführt. C30 bedeutet die extreme Verdünnung von 1 durch 100 hoch 30, D30 die von 1 durch 10 hoch 30. Darin ist dann kein Molekül BELLADONNA mehr enthalten. Für den Chemiker ist das unglaublich, aber es ist ja auch kein chemischer Vorgang. Es funktioniert am Menschen, also auch physikalisch, wie die Information aus dem Handy, mit der Sie einen ganzen Zug in Bewegung setzen können. Die Wirkung der Klassischen Homöopathie sehe ich täglich in meiner Praxis. Nur weil es funktioniert, wende ich es an. Und kann es heute mit dem Begriff der Information erklären. Unsere Wissenschaft ist aufgefordert, zu erklären, wie die Information so potent, so mächtig werden kann, dass Lungen- und Ohrenentzündungen nachweislich ohne Antibiotika verschwinden, wenn ich nur ein Kügelchen gebe. Asthma verschwindet, Haut heilt ab, jahrelange Allergien lösen sich auf. Der Mensch ist doch nicht nur Chemie allein; ihn regiert die Information oder das, was sie ausbildet, der Geist. Das zeigt die Mathematik, die ganze Erde gehorcht ihr – also auch der Mensch.

Im Lebendigen unterliegt die Information einem Prozess. Heute denken Sie anders als morgen. Auch Krankheiten gehen diesen Weg, den Krankheitsprozess. Wenn wir ihn verstehen, können wir vorhersagen, wohin die Krankheit gehen wird. Dann ist sie kein Zufall mehr. Dieser Erkenntnis sind die folgenden Kapitel gewidmet. Dort werden wir sehen, wohin beispielsweise ein Hautausschlag gehen kann.

Es gibt bestimmte Stellen, wo die Information bevorzugt wieder als Symptom zur Form wird. Auch das werden Sie erfahren. Das Kapitel über den Magen enthüllt Zusammenhänge zwischen dem Magen, der weiblichen Brust, den Eierstöcken und anderen Organen. Sie alle tragen ähnliche Informationen, bringen etwas gemeinsam in Form. Wundern Sie sich also nicht, wenn Sie die Organe nicht anatomisch aufgereiht finden. Und wenn Sie den Krebs beim Herzen finden, obwohl das Herz keinen Krebs kennt. Eben deshalb ist er dort zu Hause, weil beim Krebskranken die Information des Herzens gestört ist. Die Organe sind nach ihrer Information geordnet, denn diese gilt es zu verstehen, wenn wir wirklich heilen wollen.

Hier sind die Organe nach ihrer Information geordnet

Wer sieht, dass die Information den Menschen regiert, der kann die chemische Medizin nur noch als eine Notfallmedizin begreifen. Sie ist notwendig wie die Feuerwehr. Wer aber will täglich löschen? Hat da nicht der Brandschutz versagt? Brandschutz ist keine einfache Sache, löschen dürfte leichter sein. Versuchen Sie deshalb nicht, nach der Lektüre dieses Buches Ihre Lungenentzündung selbst zu heilen, indem Sie homöopathische Kügelchen schlucken. Gehen Sie stattdessen zu gut ausgebildeten Klassisch-homöopathischen Ärzten. Nach der Behandlung werden Sie erkennen, dass Sie nicht nur Ihre aktuelle Krankheit verloren haben, sondern auch sonst nicht mehr so schnell krank werden. Der Reigen beziehungsweise der Prozess der wiederkehrenden Infekte ist damit unterbrochen.

Gehen Sie zu einem Klassisch-homöopathischen Arzt

Dann werden Sie sich fragen, warum die Bakterien nicht mehr an Sie herankommen. Sie wissen jetzt, dass Sie ihnen keinen zu ihnen passenden Fußabdruck alias Information mehr bieten. Warum haben Sie ihn zuvor geboten? Der Fußabdruck ist eines und der Fuß das andere: Zuerst hatten Sie offenbar eine Information getragen, die nun gelöscht ist. Mit ihr haben Sie offenkundig den Bakterien den Krieg erklärt. Nur so ist verständlich, warum die Bakterien vor der homöopathischen Arzneieinnahme so mit Ihnen kämpften und nun nicht mehr. Wenn Sie Ihre Beklemmung über diese Erkenntnis gelöst haben, wird sie in positives Erstaunen übergehen. Die Informationen, die wir in uns tragen, sind die primäre Ursache der Krankheit. Die Bakterienkriege sind deren Folge, wie Stellvertreterkriege. Die Ursache liegt im Hintergrund, in der Information. Sie zu beherrschen, heißt die Krankheit zu beherrschen. Sie ist allzu oft unbewusst. Die Information zu erkennen – auch dazu will dieses Buch anleiten.

Manches wird uns lange unbewusst bleiben, zu lange vielleicht, um die wuchernde Krankheit noch aufzuhalten. Es liegt wie abgesondert in einer dunklen Ecke, und wir kommen nicht daran. Dann verraten sonderliche Symptome die Information des Abgesonderten. Dann kann Klassische Homöopathie über die sonderlichen Symptome heilen, auch wenn Sie niemals exakt wissen werden, welche Information dahinter steckte. Eine schwer depressive Frau begann innerhalb eines Tages wieder zu lächeln, als ich ihr AURUM gab, homöopathisches Gold. Sie wusste auch danach nicht, was sie so traurig gemacht hatte. Sie war einfach nur glücklich. Manchmal wird nach der Gabe der homöopathischen Arznei auch die Information ins Bewusstsein gehoben. Eine geisteskranke Frau, die völlig verstummt war, erzählte nach der Gabe von OPIUM eine Woche lang ihrem Lebensgefährten ihre ganze Lebensgeschichte.

Klassische Homöopathie ist Information. Sie hat nichts mit Diät, Artischockenkapseln oder kalten Güssen zu tun. Sie heilt, wie das Herz zeigt, über Integration zu einem immer höheren Ganzen. Sie packt am Höchsten an, will den obersten Stein der Pyramide heilen. Das ist eine Kunst. Das hat viel mit geistigem Verständnis zu tun, auch mit klarem Wissen und Durchschauen und vielen Mühen. Aber es lohnt sich. Wer erst einmal Homöopathie gespürt hat, den lässt sie nicht mehr los. Sie macht wissensdurstig in alle Richtungen. Der Körper, den die alten Chinesen schon als Lehrmeister für die Prozesse des Lebens erkannten, offenbart uns in Krankheit und Gesundheit ein Stückchen von dem, was wir sind, aber auch von dem, was wir in unserem Innersten sein wollen.

Die Organe

Ein Organ schiebt dem anderen Arbeit zu. Dies geschieht alles zu seiner Zeit, wie durch ein Gesetz, das die Vorgänge zu regeln scheint. Der Magen entleert sich in den Dünndarm. Der Dünndarm gibt einen Teil des Inhalts an die Leber, einen anderen an den Dickdarm weiter. Warum läuft es so und nicht anders? Warum läuft es überhaupt?

Das Grundgesetz des Lebens ist ohne fassbaren Grund. Es scheint in sich selbst begründet. Ein solches Gesetz nennen wir Ritual. Wir alle kennen das Ritual, das aktiv wird, wenn uns die Liebe erfasst. Warum geht Liebe so und nicht anders? Was geht da in uns und mit uns vor? Wir vollziehen archaische Riten, wir spüren sie, und wir lieben sie, als wären wir sie und sie wären wir. Und doch sind sie eigenartig, als würden wir gelenkt und geführt. Je mehr ich den Körper und die Seele beobachten lernte, umso deutlicher trat es mir vor Augen: Das Leben scheint einem Grundritual nachzustreben, so, als gäbe es etwas zu gewinnen. Doch was? Das wollte ich herausfinden. Dieses Gesetz musste sich in allen Vorgängen des Lebens spiegeln und äußern. In den Funktionen der Organe des Körpers, die wir heute genau kennen, war es gut zu verstehen. Wir mussten nur ihrer Ordnung folgen!

Das Grundgesetz des Lebens ist in sich selbst begründet

Als Erstes wurde mir ein Grundsatz deutlich: Lebendiges verändert sich, ein Zustand folgt dem anderen. Dazwischen liegt Zeit. Diese läuft nur vorwärts, nie zurück. Nach dem Gestern kommt immer das Heute, nie umgekehrt. Das gilt für alles Lebendige. Alles verändert sich, und keiner wird mehr das, was er einmal war. Man wird auf der Straße den alten Freund schwer wieder erkennen, wenn man ihn jahrzehntelang nicht gesehen hat. Selbst einen Gedanken, den wir vor einem Jahrzehnt gedacht haben mögen, empfinden wir womöglich heute als befremdend. Diese ständige Veränderung des Lebendigen nennen wir Entwicklung. Sie geschieht unübersehbar sowohl im körperlichen wie im seelischen Bereich. Dabei bleiben wir immer wir selbst. Entwicklung gleicht dem Auswickeln des Kernes, der wir sind und der wir waren. Er scheint zeitlos alles zu beinhalten. Er bleibt in all dieser Veränderung ganz und heil. Wie können wir dieses bleibende Ganze erfassen, wenn es sich doch stetig verändert? Dieses fließende Ganze behandeln wir in der Klassischen Homöopathie.

Kranke heilen und homöopathische Arzneien wirken, wenn ich ihr Ganzes erfasse. Und dieses Ganze zeigt und offenbart sich an einigen wenigen Beschwerden. Wir müssen sie nur lesen können. Je mehr ich begriff, desto neugieriger wurde ich. Immer deutlicher wurde mir, dass hier eine Idee aktiv ist, die offenbar durch die ganze Natur geht. Heilen ist nichts anderes als eine Art des Sprechens mit dem Ganzen, mit dem Ganzen des Menschen. Das zeigt sich wunderbar in der Homöopathie: Homöopathische Arzneien wirken nur durch Information, nicht durch Wirkstoffe. Wenn es aber keinen Wirkstoff gibt, ist dann alles nur Einbildung? Homöopathie heilt auch Säuglinge und Tiere. Wie sollten sich diese Wesen Heilung einbilden können?

Etwas zu verstehen heißt zu wissen, was es bedeutet. Darauf wies mich mein Mentor hin, Prof. Carl Friedrich von Weizsäcker. Was bedeutet es, dass sich eine so strikte körperliche Ordnung mit homöopathischen Arzneien lenken lässt? Wir erinnern uns, dass diese nur die Information des Wirkstoffes enthalten und nicht den Wirkstoff selbst. In diesem Zusammenhang stellen sich weitere Fragen: Welche Information kommt da in uns zur Form? Was passiert, wenn diese Form aus der Form gerät, wenn wir krank werden und uns nach Heilung sehnen? Wie finden wir unsere gesunde Form? Woher wissen wir sie? Wer sagt uns, wer wir eigentlich sind?

Wie können wir homöopathische Heilung verstehen?

Von Carl Gustav Jung lernte ich, dass Seele sich entwickelt, Schritt für Schritt, wie eine Blume. Auch im Zusammenspiel der Organe fand ich eine Entwicklung: Eines ist vom anderen abhängig. Doch alle sind für das Eine tätig, für das Ganze, für das gemeinsame Leben. Bei genauer Betrachtung dieses fließenden Systems fiel es mir zunehmend schwerer, einzelne Organe herauszupicken. Sie alle wirken aufeinander, und es scheint kaum möglich, tatsächlich nur an einem einzigen Organ zu erkranken. Deshalb gilt es, den ganzen Menschen zu bedenken, wenn man heilen möchte. Betrachtet man nur einen Teil und nicht das Ganze, so löscht man nur den Rauch und nicht das Feuer.

Wo sollte ich die Reise durch diese fließende Organwelt beginnen? Am besten mit dem saugenden Mund, dem der Magen folgt. Denn hier beginnt die Bewusstwerdung der Organe. Beim Säugling gleicht dies einem Erwachen der Seele. Hier fangen wir an, Speisen anzunehmen und aufzunehmen. Das erst ermöglicht Leben und gleicht so einem Erwachen des Körpers.

Auf dieser Reise geht es um das Land zwischen Körper und Seele, jene Spiegelung, die den Menschen ausmacht. Diese Beziehung ist unfassbar. Und doch wirkt genau hier die Homöopathie. Auf die Spiegelung können wir schließen, wenn wir beide, Körper und Psyche, genau beobachten. Sie wird deshalb auch nur von dem wahrgenommen, der die Menschen ungeteilt wahrnimmt. Wollen wir eine solche Ganzheit beschreiben, bedienen wir uns des Symbols. Das ist der Weg, den die Klassische Homöopathie gewählt hat. Das Symbol hält vielfältige Beziehungen, die sonst nur annähernd zu beschreiben wären, mit einem eindeutigen Wort oder Satz fest. Solange die Zusammenhänge des Lebens so undefiniert und schwer greifbar sind, scheint die Symbolsprache die bei weitem treffendste zu sein, in der wir befriedigende Antworten erhalten. Symbole machen uns Zusammenhänge bewusst, ohne dass wir gleich einen Brockhaus damit füllen müssen.

Der Körper eröffnet mit der Symbolsprache einen Einblick in die Heilweise der Homöopathie. Heilung des ganzen Menschen muss ganz anders aussehen als die übliche Reparatur von Organen. Wir werden erinnert an die Ahnung des großen Psychiaters Carl Gustav Jung:

„Wie der menschliche Körper ein ganzes Museum von Organen darstellt, von denen jedes eine lange Entwicklungsgeschichte hinter sich hat, so können wir auch erwarten, dass unser Geist in ähnlicher Weise organisiert ist." [2]

Der Magen

Der Magen ist sehr merkwürdig aufgebaut. Sein Magenpförtner, ein Schließmuskel, sitzt nicht etwa an seinem Eingang, sondern am Ausgang. Der Magen hat also eine offene Eingangstür, durch die jeder eintreten kann, doch sein Hinterausgang wird überwacht. Kennen Sie solche Raumaufteilungen? Es sind die Warteräume wie die Wartehallen der Flughäfen. Auch hier hinein können wir ungeprüft und unbehindert gelangen. Wollen wir jedoch in den Bereich dahinter, hindert uns eine Sperre, die nicht jeden durchlässt und die nur zu bestimmten Zeiten offen ist. Für wen ist sie offen? Und für wen der Warteraum davor?

Hier findet sich ein, wer meint, dass es dahinter etwas Interessantes für ihn gibt und der denkt, dass dort ebenfalls Interesse an ihm besteht.

Der Mund als Tür zum Magen verspürt ebenfalls großes Interesse an dem, was er in den Warteraum Magen einschleusen wird. Sehen Sie: Wenn wir an das Menü von gestern nur denken, läuft uns doch schon das Wasser im Munde zusammen. Das Wasser – hier beginnt das Fließen. Der Fluss des Lebens. Aus Interesse. Hat aber auch das Essen ein Interesse am Gegessenwerden? Eine sonderbare Frage. Ist das spekulativ? Bei Galle und Herz werden wir noch einmal darauf stoßen.

Das gegenseitige Interesse ist wichtig

Nun haben wir die Leckerei heruntergeschluckt und sie ist im Magen gelandet. Darin sammeln sich die verschluckten Bissen wie Ankommende in einem Warteraum. Ebenso wie diese müssen auch sie nicht gleich nach ihrer Ankunft einzeln betreut werden. Hinter dem Wartesaal liegt die Flugabfertigung oder, auf der körperlichen Ebene, der Dünndarm. Hier kann unabhängig vom Eintreffen der Reisenden gearbeitet werden. Hier werden Schübe von Ankommenden abgefangen, Leerzeiten werden durch Reserven aufgefüllt. Wie wichtig dies für den Verdauungsprozess ist, bemerken wir, wenn der Magen wegen einer schweren Krankheit herausoperiert wurde. Die Kranken müssen kleine Portionen essen, weil sie sich dort keine Reserven mehr anlegen können.

Ein Warteraum schützt aber auch die Ankommenden. So, wie auch der Magen dem Körper die geschluckten Bissen sichert und sie für ihn schützt. In diesem Raum werden sie gesammelt, bis der eigentliche Vorgang geschehen kann – wie sich Interessenten versammeln, um einen Verein zu gründen. Die Anwesenden, die kleinsten Teilchen im Magen, eint ein Interesse: Wir wollen hinein in den Körper! Wir wollen Mensch werden. Die Speisen im Wartesaal des Magens stehen dabei in gewisser Weise noch draußen vor der Tür und auch vor den eigentlichen Räumen des Körpers. Doch die äußerste Sperre haben sie bereits durchdrungen.

Der Mund kann fremde Dinge, Fremdkörper, unserem Körper einverleiben, ohne dass unsere Integrität dadurch schmerzhaft verletzt würde. Tatsächlich werden wir in diesem Moment aus einem Menschen zu einem Menschen + verspeistem Fremdkörper, beispielsweise Mensch + Hähnchen.

Ein fremder Körper ist in den Leib gelangt, und noch ist er ganz fremd. Erbrächen wir ihn, könnten wir ihn wieder erkennen. Aber wir haben ihn uns einverleibt. Und wir leiden nicht daran. Das ist ganz anders als nach dem Eindringen eines Fremdkörpers an einer anderen Stelle, beispielsweise einem Dorn, der in unsere Haut sticht.

Der von uns verschluckte Fremdkörper ist im Magen unserem Blickfeld entzogen. Wir sind keine Schlangen, die das Kaninchen als Ganzes verschlingen und denen man ihre Beute an der Auftreibung des Leibes ansieht. Wir können das nur ungefähr empfinden. „Hätte ich nur dies Hähnchen oder das fette Gemüse nicht gegessen! Es liegt nun so schwer im Magen." Nahrungsmittel, die uns nicht wohl tun, empfinden wir als schwer, als nicht auflösbar, als Stein. Seltsam. Wie kann ein frittiertes Gemüse als Stein empfunden werden?

Nicht ganz logisch erfassbare Ausdrücke haben unbewusste Anteile. Wir nennen sie Symbole! Was bedeutet das Symbol „Stein"? Dazu schauen wir bei den Sagen und Mythen nach. Die Artussage berichtet von einem Stein, aus dem König Artus sein Schwert Excalibur zieht. Wer das Schwert aus dem Stein löst, wird König, weiß der alte Seher Merlin. Was heißt das nun auf den Magen bezogen? Etwas, das uns so schwer verdaulich erscheint wie ein Stein, verheißt bei dessen Lösung das Schwert als Symbol der Königsmacht. Welches Königtum winkt uns?

Am Ende der Verdauung kommt das Blut und das lebendige Herz, wo Taten und Wirklichkeit mühelos gelingen, weil alles geklärt und geordnet ist. Alle, die dann am Kreislauf teilnehmen, gehen eine gemeinsame Richtung. Wo sich der Magen noch müht, Versteinertes zu lösen, ist dann alles im Fluss, und die Verwirklichung auch des ehedem Versteinerten ist der königliche Lohn.

Den „Stein" im Magen lösen

Bestimmte homöopathische Arzneien helfen Kranken, den „Stein" im Magen zu lösen. Dazu gehören ARSENICUM ALBUM, BRYONIA, CALCIUM CARBONICUM und NUX VOMICA. ARSENICUM ALBUM entspricht dem Menschen, der sich verzettelt hat und den eine neue Aufgabe bedrückt wie ein Stein – kann er doch das Alte kaum verwalten. Er verspürt Unruhe und versucht, das Problem über die Bewältigung auch jeder Nebensächlichkeit in den Griff zu bekommen. BRYONIA steht für überfordertes Pflichtgefühl.

Zusätzlich etwas Neues könnte der Kranke kaum noch tragen, ebenso wenig wie einen schweren Stein. Er sucht die Lösung in der Ruhe. Nur keine Veränderung. CALCIUM CARBONICUM passt auf den, der den Neuanfang nicht so schnell starten und lieber noch im Überschaubaren bleiben will. Für große Taten fühlt er sich noch nicht bereit, sie lägen ihm wie ein Stein im Magen. NUX VOMICA braucht eine Pause wegen Überlastung. Neues kann hier nicht verdaut werden. Alle würden lieber einen Stein vor ihren Eingang wälzen, vor den Magen, damit sie Schutz vor dem Neuen hätten, das mit dem Schlucken beginnt. Aber sie haben es unterlassen. Nun melden ihre Körper, ihre Mägen, dass es zu viel war. Der Stein ist in den Magen gefallen wie das Kind in den Brunnen, und der Magen beschwert sich. Haben wir wirklich nicht geahnt, was uns der Koch des Lebens zu schlucken gab, als wir zum Beispiel den Ring des Lebens tauschten, einen neuen Job annahmen oder ein Kind gebaren? Der Magen kann im Gegensatz zur Leber nicht erkennen, was er beinhaltet. Seine Schleimhaut kann nur grobe Reize wie beispielsweise extreme Kälte empfinden. Darauf kann er reagieren, indem er blind das ganze Speisegemenge durch Erbrechen wieder hinauswirft. Hier verliert das Bodenpersonal die Nerven angesichts eines völlig überlasteten Wartesaals nach einer überzogenen Werbeaktion für Billigflüge. Es wirft die Wartenden unabgefertigt wieder hinaus.

Kommt es so weit, muss bereits zuvor etwas Wesentliches gefehlt haben, nämlich das Augenmaß. Beim Magen sprechen wir dann von Augenhunger.

„Der Weise kommt nicht in Schwierigkeiten“

Lao Tse erläutert: „Der Weise kommt nicht in Schwierigkeiten, weil er sie erkennt“. Also kommt das Augenmaß, die weise Erkenntnis, noch vor dem Magen. Aber wie gewinnen wir sie? Der Magen ist nur der Anfang, die Weisheit kommt erst am Schluss.

Der Magen folgt einem Interesse, das nicht durchdacht ist, sondern uns mit Hunger und Appetit überfällt. Es setzt den Verdauungsprozess in Gang, zusammen mit dem Geruch, der den Hungrigen in die Küche lockt und ihn anmacht. Etwas reizt uns, Fremdkörper, fremde Körper an- und aufzunehmen. Wie uns die Liebe packt und wir jemanden zum Fressen gern haben. Ein seltsames Haben-wollen ist hier zu Hause, wie beim Kleinkind, das alles in den Mund steckt. Sobald etwas verschluckt ist, gibt es im Magen kein Augenmaß mehr, auch wenn sich der Säugling den Knopf eines Kopfkissens einverleibt hat. Auch riechen kann der Körper hier nicht mehr. Die Dinge bleiben in dieser dunklen Kammer verschlossen wie einem Blinden, bis der nachfolgende Dünndarm weiter entscheidet.

Selbst wenn wir keine Knöpfe verschlucken, sammelt sich im Magen so Unterschiedliches wie beispielsweise Gemüse und Pistazieneis. Der Magen vermengt es, doch bleibt es noch genauso getrennt wie die Grüppchen im Wartesaal eines Flughafens. Obwohl diese vielleicht sogar in engem Kontakt auf einer Bank zusammensitzen, treten sie kaum miteinander in Verbindung. Sie beeinflussen sich gegenseitig nur unwesentlich. Es herrscht ein Klima der Toleranz. Die Engländerin mit ihren drei übermüdeten Kindern sitzt zwischen dem eine Zigarre nach der anderen paffenden südamerikanischen Geschäftsmann und dem Weltenbummler mit dem Tirolerhut und der Kamera aus Hongkong.

Das Aushalten von Gegensätzen scheint eine Eigenschaft der sich im Magen verwirklichenden Idee zu sein. Verschiedenartigste Gäste oder Speisen treffen hier ein. Vielleicht werden sie am Ende zusammengeschmiedet zu einer Reisegruppe, die durch gemeinsames Erleben zu einer Einheit wird. Aber so weit sind wir im Magen noch lange nicht. Im Wartesaal ist nur der Wille zur Reise allen gemeinsam. Was ist das für eine Reise, und wohin reist die Speise? Mit dem Verschlucken ist geklärt, dass die Speise Mensch werden soll. Was wir nicht schlucken, bleibt außen vor. Insofern dient der Magen der Idee, festzuhalten, woraus wir uns zusammensetzen – so verschiedenartig es sein mag, wie die verschiedenen Ideen, die auf uns einstürmen und uns im Magen liegen, wie der Zusammenstoß verschiedenster Kulturen. Das alles regt zu Neuem und Kreativen an.

> Der Magen: Aushalten von Gegensätzen

Wohin brechen wir auf? Im Magen wissen wir das noch nicht. Es sind nur grobe Eindrücke, die wir von der Speise haben. Auch die seelischen Impulse, die hier wirksam werden, sind nicht exakt fassbar wie ein Buch. Im Magen sind die tiefen Impulse, die Archetypen zu Hause, wie der Muttertrieb oder das Bild des Helden, sehr ursprüngliche seelische Impulse, die hier noch unfassbar und urtümlich sind und sich hinterher in verschiedenen Facetten ausprägen können. Wir werden von ihnen wie durch ein Ritual geleitet, das wir aber nicht für uns definieren können. Deutlich wird das, wenn wir zehn verschiedene Menschen beschreiben lassen, was Liebe für sie bedeutet. Eine Grundlinie ist erkennbar, aber die Beschreibungen sind nicht identisch. Teilweise können sie sich sogar widersprechen. Die Liebe nimmt all das offenkundig hin. Auch das Leben erscheint zunächst extrem tolerant. Verlieren wir diese Fähigkeit des Ursprünglichen und Primitiven mit zunehmender Differenzierung, bezahlen wir Entwicklung mit Mangel an Toleranz? Offensichtlich kommt es im Herzen, in der weiteren Höherdifferenzierung zu einer

Entwicklung, in der wir uns gegenseitig annähern und uns so ein lebendiges Paradies schaffen. Wer dieses Paradies aber ohne Einsicht zerstören will, wird trotz der Akzeptanz im Magen unser Paradies nie sehen. Wir werden ihn wie der Erzengel Michael mit Macht und Schwert von der Tür jagen. Das werden die Organe erzählen, die dem Magen folgen.

Im Magen ist nur ungefähres Erfassen zu Hause. Wir haben die verschluckten Fremdkörper zuvor nur gesehen, gerochen oder vorgeschmeckt. Wir wissen aber nicht genau, was in ihnen steckt. Wir stecken eine gefüllte Praline in den Mund – wie oft werden wir davon überrascht, was sich in ihr verbarg. Wenn wir nicht verhungern wollen, müssen wir blind glauben, dass das Äußere eines „Fremdkörpers" auch mit seinem Inneren übereinstimmt. Der Magen muss einer Sache vorübergehend blind vertrauen, die er noch nicht durchschauen kann, genauso, wie der Säugling seiner Mutter vertraut. Mit allen Risiken, denn dafür steht sie ein. Sie birgt das Kind in ihren Armen, so, wie der Magen die Speise schützt. Der Vergleich mag zunächst befremden. Bei genauem Hinsehen fällt auf, dass die Gebärmutter wie auch der Magen Fremdes birgt, solange es noch nicht lebensfähig ist. Auch aus dem Mageninhalt entsteht Leben: Zunächst herrscht Chaos, ungeordnet, noch kein Lebewesen, noch nicht lebensfähig. Später wird aus der Orange in meinem Magen vielleicht ein Teil meiner Haut. Und diese lebt selbst und braucht den Magen nicht mehr als schützende Hülle. Sie selbst wird zur Hülle und ist damit so etwas wie der Nachfolger des Magens.

Die weitere Entwicklung macht den Menschen bewusster

Nun verwundert nicht mehr, dass Magenkrankheiten leicht mit Hautausschlägen einhergehen. Beide bilden die gleiche Idee ab. Was geschieht, wenn ich den Hautausschlag mit einer Ekzemsalbe beseitige? Eine solche Kur behandelt nur die Stelle, an der sich eine Krankheit äußert, nicht den kranken Mensch selbst. Mit anderen Worten: Ich habe das Symptom kuriert, die Ursache aber nicht beseitigt. Die Haut ist jetzt zwar gesund, doch stattdessen kann ein Magenleiden eintreten. Denn der Mensch ist krank geblieben.

Gäbe ich nun eine Arznei, um den Magen zu behandeln, so folgte möglicherweise eine Krankheit der Gebärmutter. Die Krankheit verschiebt sich zwischen Organen mit ähnlichen Funktionen und lässt sich beliebig fortsetzen. Man nennt das auch Verdrängen. Doch es taugt nicht zur Heilung. Hier wird der Rauch gelöscht und nicht das Feuer. Erst wenn es mir gelingt, den ganzen Menschen in Betracht zu ziehen und zu heilen, löst sich die Krankheit des ganzen Menschen, also auch die der Haut, des Magens und der Gebärmutter. Dies ist die Arbeitsweise der Klassischen Homöopathie.

Deshalb ist es gut zu wissen, welche Idee, welche Information sich in einer Krankheit verwirklicht. Sie scheint das zu sein, was krank macht. Wenn man den ganzen Menschen und das, was er mit der Krankheit ausdrückt, übersieht, erfolgt Verdrängung. Die Krankheit taucht in ihren verschiedenen Formen so lange auf, bis ihre Information geheilt ist. Wie heilt man Information? Der Magen weiß es noch nicht, aber er ist auch erst der Anfang eines Prozesses.

Klassische Homöopathie kennt die vielfältigsten Verdrängungen. Ein Mensch lebt in einer schrecklichen familiären Situation. Dass er die Nase voll hat, meint er nicht sagen zu können. Da drückt der Körper es für ihn aus. Seine Nase schwillt völlig zu. Das will er auch nicht, also nimmt er Nasenspray. Nun ist die Nase wieder frei. Jetzt versucht der Magen auszudrücken, dass er es nicht mehr aushält. Bei der Magenspiegelung sagt ihm der Arzt, dass er selten so kreisrunde Magengeschwüre gesehen habe. Wie herausgestanzt. Hat er sich einen kreisrunden Notausgang stanzen wollen, dort, wo er es in seiner Hülle nicht mehr aushält? Wollte er aus der Haut fahren? Aber er löst sein Problem nicht, will es nicht wahrhaben. Er nimmt lieber einen Magenblocker. Das geht eine Zeit lang gut. Der Magen kann warten. Aber dann bekommt unser Mensch Gliederschmerzen, er hält es kaum aus. Polymyalgie, also Schmerzen in allen Muskeln, sagt sein Arzt. Nicht gut heilbar, meint er. Bewegung verschlimmert alles. Der Schmerz springt herum, als habe er kein Zuhause. Der Kranke merkt, dass ihm Wärme unheimlich gut tut. Er beginnt zu verstehen. Wärme und Ruhe. Nestwärme, sagt ein Freund und trifft den Nagel auf den Kopf: Familie als Uranfang, als Hort ursprünglicher Geborgenheit – wie Magen. Der Freund schickt den Kranken zu einem homöopathischen Arzt. Dieser hört sich alles in Ruhe an. Die Symptome, vor allem der springende Schmerz und der Wechsel zwischen Magenbeschwerden und Rheuma, weisen unverwechselbar auf KALIUM BICHROMICUM hin. Der Kranke wird wohl nicht unheilbar bleiben.

Kreise haben immer mit dem Magen zu tun. Sie symbolisieren ein Umhüllen wie durch Gebärmutter, Magen oder Haut. Die Idee des Magens scheint eine Kugel, wie ein Ei, das schützt, einhüllt, birgt und verbirgt, Sicherheit bringt. Ein Kreis kann aber auch eine Menge verschiedener Dinge oder Ideen umfassen. So gleicht er einem Beschluss, aus diesen Teilen etwas Ganzes zu schaffen. Menschen, die nicht wissen, ob sie dieses oder jenes sein wollen, die nicht wissen, was zu ihnen gehört, malen sich sogar den Kreis auf die Haut. Wie die Frau, die für ihre Kinder alles aufgegeben hat. Sie wollte eine gute Mutter sein und ihrer Familie das geben, was sie selbst nicht bekommen hatte. Doch als die Jüngste gerade zwei Jahre alt ist, kommen die alten Wünsche wieder: „Wir sind ein Teil von dir, lebe uns." Die Frau schwankt zwischen Pflichtgefühl und Hinwendung der Familie gegenüber und der Sehnsucht nach ihrem alten Beruf, wo sie die Anerkennung fand, die sie in ihrer Familie vermisst. Mit jedem Monat wird es schwerer. Sie kann es kaum noch ertragen, doch eine Lösung weiß sie nicht. Die Gebärmutter, in denen sie ihre Kinder getragen hat, entscheidet für sie. Sie senkt sich, als sei die Last untragbar. Mit einem Myom verdickt sie sich, als wolle sie sich verstärken und das „Kind-ertragen" trotz allem schaffen. Die Haut malt sich weiße, runde Flecken, wie kleine runde Bereiche der Geborgenheit. Diese Zusammenstellung von Symptomen ist klassisch für SEPIA. Sie bekommt es einmal, als Kügelchen. Noch bevor die Flecken zurückgehen, findet sie die Lösung für ihr Problem. Ein Babysitter und ein Halbtagsberuf erlösen sie. Das Myom wird kleiner, und nach einem Jahr sind die Flecken verschwunden.

Die raschen seelischen Lösungen nach einer Gabe der richtigen homöopathischen Arznei sind für mich ebenso frappierend wie die körperlichen. Sie bewirkt, dass sich Ungelebtes zum Leben bringen lässt, anstatt dass es als Beschwerde herren- und frauenlos herumirrt.

Tatsächlich beschweren sich die ungelebten Aspekte eines Menschen. Wir nennen das „hysterisch". Der Begriff kommt von Hysteria, griechisch Gebärmutter. Unsere Sprache verrät bereits, dass in uns etwas angelegt ist und leben will, wie in einer Gebärmutter. Doch dieses Etwas ist nicht geboren, in der Gebärmutter zurückgelassen, vergessen. Ungelebte Aspekte aber kommen hoch, stoßen uns auf. Das wiederum ist die Sprache des Magens. Das Ungelebte will heraus, durch Aufstoßen stößt es unser Denken an. Es scheint zu sagen: „Ich liege in deinem Magen, und es ist Zeit, dass du mich weitergibst. Bringe mich ans Licht und zum Leben. Ich wollte nicht nur in deinen Kreis aufgenommen werden. Ich will eine Funktion erfüllen. Ich will leben."

Das Ungelebte schlägt sich in Krankheiten nieder

Da gibt es jemanden, der hysterisch schreit, wenn man nicht pünktlich zu einem Treffen kommt. Unpünktlichkeit empfindet er als Missachtung. Es stellt sich heraus, dass er einen ganz anderen Beruf ausübt als den, den er eigentlich wollte. Als diese Entscheidung anstand, hat er sich nicht gegen seine Mutter durchsetzen können. Das hat ihm seine Selbstachtung genommen. Diese ist seither ungelebt, und so schreit er, wenn jemand ihn nicht zu achten scheint. Indem er schreit, schreit auch die Selbstachtung als ungelebter Teil wie wundgetroffen auf, wann immer das Thema Missachtung in seine

Nähe kommt. Eigentlich könnte der Mensch das Ungelebte verwirklichen und ans Licht bringen. Vielleicht traut er es sich nicht zu oder er meint, es sei jetzt nichts mehr zu machen. Infolgedessen macht die ungelebte Fähigkeit ihn krank und lebt ungewollt an anderer Stelle, wo sie sich zeitweilig in hysterischem Schreien äußert. Meine ärztliche Erfahrung hat mich gelehrt, dass es fast nie zu spät ist, eine Fähigkeit zum Leben zu bringen und schließlich ein gesunder Mensch zu werden.

Den Weg von der Zeugung zur Geburt nennt man Austragen. Der Magen trägt die Speise aus. In diesem Bereich werden Anfänge und Grundfähigkeiten angelegt, die durchaus verschieden sind. Das wieder erinnert an den Kreis des legendären König Artus, der die unterschiedlichsten Ritter vereinte. Dieses kreisartige Vereinen heißt: Verschiedenstes tolerieren. Damit ist noch nicht gesagt, was aus diesem Kreis werden soll. Es ist erst ein Anfang, und er bietet viele Möglichkeiten. Diese liegen im Dunkeln. Hier sind die Anfänge der Menschheit zu Hause, die Mythen, Sagen, die undurchschaubaren Rituale. Klarheit ist hier noch nicht gefragt, auch keine Klärung, sondern die – blinde – Toleranz.

Hier ist die Fantasie frei und kreativ – und ruft doch nach Wirklichkeit, die sie am Licht klären wird. Ist der Weg in die Wirklichkeit verwehrt, drängt die Fantasie nach außen. Sie schlägt aus, und ein Ausschlag an der Haut entsteht. Ihn wegzucremen ist also im wahrsten Sinne verkehrt, denn nun verkehrt sich der Ausschlag in einen Einschlag zurück in die Dunkelheit: Im besten Fall schlägt der Magen mit einer Schleimhautentzündung aus. Aber wir wissen in der Homöopathie, dass nach dem durch Salben blockierten und unterdrückten Aufbrechen des Ausschlags chronische Krankheiten geweckt werden können, als habe man den Drachen des Unbewussten beleidigt. Ausschläge vor chronischen Krankheiten werden in der Homöopathie seit 200 Jahren beschrieben. Bläschenausschläge zaubern etwas wie kleine Fruchtbläschen auf die Haut, als wollten sie aus dem Körper auswandern und sich außerhalb verwirklichen, wie Frösche, die in einen Teich laichen. Ist es dann nicht verständlich, dass die Gürtelrose, ein schwerer Bläschenausschlag, möglicher Vorbote von Krebs ist?

> Wie in den Träumen ist auch in diesem Bereich Widersprüchliches möglich

Erkrankt ein Mensch an Krebs, hat der ungelebte Teil schlussendlich eine eigene Nation im Körper geschaffen. Der ungelebte Teil fährt jetzt nicht mehr aus der Haut. Stattdessen übernimmt er unter der Haut Teile des Menschen; er diktiert ihm den Weg. Der ganze Frust scheint diesem Ungeheuer große Macht zu verleihen: Sie bedroht den ganzen Körper, das ganze Land. Auch dieses Phänomen kennen wir aus den Sagen. Denken Sie nur an Artus' Sohn Mordred oder die zahlreichen tierischen Ungeheuer. Da rettet nur ein Heiliger oder Held. Bei Herz und Nieren werden wir ihn finden.

Es ist nicht ungefährlich, wenn wir diese mächtigen Archetypen übergehen, die aus dem Dunkel stammen, aus dem wir geboren sind, und ihre Boten auf der Haut so geflissentlich übersehen. Ich will niemals mehr eine Salbe verordnen. Auch, wenn die Haut schreit. Auch, wenn der Kranke sagt: „Ich fahre aus der Haut, denn in meinem Kreis unter der Haut habe ich keine Chance, allem gerecht zu werden, das ich bin und das mich drängt, gelebt zu werden." Das soll ich mit einer Salbe mundtot machen? Wenn sich dann eine Krankheit anbietet, die diesen ungelebten und aufgestauten Aspekt sich verwirklichen lässt, dann Gnade uns Gott! Dann ist der Kreis des Magens ein Anfang der chronischen Krankheit. Dagegen wäre die Beachtung der Hautausschläge als Äußerung der ungelebten Idee ein erster Schritt zur Heilbarkeit der chronisch Kranken.

Der Magen hat Zeit, wie die Wiederkäuer. Es müssen nicht alle Aspekte, Impulse und Regungen eines Menschen sofort gelöst werden. Allerdings ist aufgeschoben auch nicht aufgehoben. Für jeden Aspekt findet sich ein Hort, in dem dieser sich entwickeln kann, sofern er nur sozialverträglich ausgeformt wird. Selbst heftige Aggressionen können beim fordernden Einsatz für eine gute Sache ihren Sinn, ja ihre Notwendigkeit haben, wenn sie – statt blindwütig – als gezielte Kraft leben dürfen. Die Form zu finden bringt die Lösung. Manches von dem, was im Magen auf das Morgen wartet, muss allerdings erst aus den Fesseln des Alten gelöst werden, um das Neue erleben zu können. Wer will schon, dass die Farbe des geschluckten Salatblattes später in der Haut durchschimmert. Für diesen Entwicklungsgang produziert der Magen Salzsäure; diese löst seinen Inhalt weiter auf. Lösen bedeutet los und frei machen, auch von eingegangenen Bindungen oder Abmachungen. Das tatsächlich tut die Salzsäure. Sie durchsaftet den Inhalt des Magens wie ein Fleckenlöser den Stoff. Damit lösen sich Zusammenhänge, an die man sich gestern noch gebunden hatte. Es entsteht die Freiheit für ein neues Tun. Kreativität setzt Lösung von hemmenden Versteinerungen voraus. Zum Leben passt nur Fließendes oder wieder in Fluss Gebrachtes. Sagen wir doch: „Aus dem Bauch heraus", wenn wir intuitiv etwas Neues kreieren. Wir spüren etwas wie aus dem Magen heraufkommen, mit einer intuitiven Gewissheit – noch bevor wir es erkennen.

Bei diesem Prozess wird jenes Alte zerstört, das sich nicht in das Neue einpassen lässt. Schmerzlos, weil es überholt ist. Und weil die Ganzheit es so will.

Trotzdem: Es bedeutet einen Abschied. Dem Bauern, der sein eigenes Huhn oder seinen Kohl verzehrt, mag das bewusster werden. Die Salzsäure löst Bindungen im Magen auf. Ist es ein Zufall, dass hier ausgerechnet die Säure des Salzes am Werk ist? Die Antwort der Alten finden wir im Alten Testament: Frau Lot ist aus der Stadt Sodom entkommen, bevor es dort zur Katastrophe kam.

Loslösung ist gleichzeitig ein Abschied

Trotz Warnung dreht sie sich um, blickt auf Sodom und erstarrt zur Salzsäule [4]. Warum erstarrt sie? Sehen Sie sich einmal um: Ein Mensch, der sich aus der Katastrophe und dem Leid von gestern nicht lösen können, scheint zur Salzsäule erstarrt. Er fließt nicht mehr mit dem Fluss der Zeit, sondern ähnelt einem ausgetrockneten Fluss. Dem fehlt im Verhältnis zum Salz das Wasser, das ihn weiter fließen ließe. In südlichen Ländern kann man im Spätsommer die silbrig versalzten, ausgetrockneten Flussbetten sehen.

Psychisch bedeutet ein „Salz"-Problem ein geschlucktes und nicht verarbeitetes Leid von gestern, das dem Kranken zunächst unlösbar erscheint. Es liegt wie ein Stein im Magen. Jenes Leid loszulassen, man könnte sagen, das Salz zu lösen, wird ihm erst gelingen, wenn er merkt, dass es „Schnee von gestern" ist. Bis dahin wird er – eher unbemerkt – in der Zeit nachhinken. Salz scheint somit das Symbol des Nichtfließenden und Leblosen darzustellen, des in altem Leid Erstarrten. Der Kranke will allein sein mit Enttäuschung und Hass. Er kann nicht weinen, obwohl er traurig ist. Er ist zur Salzsäule erstarrt. Wenn dazu alle auffallenden Beschwerden stimmen, gibt der homöopathische Arzt diesem Kranken tatsächlich Salz, das NATRIUM CHLORATUM oder NATRIUM MURIATICUM, denn dies wird ihm helfen, seine Erstarrung zu lösen.

Bis das geschieht, verstärkt selbst Trost dieses Leid. Trost hieße, das Alte, das zerstörte Sodom, anzurühren. Dort aber möchte der Kranke in Gedanken hartnäckig verweilen. Trost trifft ihn an seiner Wunde, die er für unheilbar hält. Manchmal darf sie nicht heilen, weil der Zeitenfluss dem Kranken Angst macht. Er möchte lieber einem alten Ereignis die Schuld geben. Schuld zu geben kann auch Stabilität suggerieren, denn man kennt dann seine Pappenheimer. Im Heute leben heißt auch, anderen die Freiheit geben zu müssen, damit man selbst frei von ihnen leben kann. Da kann Verkrustung wie Versalzung Geborgenheit vortäuschen, auch wenn dadurch die Heilung blockiert ist. Auch die Wunde des Anfortas in der Gralssage heilt nicht. Irgendwann lässt unser Kranker sein Sodom doch los. Vielleicht hat er verstanden, was ihn quälte, und die lösende Frage des „Warum?" gestellt. Vielleicht aber hat auch nur die Einnahme von NATRIUM MURIATICUM bewirkt, dass das Leid sich auflöste, weil ihm der Grund entzogen wurde. Sie erinnern sich: Homöopathie stößt seelische Prozesse auch unbewusst an, die bewirken, dass Heilung möglich ist.

Das Salzproblem findet in der Niere seine klare Lösung. Magenkranke neigen eher nicht zur Klärung. Sie verbergen lieber eigene Probleme, auch vor sich selbst. Dann lebt das Ungelöste körperlich auf, und sie empfinden das Leid unmittelbar, so brennend wie Salzsäure auf der Schleimhaut. Der Magen ist erst der Anfang der Lösung, doch seine Salzsäure hat ihren Anteil an der Lösung von Bindungen. Sie malt damit für den Salzkranken, der sich von überholten Bindungen so schwer lösen kann, ein körperliches Bild des Vorgehens, das ihn heilen könnte.

Vielleicht wäre manche Krankheit durch sorgfältiges Hinschauen vermeidbar oder heilbar. Was sehen wir beim Magen? Er sammelt Fremdkörper, um sie in den eigenen Kreis aufzunehmen. „Du wirst Mensch", scheint er zur Speise zu sagen. Er nimmt die Speise auf, ohne verletzt zu werden, er umhüllt sie in der Geborgenheit seines dunklen Warteraums. Aber er verbirgt, verschluckt das, an das wir (noch) nicht herankommen. Deshalb ist es wichtig, sich vom Gestern zu lösen, es nicht zu lange zu bewahren. Sonst entstünde die Hysterie.

Sorgfältig und exakt malt der Körper ein Bild nach dem anderen

Was für ein Mensch ist der Magenkranke? Der Kranke, dessen Magen als Symbol der Geborgenheit gestört ist, wird natürlicherweise ein an seiner Oberfläche sehr empfindlicher Mensch sein. Was ihm „an die Pelle kommt", stört seine Integrität. Auch seine Haut wird sehr empfindlich reagieren, vielleicht sogar einmal „ausschlagen". Ebenso wird er auf der psychischen Ebene reizbar sein. Dahinter steckt immer wieder das Gefühl mangelnder Geborgenheit. Das allerdings stellt sich bei jedem Menschen anders dar. Der eine empfindet als Geborgenheit, was dem anderen Angst einjagt. Ein enges Verlies kann als bergender Schlupfwinkel, aber auch als Geborgenheit raubender Kerker empfunden werden. Der Magen führt uns diesen Gegensatz vor. Einerseits sammelt er die Nahrung für den Menschen und vermittelt ein Bild des Bergens und der Geborgenheit. Andererseits ist er für diese Nahrung auch ein unangenehm überfülltes Abstellzimmer oder ein mit Säure gefülltes, aggressives Gefängnis.

Im Magen wird aus der Geborgenheit die Verborgenheit. Der Magenkranke hat seelisch etwas geschluckt und in diesem Abstellzimmer überlang aufbewahrt. Es „liegt ihm auf dem Magen" und belastet ihn. Der Sinn eines Abstellzimmers, den ganzen unaufgeräumten Wust aufzubewahren, wird zur Belastung, wenn der Berg der Unordnung bis unter die Deckenleuchte reicht. Dann weiß der Magenkranke nicht mehr, was an Problemen er verschluckt und vor sich versteckt hat. Das Sammeln als Sinn des Magens wird folglich bei übermäßig langem Bewahren zum Unsinn.

Sinn ist das, was den Menschen erfüllt. Er macht aus dem Tun ein Ganzes, aus dem Zahlenrätsel ein Bild. Unser Sinn und unser Trachten zeigen an, in welcher Richtung wir den Weg fortsetzen und wie wir vorgehen wollen. Dieses Weitergehen wird im speichernden Magen vorübergehend gestaut. An seinem Ausgang mit dem verschlossenen Pförtner blockiert der Magen den Weg. Erschöpfte sich hierin bereits der Sinn des Magens, so läge dieser im Stehenbleiben, in der Stagnation. Dies aber entspräche dem vollen Wartesaal eines Flughafens in einer Situation, in der die Flüge wegen Nebels aufgehoben wurden, ohne dass man den Wartenden Bescheid gegeben hätte. Dann füllte sich der Wartesaal zunehmend, die Stagnation führte zu Unruhe und Reizbarkeit, bis schließlich die Wartenden davonliefen und der Inhalt dieses Wartezimmer-Magens sich wie ein Erbrechen aus der Eingangstür zurückergösse. Der vorherige Richtungssinn kehrte sich nun um, es entstünde aus der Sicht der Wartenden ein Unsinn.

Unklare Ambivalenz verbirgt sich in diesem Dunkel

Der Magen birgt, aber er hat diesen Inhalt auch nur geborgt. Der Sinn besteht vielmehr darin, nur vorübergehend zu sammeln, dabei den Magenpförtner zu schließen, um danach die Speisemenge weiterzugeben und den nächsten Schritt einzuleiten, den Pförtner also wieder zu öffnen und das so mühsam Gesammelte abzugeben. Hier kommt Erleichterung auf, die man spürt, wenn endlich der eigene Flug aufgerufen wird und es weiter vorangeht. Das Weitergehen ist ebenso Sinn des Magens wie das Warten. So ist dem Magen bestimmt, ein zeitliches Regelmaß zwischen Vorgang und Warten zu finden. Dies wird auch berücksichtigt, wenn man ihm möglichst regelmäßig etwas zuführt, um ihm dadurch die Arbeit zu erleichtern.

Der Sinn darf nicht beim Verschließen des Magens aufhören

Der Fluss im Magen hat beim Gesunden nur eine Richtung. Die anderen Organe sind in dieser Hinsicht vielfältiger. Dieses ursprüngliche und daher einfältige Organ vertraut blind wie ein Säugling, dass er richtig liegt und das Regelmaß von außen eingehalten wird – wie von einer nährenden Mutter Erde. Verständlicherweise werden Menschen mit einem unregelmäßigen Lebenswandel oder unter Zeitdruck deshalb leicht magenkrank. Sie würden am liebsten einen ganzen Tagesteil oder die in dieser Zeit fällige Tätigkeit in die Abstellkammer schieben, um wenigstens den restlichen Teil in Ruhe und befriedigt verwirklichen zu können. Dann haben sie zu viel in der Abstellkammer verborgen, ohne daran zu denken, es wieder herauszuholen. Das belastet im Verborgenen. Schließlich tragen sie es notgedrungen stückchenweise aus der Abstellkammer wieder heraus, um es zu sichten und zu ordnen. Wir werden noch sehen, in welchem Durchgangsbereich unseres körperlichen Hauses dies geschieht. Dazu muss es aber erst aus der Abstellkammer des Magens heraus weitergegeben werden.

Am Herausholen aus seiner Abstellkammer kann den Magenkranken so manches hindern. Dazu gehört auch die Furcht davor, es könne dabei beispielsweise ein altes Foto herausfallen, das ihn an eine unverdaute verflossene Liebe erinnert. Oder ein Brief, bei dem es ihm siedend heiß einfallen mag, dass er ihn noch nicht beantwortet hat. In diesem Fall wird er dazu neigen, die Abstellkammer verschlossen zu halten, in der irrigen Annahme, verwahren sei verarbeiten.

Verwahren ist nicht gleich Verarbeiten

Die Methode des „Aussitzens“ mag sich manchmal glücklich fügen. Der Adressat des Briefes könnte auswandern oder eine Antwort nicht mehr erwarten. Dann wird sie tatsächlich überflüssig und muss nicht mehr weiterfließen im Fluss der Zeit wie der Speisebrei aus dem Magen. In der Regel kommt es aber sowohl beim Brief als auch beim Magen ganz anders. Das Erwachen ist arg, wenn der Magenkranke entdeckt, was er da alles verwahrt und nicht weiterverarbeitet hat. Daher trägt er typischerweise eine Anhäufung unverarbeiteter, oft winziger, verschiedenartigster Probleme in seinem psychischen Magen. Diese gleichen einer Menschentraube, die in einem Wartezimmer darauf wartet, endlich betreut zu werden. Der Magenkranke hinkt unübersehbar in der Zeit hinterher. Er muss jedoch den Tagesteil nachleben und nachholen, den er zu lange in die Abstellkammer geschoben hat. Tut er das nicht, könnte die Wand durchbrechen, gleich der Schleimhaut des Magens bei einem Magengeschwür, „angefressen“ vom Salz. Der Kranke hat etwas zu lange ungelöst gelassen. Nun muss er dieses „versalzte“ Problem nacharbeiten, das Sodom der Frau Lot. Er muss nachsitzen. Aussitzen führt in der Regel also zum Nachsitzen. Im besten Fall wird er zeitliche Lücken suchen wie den unerwarteten Feiertag, um den Abstellraum oder den Keller endlich von all dem Gerümpel zu befreien.

Der Magenkranke braucht den Mut, die seelische Abstellkammer zu öffnen, selbst wenn ihm die überfüllten Kisten entgegenfallen sollten. Er braucht Zeit, diese Weiterverarbeitung in Gang zu setzen. Und er braucht Schutz an seiner

Oberfläche, damit in jener Zeit, in der das Alte verarbeitet wird, nichts Zusätzliches und Neues hinzukommt. Er fürchtet neue Reize von außen, die er verarbeiten müsste, da er an den alten noch genug zu knacken hat. Seine Reizbarkeit ist daher so sprichwörtlich wie sein Reizmagen. So schließt er sich an einem Feiertag ein, stellt Telefon und Türklingel ab und holt den vernachlässigten Kram aus seinem Abstellraum heraus, sichtet und ordnet ihn. Nach diesem Tun verspürt er eine außerordentliche Erleichterung. Er fragt sich, warum er das nicht gleich und früher hinter sich gebracht hat.

In der Regel bleibt in der psychischen Abstellkammer Magen das zu lange liegen, was im Übermut zu viel angenommen und geschluckt wurde. Nun verlässt den Kranken der Mut. Er fürchtet sich wegen der Menge oder vermeintlichen Größe der Probleme. Sie „stoßen ihm auf". Er traut sich nicht zu, ein solches Ungetüm zu lösen und zu verdauen. Jedes neue Problem aktiviert dann die Erinnerung an die „alten Kamellen", an jene unverdauten, verdrängten und somit nun teilweise unbewussten Belastungen. Aus diesem Grund erscheinen sie ihm oft auffallend schwierig, was ihn überrascht. Er weiß eben bewusst nichts mehr von den verschluckten Problemen.

Warum hat er es nicht gleich getan?

Die Arzneien der Klassischen Homöopathie lösen solche verborgenen Impulse. Ihre Wirkung beruht darauf, dass sie möglichst ähnliche Informationen tragen wie die Krankheit. Deshalb kann es geschehen, dass es dem Kranken nach der Einnahme seiner Arznei erst einmal etwas schlechter geht. Ist das der Fall, hat die Arznei genau das angesprochen, was verschluckt war. Das Problem rührt sich spürbar und erst einmal unangenehm. Wie im Magen ist damit nur der erste Schritt getan und die Lösung eingeleitet. Der homöopathische Arzt erkennt an dieser Reaktion, einer Art Aufstoßen des Körpers, dass der Kranke zum richtigen Weg aufbricht. Blockierte und ausgesessene Impulse, zuvor körperlich oder seelisch verborgen, werden nun wieder ins Leben gerufen. Dann können sie sich in das Gesamtgefüge des menschlichen Organismus einordnen, anstatt wie aus dem unbewussten Magen Störfunktionen zu produzieren.

So hat der Magen auch eine intensive Beziehung zum Unbewussten. Dazu gehört alles, was uns nicht bewusst ist, körperlich oder psychisch. Denn wer spürt schon bewusst, wie seine Niere arbeitet? Das Unbewusste erscheint uns verborgen wie der dunkle Magen. Auch dieser weiß oft nicht genau, was ihn bedrückt. Aber er spürt vielleicht, dass ihn irgendetwas scheinbar Unbegreifliches im Verborgenen belastet. Es ist, als müsste er etwas tun, aber was? Daraus entsteht leicht ein teilbewusstes Müssen, wie ein Schuldgefühl. Findet der Kranke schließlich den Mut – vielleicht auch mit der Hilfe anderer –, seine seelische Kammer zu öffnen, erkennt er meist rasch, dass das belastende Gerümpel in ein oder zwei Stunden aufgeräumt werden kann. Das seelisch Verborgene war nur eine rasch zu behebende Unachtsamkeit, ein Irrtum zumeist oder ein Missverständnis, mit Sicherheit aber nicht der Gesteinsbrocken oder Salzstein, den er für fast unlösbar hielt. Als wohltuend entpuppt sich dann das Entbergen und das Vorangehen in dieser Angelegenheit. Endlich wird das seelisch Verschluckte fassbarer. Es kann dem weiteren seelischen Verarbeitungsprozess und den nachfolgenden Organen zukommen. Erzwingen kann man dies so wenig wie eine Öffnung des Magenpförtners. Wer verschluckte und noch unreife Probleme mit einer Psychotherapie lösen will, wird eine Verschlimmerung erfahren. Zuerst müssen Schwierigkeiten stören und aufstoßen, denn damit zeigen sie an, dass der erste Schritt des Lösens und Verdauens beendet ist, der im Verborgenen des Magens abgeht. Dieser erste Schritt ist wie ein einkreisendes Abtasten der Probleme, auch wiederholt, wie ein Wiederkäuen. Wie das Finden derer, die zu einem selbst gehören oder gehören sollen. Das braucht Zeit und Muße.

Da dem Magenkranken seine Probleme oft nicht bewusst sind, umschreibt er sie in der Regel als Stress oder Zeitdruck. Welches exakte Problem er aber in diesem Zeitdruck verdrängt, verborgen und dadurch wohl aus den Augen verloren hat, das entdeckt er schwer. Es entsteht das Gefühl, er komme da nicht heran. Auffallend ist, dass der Kranke diese Probleme, die zwar offenkundig sind ihm aber unbewusst auf der Magenschleimhaut brennen, als nebensächliche Lappalien wertet. Stößt er wie zufällig darauf, indem sie ihm „aufstoßen", so hält er sie für Randerscheinungen. Sie stören ihn kaum, oder er meint, für sie keine Zeit übrig zu haben. Seine abweisende Reaktion erinnert an die verlegene Reaktion eines Freundes, in dessen Wohnung man versehentlich die unaufgeräumte Abstellkammer geöffnet hat. Sein Erstaunen aber wird umso größer sein, wenn er nach dem Aufräumen des nur scheinbar nebensächlichen Gerümpels eine ungemeine Erleichterung verspürt und seine Hautausschläge oder Magenbeschwerden verliert.

Weitere Organe der Bedeutung des Magens

Nicht nur Hautausschläge liegen dem Magen nahe. Eine ganze Reihe weiterer Organe hat tatsächlich etwas mit der hier dargelegten Funktion des Magens zu tun.

Die weibliche Brust als Sammelort und „Warteraum" für die Milch ist eng mit Geborgenheit verknüpft. Reicht eine Mutter ihrem Kind die Brust, nimmt sie es in ihre Arme und beruhigt es. Das Kind fühlt sich geborgen. Brust und Milch symbolisieren damit wie ein Urbild die Zuwendung der Mutter, die ihr Kind liebend an ihre Brust und damit an ihre Haut nimmt, einfach weil es ihr Kind ist. Typischerweise findet sich bei Menschen mit Problemen in diesem Bereich oft der Hang, leidenschaftlich gerne Milch zu trinken – oder aber sie extrem zu meiden. Hautbildung an der Oberfläche mögen diese Menschen am wenigsten. Das Wort Haut ist hier nicht zu überhören.

Haut und Magen

Für das Milchproblem gibt es viele homöopathische Arzneien, je nach den weiteren Symptomen. Kein Wunder, denn das Problem der Geborgenheit ist vielfältig. Eine Form ist die des Kranken, der sich wehrlos gedemütigt fühlt. Er möchte sich wehren, aber das empfindet er als unritterlich. Sein moralischer Anspruch ist sehr hoch. Irgendwann fährt er aber doch aus der Haut, und dann richtig! All die aufgestaute Unterdrückung kommt hoch, wie aus dem Magen. Seine Ritterlichkeit hindert ihn aber, direkt zuzuschlagen. Sie erkennen ihn daran, dass er Gläser an die Wand wirft und Türen zuschlägt. Ein Hautausschlag tut das seine. Brennendes Sekret läuft beim Kratzen heraus. Wo auch immer es hinkommt, erscheint ein neuer Ausschlag. Wo auch immer, nur heraus aus dieser Enge, scheint dieses speiende Untier aus seiner Seele zu schreien! Er nimmt ein einziges Mal ein homöopathisches Kügelchen STAPHISAGRIA. Die Haut und die Seele heilen, denn sie sind eins. Meist geht es bei solchen Problemen um den Partner, dem er sich unterwirft, der Geborgenheit zuliebe. So wundert es nicht, dass manche dieser Kranken Milch ablehnen; sie scheint sie an ihr Problem zu erinnern. Andere wiederum verlangen sie, weil sie genau die Geborgenheit suchen, die sich in Milch und Mutter äußert. Wieder andere bekommen besonders auf Milch nässende Ausschläge. Alle drei Beschwerdenformen „erzählen" hier das Gleiche. Je weiter Sie die Klassische Homöopathie kennen lernen, desto mehr wird die Welt voller Symbole. Sie werden sich wundern, an wie vielen Äußerungen des Menschen wir bisher vorbeigeschaut haben. Nur weil wir dachten, es sei wissenschaftlich, wegzuschauen. Nach STAPHISAGRIA versteht der Kranke auch ohne Diskussion, dass er rechtzeitig sagen muss, wo ihn der Schuh drückt. Er belastet damit den anderen weniger, als wenn er alles schluckt und dann irgendwann unfreiwillig explodiert.

Wenn Sie die eindrucksvollen Heilungen gerade auch bei Kindern mit Wutausbrüchen sehen, nachdem diese STAPHISAGRIA genommen haben, kommen Ihnen sicher die gleichen Gedanken wie mir. Wie können wir noch von Schuld sprechen, wenn sich das so genannte Böse plötzlich als heilbar erweist? Ist das Böse etwas Krankes, das heilbar ist wie, verzeihen Sie den Vergleich, ein Durchfall? Wer aber würde jemanden für seinen Durchfall strafen? Die Klassische Homöopathie hat mein Weltbild geändert. Ich kann keinen bösen Menschen finden. Das Böse ist für mich ein Irrweg des Gesamtorganismus. Ein gefährlicher, vielleicht ein brandgefährlicher weiterhin. Aber ein durchschaubarer; Heilung wird erkennbar. „Make homeopathy not war", könnte man sagen. Wird eines Tages auch der Krieg durch Klassische Homöopathie heilbar, weil die Menschen ins Gleichgewicht kommen? Ich halte das durchaus für möglich. Es gilt, die Homöopathie weiter zu erforschen und zu entwickeln.

Die Schilddrüse

Die Schilddrüse scheint hier nur auf den ersten Blick fehl am Platz. Sie produziert ein Hormon, das die Zellen des Körpers anregt, mehr zu arbeiten. Sie wirkt ähnlich wie ein Gaspedal im Auto. Als Krankheit kann sie zu viel oder zu wenig Hormon produzieren, also zu viel oder zu wenig Gas geben. Dieses Arbeitshormon scheint durch Überfüllung des psychischen Abstellraumes aktiviert zu werden. Es dringt auf Abbau und Abarbeiten. Das warnende Augenmaß müsste eigentlich längst Alarm schlagen, dass man „seinen Kropf nicht weiter füllen" kann. Aber unverdautes Unbewusstes fordert. Dann treibt die Schilddrüse zu Überleistung und Überforderung. Die Folge ist eine unbegreifliche Unruhe bis hin zu schlechtem Gewissen.

Bei KALIUM BICHROMICUM hatten wir schon herausgefunden, dass die geschlossene Nase Schutz bieten kann, wie ein Stein vor der Tür. Hinter der Nase und seitlich von ihr liegen große Höhlen, die Nasennebenhöhlen. Sie dienen „beim Sprechen als Resonanzraum … eine weitere Funktion ist nicht bekannt" [5]. Wie so oft stoßen wir bei den „magenartigen" Höhlen auf Unbekanntes, so, als seien wir Höhlenforscher. Auffallenderweise öffnen sich die Nasennebenhöhlen nur an einer kleinen Stelle zur Nasenhaupthöhle hin, sodass die Luft in ihnen längere Zeit verbleibt. Es ist, als speicherten sie diese tatsächlich. Sinnlos werden sie das nicht tun, denn Sinnloses findet man kaum im Körper. Der tatsächliche Sinn dieser Nebenhöhlen allerdings ist für uns noch undurchschaubar.

Der Blinddarm ist ein Stück blinden Dickdarmes, ein einseitig verschlossener Sack. Eine dünne, wurmartige Verlängerung, der so genannte Wurmfortsatz, wird bei der Blinddarmentzündung entfernt. Wie der Magen am Anfang des Verdauungskanals sitzt der Blinddarm am Anfang des Dickdarmes. Die Wand seines Wurmfortsatzes ist mit Abwehrorganen gespickt. Er ähnelt den Gaumenmandeln, die ebenfalls eine Abwehrfunktion haben und hinten in der Mundhöhle sitzen wie zwei Wächter. Alle diese Organe haben die „magenartige" Funktion: Eindringlinge gleich an der Oberfläche aufzulösen.

■ Der Blinddarm

Wie jeder weiß, kann man den entzündeten Blinddarm ebenso wie die Mandeln im Notfall herausschneiden. Auch Schilddrüse und Brust werden nicht selten entfernt. Das verwundert uns nur auf den ersten Blick. Denn auf eine Abstellkammer wird man eher verzichten als auf ein Schlafzimmer oder ein Bad. Dennoch hat sie ihren Sinn, ihre Funktion, und wer sie zu schätzen gelernt hat, verliert sie nicht gern.

Über den Magen haben wir nun eine Woge von Informationen geschluckt. Damit sie uns nicht im Magen liegen bleiben, wollen wir sie weiter verdauen, und daher öffnen wir nun den Magenpförtner und schauen, wohin die Nahrung nun weitergleitet.

Stichworte zum Thema Magen

- Regelmaß statt Augenhunger.
- Ausgleich von Schüben und Leerzeiten.
- (Sich) sammeln. Verwahren als Vorstufe von Verarbeiten.
- Nur vorübergehendes Sammeln ist sinnvoll.
- Fremdkörper einverleiben und tolerieren können, ohne bereits mit ihnen einen Leib zu bilden.
- Vertrauen, auch wenn man kaum ahnt, was auf einen zukommt (Stichwort „Praline").
- Geborgenheit, Schutz, aber auch Enge.
- Verborgenheit, Verschlucktes, Unbewusstes.
- Lappalien können wichtig werden, wenn sie häufig aufstoßen.
- Lösen von Bindungen, die heute nicht mehr passen. Sonst Gefahr des Nachhinkens in der Zeit.
- Nachträgliches Wiederkauen des Ungelösten von gestern.

Dem Magenkranken und seinen geistigen Verwandten rate ich:

Überlastung lässt nicht schneller arbeiten. Auch wenn der Tank Ihres Autos überfüllt ist, wird der Motor doch nicht schneller laufen können.

Vernachlässigen Sie nichts als Lappalie, was Ihnen immer wieder über den Weg läuft.

Wiederkauen erfordert Geduld und Ruhe. Auf diesen Boden können Sie bauen.

Spüren Sie in sich eine heftige Aversion oder einen Ekel gegenüber Zersetztem? Könnte es sein, dass Sie Zerstörung und Tod unbewusst mehr fürchten, als Sie sich darüber im Klaren sind? Schauen Sie sich in der Natur um. Zersetzung ist der erste Schritt zu Neuem. Natur scheint sich in der Vorfreude auf das Neue nicht daran zu stören. Dieser Auf- und Abbau erscheint mir wie das unermüdliche Vordringen und Zurückziehen des Wassers am Strand. Dahinter ist das bleibende Wasser.

Meine Erfahrung mit all dem, was Menschen in Auf- und Abbau ausdrücken, gibt mir eine ruhige Gewissheit, dass hinter all dem ein großes Wasser steht. Wir sind nur eine Äußerung davon. Wie ein Ausschlag in ein Magenleiden und dann in ein Rheuma übergehen kann, seinen geistigen Inhalt in all diesen Ausformungen jedoch behält, erkenne ich in Ihnen und mir einen physikalisch bleibenden, fließenden Geist.

Geborgenheit wird spürbar, wenn Sie selbst Geborgenheit vermitteln.

Aussitzen führt oft zum Nachsitzen.

Überschätzen Sie sich nicht. 1 + 1 bleibt immer 2.

Sind Sie reizbar und wissen nicht, warum? Nehmen Sie ein Stück Papier zu Hilfe. Was Sie vor Augen haben, können Sie besser klären.

Nehmen Sie Ihre eigenen Gedanken ernst, damit diese nicht ernst werden.

Alle Untertanen Ihrer Seele wollen gehört werden.

Nicht alles ist rational, was aus Ihnen kommt. Gehen Sie liebevoll damit um. Sie dürfen es gerne verstecken wie eine Mutter ihren Embryo in der Gebärmutter. Ist aber der neunte Monat um, ist es Zeit zu gebären. Das ist die Zeit, wenn Sie spüren, wohin Ihr Impuls gehört. Dann will er geboren und gelebt werden.

Lassen Sie verschiedenartige Aspekte Ihrer Gedanken- und Gefühlswelt erst einmal nebeneinander bestehen. Sie haben viel Zeit, daraus ein Ganzes werden zu lassen.

Lassen Sie erst einmal alle Gedanken zu, auch die, die Sie als verwerflich oder unangenehm empfinden. Nur so können Sie deren wahres Gesicht erkennen.

Wenn Sie zu früh nach strenger Klarheit suchen, können die jungen Pflänzchen des bisher Ungelebten in Ihnen nicht gedeihen. Dann wandern sie aus und erschrecken Sie später als alte Bäume im Körperfeld.

Wenn tiefe Unsicherheit aufkommt, scheuen Sie sich nicht, noch einmal in Ihren „Magen“ zu schauen. Vielleicht haben Sie ein Pflänzchen vergessen? Es lohnt sich, sich noch einmal Zeit dafür zu nehmen. Der Aufwand, den Sie brauchen, einen groß gewordenen Baum umzusetzen, ist ungleich höher.

Sie haben keine Zeit? Mir geht es genauso. Doch Zeit kommt aus dem Sein und fließt. Sie ist wohl nicht zu haben. Zeit hat man nicht. Zeit nimmt man sich, indem man sie zulässt.

Der Zwölffingerdarm

Unmittelbar nach dem Magen folgt der kurze Zwölffingerdarm, ein Teil des Dünndarmes. Hier wird vorbereitet, um zu lösen und zu verdauen. Wenn sich der Magenpförtner geöffnet hat, rutscht das angedaute Speisengemisch hier hinein. Es gelangt durch die Tür zum verschlossenen Teil des Verdauungsraumes. Vergleichbar bittet eine Arzthelferin den Kranken aus dem Wartezimmer in den Vorbehandlungsraum. Sie legt seinen Fuß hoch und reinigt seine Wunde. Sie löst Verschmutzungen, damit der Arzt später die Glassplitter erkennen kann, die seitlich durch den Schuh gedrungen sind.

Die Einzelteile der Nahrung sollen – wie die Splitter beim Arzt – später erkennbar sein. Dazu fließen in dieses kleine Darmstück Verdauungssäfte von zwei anderen großen Organen, der Bauchspeicheldrüse und der Galle. Was die Salzsäure nicht geschafft hat, vollbringen diesen beiden Säfte. Sie verwandeln die vom Magen verdaute Speise in einen noch weicheren Speisebrei. Ein verschluckter Kirschstein beispielsweise ragt deutlicher aus dem Brei hervor, nachdem alles rundherum gelöst ist, so wie ein Glassplitter nach dem Lösen des umgebenden Schmutzes besser sichtbar wird.

Dieser kleine Raum voller Brei und Säfte toleriert wie der Magen einiges an Belastungen. Aber auch seiner Schleimhaut kann es zu viel werden. Dann entzündet sie sich oder bildet Geschwüre, die wie eine wunde Stelle an der Oberfläche aufgehen und sehr schmerzen können. Die Schleimhaut reagiert, als könne sie das, was sich auf ihr angesammelt hat, kaum noch aushalten. Wer auch diesen Abstellraum bis zur Decke füllt, wird ihn möglicherweise renovieren müssen, nachdem er ihn schließlich geleert hat. Man sollte diesen zwölf Fingerbreiten großen Wicht nicht unterschätzen, bilden sich doch im Mutterleib aus ihm die Bauchspeicheldrüse und die mächtige Leber.

Der Zwölffingerdarm schlängelt und windet sich in einer S-Form, wie wir sie auch am Ende des Dickdarmes finden werden. Es ist, als ob sich hier nach dem geduldigen Warten im Magen ein beschwingtes und befreites Aufbruchsgefühl breit macht. Fluggäste, deren Flug sich wegen Nebels verzögert hat und die nun endlich aufgerufen werden, werden dieses Gefühl nachempfinden können. Endlich, es geht weiter! Schwingen wir uns nun durch dieses „S“ in den eigentlichen Dünndarm, um zu schauen, was dieser zu bieten hat.

Der Dünndarm

Schneller als erwartet sind wir durch den Zwölffingerdarm in den eigentlichen Dünndarm gerutscht. Der Speisebrei hat jetzt eine Strecke von fünf Metern vor sich. Sein Weg schlängelt sich hin und her wie ein sich windendes Bachbett, sonst wäre seine ganze Länge im Bauchraum nicht unterzubringen. Er gleitet entlang an Einbuchtungen und Ausstülpungen, was seine Wegstrecke nochmals verlängert.

In diesem Brei können Bakterien leben, die man besser nicht ins Blut lassen sollte. Wie ein Salatblatt sind auch Bakterien fremde Körper. Doch im Gegensatz zum Salat vermehren sie sich rasch zu einer ungeheuren Anzahl. Dann könnten sie die Darmzellen angreifen und auflösen – anstatt umgekehrt. Gegen einen solchen Angriff steht im Dünndarm ein ganzes Heer von weißen Blutkörperchen bereit. Es macht die Bakterien für ihn unschädlich. Im Dünndarm arbeiten mehr spezielle weiße Abwehrkörperchen als im ganzen Blut [5]. Auch der Schleim des Dünndarmes hat die Funktion, bestimmte Teilchen nicht hereinzulassen. Er bewirkt, dass der Speisebrei besser durch den Darm hindurchgleitet. „Hier nicht herein, gehen Sie bitte weiter!" ist seine Devise. Dieser Ameisenfleiß ist auch einem großen Bakterienheer gewachsen.

Auf seine Weise scheint der Dünndarm also auch als Pförtner zu fungieren. Solch ein grimmiger Pförtner wird manch ungebetenen Gast abschrecken. Doch wenn ihn sein Gegenüber freundlich anspricht, taut er auf und wird zum hilfreichsten Mitmenschen. Der Dünndarm wehrt nicht nur ab; ein Großteil seiner Arbeit besteht in mühevoller Kleinarbeit. Teilchen um Teilchen der Nahrung wird aufgenommen und an die hinter ihm liegenden Blutgefäße abgegeben. Wie Passagiere geleitet der Dünndarm die meisten Nahrungsteilchen einzeln durch seine Wand hindurch. Dieser Vorgang gleicht keineswegs dem Öffnen einer Schleuse. Man kann ihn mehr als ein Hindurchtragen bezeichnen. Wenn Sie einmal gesehen haben, wie Ameisen ein für ihre Verhältnisse großes Nahrungsmittel über Stunden hinweg und mit der Hilfe vieler Artgenossen stückchenweise in ihren Bau transportieren, dann bekommen Sie ein Bild davon, wie der Dünndarm arbeitet. Dann werden Sie auch verstehen, warum er so auffallend lang sein muss.

Betrachten wir diesen Prozess noch einmal anhand des beim Zwölffingerdarm dargelegten Beispiels. Die Arzthelferin hat die Wunde gereinigt. Nun stellt der Arzt fest, dass die Wunde von kleinen Glassplittern übersät ist, die bis in die Tiefe eingedrungen sind. Auch hier muss der Arzt sorgfältig Splitter für Splitter herausholen. Was das für eine Mühe ist, kann jeder nachvollziehen, der sich einmal an einem Kaktus verletzt hat. Gleichzeitig wird der Arzt äußerst darauf bedacht sein, das Gewebe, die Haut und alles, was darunter liegt, möglichst zu schonen und eben nicht versehentlich herauszuholen.

Haben Sie das Vorgehen erkannt? Der Magen nahm alles auf, was man in ihn hineingeschoben hat, damit er nicht „verhungert". Er kannte nur den einen Weg. Jetzt kommt es zu einer Aufspaltung: Der Dünndarm trennt sorgfältig die Nährstoffe von Ballaststoffen, Bakterien und all den Dingen, die seinem „Gefühl" nach nicht ins Blut gehören. Ihn charakterisiert das Märchen-Motto „Die Guten ins Töpfchen, die Schlechten ins Kröpfchen". Das Töpfchen des Dünndarmes sind die Blutgefäße hinter ihm, sein Kröpfchen, das entleert werden kann, entspricht dem Dickdarm.

Der Dünndarm kann sehr deutlich dem einen ein Ja und dem anderen ein Nein bieten. Sagte er ja zu den Bakterien, ließe er sie ins Blut, führte dies zu einer schweren Erkrankung. Lehnte er andererseits die guten Nahrungspartikel ab, würfe er alles ins „Kröpfchen". Der fortdauernde Durchfall endete schließlich im Verhungern.

Das Vorgehen des Dünndarmes nach dem Motto „Deine Rede sei Ja, Ja, Nein, Nein" erinnert an eine Ampel, die Rot oder Grün zeigten sollte und nur kurzzeitig eine hat. Diese gelbe Phase ist die gefährlichste, denn Gelb ist immer eine Übergangsphase, ebenso wie das „Jein", das weder „Ja" noch „Nein" ist. Stagniert Gelb als Dauerphase, kann der Mensch sich nicht zwischen dem Ja und dem Nein entscheiden, dann wird es kritisch. Die Ausgewogenheit zwischen Ja und Nein hingegen erhält den Dünndarm gesund. Fehlt sie, leidet der Dünndarm an einer ihm eigenen Erkenntnisschwäche. Er ist nicht in der Lage, genau zu untersuchen und zu analysieren, was da in den Körper eingedrungen ist. Manches ist sogar so klein, dass es einfach durch seine Wand hindurchhuscht. Er muss sich also mit einem annähernden Begreifen dieser Dinge begnügen.

Daher muss er wie der Magen vertrauen, ohne ganz klar zu sehen, ob das, was er aufnimmt, nicht wie ein Trojanisches Pferd einen unerkannten Feind birgt. Es ist wie ein intuitives Entscheiden, sich mit etwas beschäftigen zu wollen, ohne es bereits genau analysieren zu können. Wenn man sich ein Musikinstrument aussuchen will, kennt man es noch nicht genau. Man lernt es erst dann kennen, indem man es spielen lernt. Da beißt sich die Katze in den Schwanz. In dieser Situation wählt man eher gefühlsmäßig. Das ist die Art des Dünndarms. Tatsächliches Wissen erfolgt erst durch die Leber.

Dennoch: Man kann auch rein gefühlsmäßig etwas ablehnen. Wer kennt nicht den Durchfall als ein Signal, dass man Prüfung wie Prüfer am liebsten gleich wieder hinauswerfen und „durchfallen lassen" möchte? Das Gleiche scheint dieses empfindsame System vom Prüfer zu fürchten. Hat man ihn erst kennen gelernt, sieht man das Ganze meist mit anderen Augen. Doch mit welchen Augen hat man dann zuvor geschaut? Tatsächlich sind die Augen des Dünndarmes nicht eher blind wie die des Magens. Ihm ist das, was er verarbeitet, nicht so unbewusst verborgen. Aber glasklar erkennen, das kann auch er noch nicht. Man wagt es, sich mit dem noch unbekannten Prüfer auseinander zu setzen. Ähnlich traut sich der Dünndarm, ein Nahrungsteilchen hereinzulassen, ohne es bereits klar zu durchschauen. Der Magen hat die Katze im Sack noch recht blind akzeptieren müssen, der Dünndarm kann sie schon ahnen. Noch ist er nicht sicher, ob der Prüfer nicht ein Unmensch ist. Doch dann vertraut und glaubt er ihm, aufgrund gefühlsmäßiger Erfassung.

Dazu gehört ein Prozess der Überwindung. Natürliche Mauern müssen überwunden werden, bis man in einer Prüfung oder gar vor einer Versammlung spricht.

Mancher errötet dabei, als würde ein warmes Gefühl wider Willen nach außen an die Haut gelangen. Er will sich verbergen und verdecken. Sich selbst. Dafür hält er seine Mauern höher. Er trägt immer ein Halstuch oder hat den Kragen hoch geschlossen. Er schwitzt. Auch das soll keiner merken.

> Nur nicht auffallen und als Einzelner dastehen

Er ängstigt sich vor dem, was auf ihn zukommt. Das geringste Geräusch lässt ihn zusammenfahren. In die Arztpraxis kommt er wegen eines chronischen Durchfalls. Vielleicht hat er eine Darmentzündung (Kolitis), vielleicht einen Reizdarm. Jedenfalls ist sein Stuhl breiig bis dünn, auch blutig und schleimig. Schmerzen hat er dabei meist nicht. Auch das ist also verborgen. Er schwitzt an den Füßen und im Nacken, aber auch an den Handtellern. Das ist ihm besonders peinlich. Ihm ist überhaupt sehr viel peinlich. Man könnte meinen, er selbst sei sich peinlich. Warum denn nur? Er ist ein umgänglicher Mensch, tut, was er kann, damit man etwas von ihm hält. Nur in Situationen, in denen er bloßgestellt werden könnte, rutscht ihm die eine oder andere Aussage heraus, die nicht so ganz die richtige ist. Dieser Mensch sagt ja und tut nein. Er kann seiner Mitwelt einfach nicht wirklich vertrauen. Er kann nicht anders. Das kommt aus dem Inneren. Aber da ist noch mehr. Er ist wie zweigeteilt. Das spürt er manchmal. Bei Kindern erleben wir ein bei Fremden schüchternes und äußerst liebes Kind. Aber hören Sie mal, was da zu Hause abgeht! Denn in diesem Menschen lebt noch ein Zweites. Ganz tief in ihm bleibt eine heftige Unruhe ungeboren. Wundern Sie sich noch, das man seine Arznei SILICEA auch der Schwangeren bei unerträglich heftigen Kindsbewegungen gibt? Auch unser Kranker trägt etwas unter seinem Herzen, eine ganze Persönlichkeit, aber trotz der inneren Bewegung bringt er sie nicht heraus. Er hat eine sonderbar panische Angst vor Nadeln und ähnlichen Spitzen. In der Homöopathie kennen wir das von dem, der panisch fürchtet, aus seiner psychischen Vorratskammer Magen gelange etwas unkontrolliert in die Freiheit. Das trifft die, die meinen, vor anderen auf keinen Fall verwirklichen zu dürfen, was sich in ihnen heftig regt, obwohl dies nach Befreiung ruft. Der Grund der Unterdrückung: Andere könnten es vielleicht nicht mögen. Das sind die SILICEA-Kranken. Auch andere Persönlichkeiten kennen die Nadelangst, zum Beispiel jene, die bedingungslos wie ein Speer etwas verwirklichen wollen, wie APIS, das wir bei der Leber treffen. Aber unser Patient braucht SILICEA, weil auch seine anderen Krankheitszeichen es verraten. Nur die Gesamtheit aller auffallenden Beschwerden verweist auf die richtige Arznei. Sonst würden wir den Menschen aufspalten und verzweifeln.

Selbst die Arznei SILICEA passt sich so an, dass sie all ihre großen Beschwerden mit den anderen Arzneien teilt. Nur nicht auffallen und als Einzelner dastehen. Nur nicht Farbe bekennen. Das ist zunächst nicht falsch, denn es gibt Schutz. Da wir nicht alles selbst prüfen können, halten wir uns zunächst an das, was „man" für richtig hält: wie an vorgegebene Tabus, Glaubensinhalte und Überzeugungen. Wer sich jedoch darin erschöpft und hier stehen bleibt, verpasst etwas Grundsätzliches von seinem Wesen. Er spaltet einen Teil seines Wesens ab, er wird wie zwei. Diese Spaltung kann bei der Rigidität von SILICEA zu einer Spaltung im Körper führen, die wir Krebs nennen, wenn sie nicht rechtzeitig gelöst oder auf klassisch-homöopathische Weise unbehandelt bleibt. SILICEA ist also auch eine homöopathische Krebsarznei, die jedoch nur von Spezialisten eingesetzt werden darf, denn nur eine exakt passende Arznei ist wirksam. Hinter SILICEA steht auch sonst im Allgemeinen eine tiefe langsame Störung; entsprechend wirkt die Arznei auch tief und langsam. Zwei Monate nach der Einmalgabe von SILICEA werden Sie Ihren Augen nicht trauen. Ein offener, glücklicher Mensch kommt auf Sie zu. Er kann sich jetzt selbst vertrauen, und er gibt sich so, wie er ist. Er selbst sagt nur: Nach Jahren ist nun der Durchfall weg.

Der Magen vertraut blind, der Dünndarm ahnt schon etwas. Das zeigt, dass die Organe gewisse Grundhaltungen in sich tragen, die bestimmte Entwicklungen aufzeigen. Diese entsprechen verschiedenen Lebensaltern. Wenn kleine Kinder ein Instrument spielen sollen, werden sie das einfach „schlucken", blind wie der Magen. Alternativ steht ihnen nur eine Totalverweigerung zur Wahl, nach dem Motto „Dann spiele ich gar nichts!", wie das Erbrechen des Magens.

Kommt das Angebot erst in späteren Kinderjahren, lässt die geistig höhere Reife diese Kinder nach Alternativen fragen. Sobald sich eine Alternative im Sinne eines zweiten, gleichrangigen Weges eröffnet, beginnt wie im Dünndarm eine mühevolle, mehr gefühlsmäßige Beschäftigung mit den Alternativen. Eine solche zweite Möglichkeit bietet noch keine Vielfalt, aber eine Zwiefalt. Sie beinhaltet den Zweifel, welche von beiden die richtige sei. Können wir nicht richtig zweifeln, fehlt die Voraussetzung für eine echte Wahl. Erst dadurch, dass wir dem Zweifel an einer Sache nachgehen, können wir uns wirklich von ihrer Richtigkeit überzeugen.

Der Zweifel ist die Voraussetzung für eine echte Wahl

Das führt zu der mühevollen Arbeit des Dünndarms, der erst einmal die Bluttauglichkeit aller Teilchen anzweifeln muss. Das intensive Trennen dieser Teilchen entsteht erst dadurch, dass hier erstmalig die Möglichkeit gegeben ist, Speisebrei in zwei verschiedene und doch gleichwertige Richtungen weiterzugeben: ins Blut oder in den Dickdarm. Hier spaltet sich der Lauf der Teilchen erstmalig. Die dritte Richtung, zurück in den Magen, das Erbrechen, das ebenfalls vom Dünndarm ausgehen kann – was angenehmerweise äußerst selten stattfindet –, entspräche als völlige Umkehr des Schluckens dem Zumauern des gesamten Flusslaufes im Sinne einer extrem radikalen Richtungsänderung.

Die ersten beiden Wege, zum Dickdarm und durch die Pfortader zur Leber, werden jedoch immer gleichzeitig bei jedem Essen verwirklicht. Andererseits kann das einzelne Nahrungsteilchen aber nicht gleichzeitig beide Wege einschlagen. Obwohl beide Wege die Richtung der Speise vom Mund zum Magen fortsetzen und beide Richtungen keine so radikalen Gegensätze sind wie das Schlucken und das Erbrechen, wird dem einzelnen Nahrungsteilchen auch hier immer nur einer von beiden Wegen ermöglicht. Es entsteht das Bild eines sich aufspaltenden Flusses. Wie vor einer Insel im Flussbett entstehen sozusagen zwei Flussläufe, wobei die einzelnen Wasserteilchen niemals gleichzeitig in beide Flussläufe einschwimmen können. Hier findet eine Entscheidung bzw. eine Ausscheidung statt. Es entstehen Paare wie gut und böse. Das passiert im Lebensalter des Dünndarms zwischen Trotzalter und Pubertät.

Die Alternativen des Dünndarmes zu kennen, das Ja und das Nein, sind nicht nur körperlich eine Überlebensfrage. Denn wer nicht verneinen darf, weil keine Alternative geboten wird, dessen Ja ist auch kein wirkliches Ja. Nur wer richtig verneint, kann auch richtig bejahen. Ein Arzt, dem die innere Kraft des Neinsagens fehlt, wird auch bei überfüllter Praxis versuchen, alle ihn aufsuchenden Patienten zu behandeln. Er wird tatsächlich jeden behandeln und insofern ihm ein „Ja“ bieten können. Aber er wird ihn nicht ausreichend gut behandeln können. Das aber ist der Sinn der Behandlung. So hat er zwar Ja gesagt, aber nur scheinbar und sinnlos. Dieses scheinbare Ja birgt somit ein Jein, ein „Ja, ich behandle Sie“, aber auch ein „Nein, ich behandle Sie nicht ausreichend.“ Er kann wie das Flussteilchen vor der Insel nicht beide Wege gleichzeitig wählen. Sonst bleibt er auf der Insel des Jein zwischen Ja und Nein auf dem Trockenen sitzen. Er tanzt gleichzeitig auf zwei Hochzeiten und somit auf keiner richtig. Er braucht den Mut der Entscheidung. Zwei Möglichkeiten gleichzeitig zu verwirklichen, ist ihm als Individuum unmöglich. Er würde verzweifeln. Es ist, als gäbe der Dünndarm alles ins Blut, inklusive des Kirschsteins. Er quälte sich ab, und doch wäre sein Tun sinnlos. Gefühlsmäßiges Heraustrennen ist sein Sinn.

Ja und Nein zu kennen ist eine Überlebensfrage

Wenn das Gefühl versagt, vor allem das Grundgefühl des sich selbst Vertrauens, kann sich die Seele wirklich aufspalten. Psychose nennen wir diesen Seelenkrebs. Eine Kranke berichtet über zwei Willen: Sie liebe ihren Mann über alles, aber eine andere Stimme verlange von ihr, dass sie ihn quäle. Sie spüre, dass sie ihre Familie zerstöre, aber sie könne nicht anders. Sie sei dem nicht gewachsen. Dünndarm und Herz sind die gestörten Ideen, Vertrauen und Liebe, Zweifel und Ganzheit. Als ich diese Frau zum ersten Mal sehe, flüstert sie nur und wirkt wie willenlos. Zwei Stunden später spricht sie fest. Sie berichtet, sie habe das Gefühl gehabt, Geist und Körper hätten sich bei ihr getrennt. Von einer unvorstellbaren Gedächtnisschwäche berichten ihre Kinder. In welchem Teil ihrer gespaltenen Seele ist sie dann gerade, und welcher erinnert sich woran? Sie hat nur seelische Beschwerden, als tobe sich dort alles aus, was an Seele, an seelischen Informationen in ihrem Leben sonst nicht sinnvoll in Form kommen kann. Nach einer stundenlangen Beobachtung und Befragung gebe ich ihr ANACARDIUM. Eine Woche später ist sie klar und der Spuk verschwunden. Ich weiß, dass es noch einer langen, vielleicht jahrelangen homöopathischen Behandlung bedarf, bis ihre Seele dauerhaft mit sich einig ist. Ich stoße auch auf eine Wurzel dieser Spaltung. Sie ist im Alter von acht Jahren längere Zeit missbraucht worden. Damals hat sie gelernt, dass sie sich abspalten konnte. So bekam sie von diesen schrecklichen Vorgängen nichts Genaues mit. In der Natur hat alles seinen Sinn, nur ist er uns Menschen oft nicht klar. Diese Frau muss nun lernen, dass der Prozess des Vergessens, des Verrdrängens, der ihr früher einmal geholfen hat, für ihr jetziges Leben brandgefährlich ist. Was ihrer kleinen Seele damals

Der Krebs der Seele heißt Psychose

half, ist nun sinnlos geworden und kann ihr sogar als Erwachsene das Leben zerstören.

Hier stoßen wir auf die überragende Bedeutung des Sinns. Was bringt eine Liebesbotschaft, wenn sie nicht ankommt – sie ist sinnlos, vergebene Liebesmüh! Sinnlose Rituale, weil jetzt nicht angesagt oder nicht passend, sind in der Biologie tödlich. Wir aber machen den Sinn nicht. Im Gegenteil, der Sinn gibt uns etwas vor, das wir selten besser durchschauen als auf der blinden Stufe des Magens. Aber dieses Sinngebende besitzt auch die archaische Kraft des Magens aus dem Reich der Mythen und Sagen. Wenn der Sinn dort geboren wurde, in dieser ersten Phase, und durchgetragen und beachtet wird durch die nachfolgenden Organe und Schritte, dann empfindet der Mensch sein Leben als sinnvoll und rund.

Der Dünndarmkranke ist nun schon recht plastisch vor unseren Augen entstanden. Ihn belasten nicht so sehr die ganz fremden Dinge. Das war das Thema des Magens. Seine Probleme liegen im Bereich des ihm bereits ein wenig Vertrauten, aber eben noch nicht ganz Durchschauten. Wüsste er doch, was exakt dahinter steckt und müsste nicht auf Annahmen bauen, solange ihm das Wissen fehlt! Er kann nicht gut auf die intuitive Erfassung der Umstände vertrauen. Er konnte so selbstverständlich wie jeder andere Mensch viele Dinge nicht durchschauen. Vielleicht hat er einen Partner zur Seite, dessen Vertrauen er sucht, Kinder, denen er vertrauen möchte, aber – kann er es? Unsicherheit gegenüber eigentlich Vertrautem ist die Folge. Er wird immer weniger aufnahmebereit – wie ein Dünndarm bei Durchfall. Das führt zu Nährstoffmangel, körperlich wie seelisch, bis zum Verhungern. Dieser Kranke sieht an dem großen Satz „Vertrauen ist gut, Kontrolle ist besser“ nur den zweiten Satzteil. Er übersieht, dass Vertrauen gut ist. Er erinnert an einen Handwerker, der das läutende Telefon niemals abnimmt, da er nicht weiß, wer am Apparat sein wird. Da er den vertrauensvollen Glauben nicht aufbringt, es könne diesmal nicht der nörgelnde Kunde anrufen, sondern ein freundlicher, neuer Auftraggeber, kommt er zwar um den Streit mit dem Unzufriedenen herum. Er bringt sich aber auch um das Gute und unterbricht den nährenden Auftragsfluss, von dem er lebt. Er nabelt sich ab. Abnabeln kann er sich nicht lange von Leuten, von denen er abhängt. Auch ein Kind wird erst abgenabelt, wenn es allein leben kann. Von dem, was Nahrung für uns ist, können wir uns nicht lange „abnabeln“; das betrifft auch die körperliche oder geistige Zuwendung unseres Partners. Wir müssen all das vertrauensvoll an uns herankommen lassen, wollen wir nicht am lang ausgestreckten Arm verhungern.

Probleme im Bereich des Vertrauten

Eine moderne Form des Abnabelns ist die Droge. Man nimmt etwas ein, und die Umwelt wird entrückt und durch das eigene Innenleben ersetzt. Das wird nicht so häufig aus Spaß an der Freude vollzogen, wie man denkt. Der Gesunde liebt doch sein Gefühl, das Leben lockt. Das kann der junge Mann, der zu mir kommt, nicht nachvollziehen. Seine dunkelroten Wangen fallen sehr auf, und seine Pupillen sind weit. Seine Eltern haben ihn begleitet. Er sagt zunächst einmal gar nichts auf meine Fragen, wirkt schüchtern. Sie berichten, er habe überhaupt keine Beziehung mehr, weder zu ihnen noch zu seiner Arbeit oder einem Hobby. Seine Freundin habe sich verabschiedet, da er lieber im Halbschlaf von einer Südseeinsel träume, als mit ihr das Leben und das Bett zu teilen. Er schaut mich an und schaut mich doch nicht an. Er ist nicht da. Wirkt wie in einem Traum – abgenabelt. Die Eltern haben Druck gemacht, das habe nichts gebracht. Sie haben ihn umsorgt und angeregt – alles umsonst. Der Vater hat die Kontrolle verloren und ihn geschlagen. Bewirkt hat das nichts, keinerlei Änderung. Sie haben ihn in den Urlaub mitgenommen. Dort war es ein paar Tage besser. Zu Hause ist alles wieder wie zuvor. Und was sagt er dazu? Leidet er? Ich kann es nicht herausbekommen. Er sitzt apathisch da, als wäre er eine aufgezogene Puppe. Das Schlimmste, sagen die Eltern, seien die Lügen. Eine Stunde hätten sie besprochen, dass er sich nicht noch zusätzlich Drogen besorgen soll. Der Hausarzt habe ihm zum Entwöhnen schon etwas aufgeschrieben. Er sage ja, verspreche es, beschwöre es unaufgefordert. Kaum habe sich die Mutter umgedreht, rieche er so komisch. Er hat wieder etwas genommen. Dieses Spiel geht so seit Jahren, die Eltern sind an der Grenze ihrer Kraft angelangt. Er lügt, sagt der Vater, und dann sagt er mal die Wahrheit, aber keiner weiß, was stimmt. Hat er sich auch der Wahrheit gegenüber abgenabelt? Wo ist er dann? Wo kann ich etwas von ihm erkennen?

Der Gesunde liebt sein Leben

In mühseliger Detektivarbeit suche ich nach vorhandenen Beschwerden. Er weiß offensichtlich wirklich nicht, dass er lügt. Es lügt in ihm, ist mein Eindruck. Sicher bin ich da nicht, kann ich nicht sein. Er hat sich wohl auch von sich selbst abgekapselt. Wie will er lebensfähig bleiben? So abgekapselt wird er eingehen. Da ist keine Zeit zu verlieren. Keine psychiatrische Klinik hilft ihm. Sobald er dort wieder klar ist, wird er auf die Straße entlassen. Einmal haben ihn die Eltern nach einer solchen Entlassung fünf Tage gesucht. Aber er hatte sich da ganz gut durchgeschlagen. Auch dieser Hinweis hilft mir. Ohne Eltern besser? Irgendetwas trägt er mit sich, worüber er nicht sprechen kann. So weit komme ich. Er spricht von Scham. Zieht er sich von allem zurück, weil er sich schämt? Und schämt er sich mit jedem Tag mehr, weil er sich nun so verhält? Und verhält er sich wiederum so, weil er sich schämt? Das gibt er an. Es wäre typisch, auch wenn Sie das vielleicht komisch finden. Die menschliche Seele leistet die tollsten Verdrehungen. Vor allem, wenn sie hoch entwickelt ist. Ein hoch entwickelter Geist kann auch geistige Störungen hoch entwickeln.

Die menschliche Seele leistet die tollsten Verdrehungen

Dann aber ist Chemie fehl am Platze, weil sie nur zudeckt. Eine Abdeckplane repariert keinen Computer. Hier bedarf es eines gezielten und sensiblen Eingriffs aus der Klassischen Homöopathie. Ich gebe ihm OPIUM, natürlich homöopathisch. OPIUM, das in der chemischen Medizin betäubt und damit alle Beziehungen zur Welt aufhebt, ist homöopathisch eine Arznei für eine solche Beziehungslosigkeit. Die homöopathische Arznei spiegelt ihren Ausgangsstoff, das ist im Kapitel „Spiegelungen und Homöopathie" näher beschrieben.

Bereits nach einem Tag hört er mit dem Lügen auf. Ich glaube es ihm, weil die glücklichen Eltern das auch so sehen. Es wird ein langer Weg, eine so tiefe Störung zu lösen. Aber sie scheint jetzt lösbar. Was hätten wir hier mit einer Gesprächstherapie alter Art angefangen? Homöopathie kann mit der Seele reden, auch wenn diese „zumacht", weil auch das Zumachen schon ein Zeichen ist. Das Selbstvertrauen des jungen Mannes scheint jedenfalls seitdem wieder zu erstarken.

Wer sich nicht traut, zu vertrauen, dessen Selbstvertrauen leidet. Wer im Bereich des Gefühls nicht klar entscheiden kann, kommt dauernd ins Schwimmen. Auch vergrätzt er die Freunde durch sein unsicheres Hinhalten im Jein. Aber Frohsinn und Freude heilen den Dünndarm, der in seiner dreidimensional schlängelnden Form den schwingenden Bach als Symbol der Lebensfreude abzubilden scheint. Bekanntlich lässt das Empfinden wahrer Freude das Vertrauen wachsen. Schillers „Ode an die Freude" in Beethovens neunter Symphonie kann ein Lied davon singen.

Im Körper heilt nicht nur das Herz durch die Liebe, sondern auch die Leber die Probleme des Dünndarmes. Sie nimmt sich der Nahrungsteilchen an, die dieser in die Blutgefäße hinter sich abgegeben hat. Der Dünndarm ist das Organ des genauen Analysierens und des mühevoll erworbenen Wissens. So wird typischerweise nach dem Glauben das Wissen befriedigt. Dessen Voraussetzung ist allerdings der Glaube. Denn wer nicht an die Möglichkeit glaubt, dass die Erde rund ist, der wird diese Möglichkeit nie untersuchen. Dann wird er sich das auch nie als Wissen erwerben können. Das Vorgehen des Dünndarms arbeitet also wie eine Vorschaltstufe oder ein Vorprüfer. Er erstellt ein vorläufiges Urteil, das noch zu prüfen ist, damit es ein sicheres Urteil wird. Er zeigt auch, dass Glauben eben immer nur eine Voraussetzung für Erkenntnis ist, niemals dauerhaft Selbstzweck. Nichts ist in diesem Ganzen Selbstzweck, alles dient einem Anderen. Dadurch aber ist es eingefügt in ein Funktionsritual, das alle ernährt und heilt und jeden in seiner Art entwickelt. Diesem entsprechend, folgen wir den Speiseteilchen in das Blut.

Glauben nur eine Voraussetzung für Erkenntnis

Stichworte zum Thema Dünndarm

- Mühevolle Abwehr, entschiedenes Verneinen.
- Intensives, mühevolles Bejahen, Aufnahme, Umwerben.
- Ameisenfleiß.
- Zwei gleichzeitige und gleichwertige Wege fordern Entscheidung, Ausscheidung. Jedes Individuum kann nur eine von beiden Möglichkeiten verwirklichen. Sonst Verzweiflung, weil Sinn des Trennens nicht erkannt.
- Deine Rede sei Ja, Ja, Nein, Nein. Nur Ja ist Jein, nur Nein ist Jein.
- Intuitives Entscheiden ohne exaktes Wissen. Gefühlsmäßiges Erfassen, Glauben. Eingeschränkt durch Schüchternheit, Prüfungsangst.
- Vertrauen und Selbstvertrauen setzt Möglichkeit des Zweifelns voraus.
- Abnabelung ist keine Lösung bei mangelndem Vertrauen.
- Vertrauen ist gut! Auch Selbstvertrauen. Freude stärkt das Vertrauen.
- Vertrauen oder Glauben ist Voraussetzung für Erkennen und Wissen. Glauben ist niemals Selbstzweck, so wenig wie Wissen.

Dem Dünndarmkranken und seinen geistigen Verwandten rate ich:

Gehen Sie Ihrem Gefühl in allen Windungen so lange nach, bis Sie sich darauf verlassen können. Der Körper braucht dazu auch fünf Meter schlängelnden Dünndarm.

Verteilen Sie Ja und Nein richtig?

Können Sie zweifeln? Tun Sie es. Es gibt eine tiefe Sicherheit.

Gehen Sie der Warnung des gefühlsmäßigen Zweifels nach. Er weiß oft mehr, als Sie denken können.

Fürchten Sie sich nicht vor der Öffentlichkeit. Sie liegt außen. An Ihr Innerstes kommt sie nicht.

Wenn Sie auf Ihr Gefühl hören und mit ihm in Einklang kommen, löst sich die Erwartungsangst. Diese Angst entsteht aus der Furcht vor mangelndem Fingerspitzengefühl, in der Annahme, dass Sie selbst über Ihr Gefühl hinweggehen werden.

Überbewerten Sie gefühlsmäßige Intuition nicht. Sie liegt auf dem Weg zum Erwerb des Wissens, aber sie kann es nicht dauerhaft ersetzen.

Intuition geht dem Wissen voran und begründet es in dem Bereich, der dem Wissen verschlossen bleibt.

Suchen Sie gezielt, was Sie erfreut. Freude gibt eine Sicherheit, die dem Wissen nahe kommt.

Die Leber

Die Teilchen, die der Dünndarm ins Blut transportiert hat, schwimmen in die Pfortader. Sie ist ein einziges großes und breites Blutgefäß, das auch das Blut von Magen, Dickdarm, Milz und Bauchspeicheldrüse mitführt. Die Portader wirkt wie eine breite Prachtstraße. Ist ihr Ziel ein Schloss oder sonst ein wichtiges Gebäude des Körpers? Tatsächlich schwimmen die Nahrungsteilchen schnurstracks auf die riesige Leber zu. Sie ist beim Erwachsenen immerhin eineinhalb Kilo schwer. Dieses Organ reicht im Oberbauch von der rechten Flanke hinüber bis fast unter die linke Brustwarze.

So mächtig wie das Aussehen der Leber sind auch ihre Möglichkeiten. All jene Oberbauchorgane haben ihre ganze Arbeit für die Leber geleistet. Nun führen sie das Ergebnis ihrer Arbeit, ihr Blut, der Leber wie einen Tribut zu. Die Leber empfängt eine teilweise mühselig hereintransportierte Mischung von allerlei Nahrungsmitteln. Diese wurden von den Augen besehen, vom Geruchs- und Geschmacksinn akzeptiert, von den Zähnen zerkleinert, vom Speichel angedaut. Magen, Bauchspeicheldrüsensaft, Galle und Darmsekrete haben sie gelöst und vorbereitet, der Dünndarm hat sie glaubhaft für gut befunden. Industrielle würden diese Mischung wahrscheinlich eine Rohstofflösung nennen, Mediziner eine Nährlösung. Sie ist wie eine fruchtbare Erde. Was mag der Riese von Leber damit anfangen, warum führen ihm die anderen diese offenkundig freiwillig zu und mühen sich so ab?

Neuanfang und Freiheit der vielen Möglichkeiten

Wenn wir stichwortartig in den alten symbolreichen Schriften nachschauen, finden wir bei Moses: „Und Gott nennete das trockene Erde … Und Gott sprach: Es lasse die Erde aufgehen Gras und Kraut, das sich besame; und fruchtbare Bäume, da ein jeglicher nach seiner Art Frucht trage, und habe seinen eigenen Samen bey ihm selbst auf Erden“ [6]. Hier ist offensichtlich etwas Neues geplant. Etwas Neues bricht hervor, es wird begonnen, aufzubauen und zu wachsen.

Magen und Dünndarm bauten vor allem ab. Nun geschieht etwas Neues. Die Nahrungsteilchen wechseln von der Abbauphase in die Aufbauphase über. Nicht grundlos bezeichnen Mediziner die Leber als das größte Stoffwechselorgan des Körpers. Sie erinnert sehr an den Wechsel des Frühlings. Frühlingslieder besingen das Ende des Winters, die Bäume schlagen aus, die Natur bricht aus dem Winterschlaf hervor. Dieses Geschehen verändert in kurzer Zeit und mit ungeheurer Macht das Aussehen der Erde. Es sprießt an allen Ecken und in den verschiedensten Farben. Die enorme Vielfalt, das Hervorbringen neuen Lebens aus Stämmen und Stoffen, die man für tot hätte halten können, aus einer Erde, die karg erschien, malt ein treffendes Bild der

Leber. Aus der aufgelösten Speise, von der man nicht mehr erwartete als von einem alten Baumstamm, wird Neues gestaltet. Ein neuer Morgen erwacht. Nun werden die Ärmel hochgekrempelt. So wie der Frühling das Gefühl der Freiheit, die Möglichkeiten des neu erwachten Lebens symbolisiert, den Morgen und die Sehnsucht nach Neuem bis zur Neugier, so ist es auch bei der Leber. Nach dem Magen, der nur die Alternative des Vor- und Rückschreitens kannte, und dem Dünndarm, der uns immerhin zwei gleichwertige Vorwärtswege zeigte, explodiert diese Idee der zunehmenden Möglichkeiten in der Leber.

Eine Übersicht über die vielfältigen Funktionen der Leber ist kaum möglich, ihre Stoffwechselwege füllen wandgroße Aufzeichnungen, und über ihre Leistungen ließen sich Romane schreiben. Brauchen wir ein Vitamin? Die Leber bastelt es uns zusammen. Ist die Haut verletzt und brauchen wir Eiweiß zu ihrer Heilung? Schon hält die Leber es parat. Besteht die Gefahr, dass unser Blut zu dünnflüssig wird? Die Leber produziert eifrig Gerinnungsstoffe. Kommt aus dem Dessert ein Zuckermolekül angeschwommen, für das vielleicht im Moment kein Bedarf besteht? Die Leber baut daraus ein speicherbares Teilchen, das Fett. Die Leber kann zahlreiche Moleküle umbauen in solche, die im Augenblick nötiger sind. Wie ein Platzanweiser teilt sie jedem seinen Sitz zu. Unbrauchbare Moleküle gibt sie in die Galle ab, mit der diese wie in einer Abwasseranlage abfließen.

Die Leber symbolisiert geradezu die Vielfalt. Sie erinnert an den modernen Menschen. Wie er scheint sie die Freiheit der vielen Möglichkeiten zu lieben. Sie redet „frei von der Leber weg". Sie hält sich mehr als nur zwei Wege offen. Sie sorgt nicht nur vor, sondern kann auch Reparaturen vornehmen. Je nach Bedarf baut sie eine Ecke an ein Teilchen an oder die Ecke eines anderen Teilchens ab. Haben sich Giftstoffe an allen anderen Wächtern vorbeigeschlichen? Hier haben sie keine Chance mehr. Die gesunde Leber wirkt wie ein Bollwerk, das mächtigste in der gesamten Burganlage. Man kann sie auch mit einem modernen Labor vergleichen, das alles ganz genau prüft. Sie ist die letzte Instanz. Versagt sie, ist der Mensch vergiftet. Die Leber erfüllt endlich die Träume des Magen- und des Dünndarmkranken. Sie nimmt weder hin noch erkennt sie gefühlsmäßig. Sie sichert präzise ab, indem sie etwas auseinander nimmt und Stück für Stück begutachtet. Sie verwirklicht die Idee „Vertrauen ist gut, Kontrolle ist besser", und zwar diesmal mit Betonung auf dem zweiten Teil des Satzes.

Dieser Satz stammt von Lenin, einem Revolutionär. Revolutionen ähneln als Wechsel und Umwälzungen den Vorgängen in der Leber. Meist führen sie nur dann zum Erfolg, wenn sie zuvor intensiv geplant worden sind. Alle Möglichkeiten müssen erwogen, Vorbereitungen bis ins Detail getroffen werden. Denn die Umwälzung wird umso wahrscheinlicher in eine sinnvolle Veränderung münden, wenn deren Voraussetzungen exakt geschaffen worden sind. Andererseits liegt die der Revolution folgende Zeit nicht in der Hand des Revolutionärs und daher auch nicht immer in seinem Sinne. Infolgedessen führt so manche Revolution nicht an ihr Ziel. Daher wird der Revolutionär versuchen, alles vorher geschickt zu planen. Der gezielte Wechsel aus einem Zustand von gestern in einen von morgen kann durch eine gute Strategie gesichert werden. Schon Hoang Ti, der berühmte altchinesische Gelbe Kaiser, wusste: Die Leber hat die Funktion eines Generals; sie ist verantwortlich für Fragen der Strategie [8].

Ein Stratege im Staat wird im Idealfall die Kontinuität und Entwicklung des gesamten Gemeinwesens mit Voraussicht planen. Die Leber als Stratege im Körper versucht, durch Bereitstellung der Voraussetzungen die Struktur des Gemeinwesens zu ermöglichen, das als unser Körper existiert und das von Millionen von Zellen gebildet wird. Dabei erinnert sie an einen Schachspieler bei der Eröffnung der Partie. Er richtet sich auf alle Eventualitäten ein. Er verlässt sich nicht auf blinde Vermutungen, sondern auf das, was er präzise und klar vorausgedacht hat. Daraus erwächst ihm das Gefühl der Sicherheit, davon hängt er ab. Nichts ist ihm unangenehmer als mangelnde Klarheit und fehlender Durchblick. Seine Aufgabe ist nicht leicht angesichts der Vielfalt möglicher Konstellationen. Selbst ein Computer könnte damit überfordert sein, auch wenn er sehr schnell arbeitet. Alles genau zu analysieren bedarf nämlich eines ungeheuren Zeitaufwandes. Daher sieht der Schachspieler ebenso wie die Leber einen der schärfsten Gegner in der Zeit. Ihr größtes Leiden scheint der Zeitmangel zu sein, in erneuter Analogie zum heutigen Menschen.

Deshalb ist es der Leber unmöglich, alles zu untersuchen, was gegessen wurde. Sie ist auf ihren Vorprüfer Dünndarm angewiesen. Er nimmt ihr mit seinem einfachen Trennungsschema und seinen „Vorurteilen" einen wesentlichen Teil ab und führt es über den Dickdarm ab. Natürlich sind die vom Dünndarm vorgeprüften Nahrungsmittel nicht immer das „Gelbe vom Ei". Ein vorläufiges Urteil ist eben noch lange kein sicheres Urteil. Der Dünndarm hatte sich darauf verlassen, dass später vieles nach und nach und exakt zu prüfen sei. Darauf antwortet nun die Leber mit ihrem hohen Anspruch. Das ist die Konstellation der Wissenschaft. Eine Hypothese ist leicht aufgestellt. Sie glaubhaft darzulegen, ist schon schwerer. Sie jedoch exakt auf dem Boden der herrschenden Paradigmen und Axiome der Wissenschaft zu fundieren und dafür umzubauen, ist in der Regel eine jahrelange, die Geduld bis an ihre Grenzen belastende Arbeit.

Dabei kommt der Leber eine besondere Fähigkeit zugute. Sie entscheidet nicht nur zwischen dem Ja und dem Nein. Sie hat den Weg gefunden, das „Jein“ zu verwirklichen durch ein „So nicht, aber anders ...“. Sie nimmt ein Molekül auf, selbst wenn sie es in der Form, in der es vorliegt, nicht gebrauchen kann. Sie verändert es und baut es um, bis es ihr gefällt und in ihre Planung passt. Die Leber entspricht dem Bild des Autokäufers, der ein bestimmtes Auto erwerben möchte. In der gewünschten sportlichen Aufmachung ist es aber nicht lieferbar. Da lässt er die Normalausführung knallrot lackieren und breite Felgen montieren. Schon ist das Auto so, wie er es sich vorstellt. Die Möglichkeiten des Umbauens sind schier grenzenlos. Die Leber scheint dem Molekül ein „Nein“ sagen zu können, ein „So nicht“, aber auch ein „Ja, trotzdem“. Denn sie kann es ändern und dann doch für ihren Entwurf verwenden. Sie setzt damit neue Konturen, neue Grenzen. Die alten löst sie auf.

Die Leber handelt ähnlich wie der denkende Mensch. Seine Vorstellung entsteht aus der Wirklichkeit, die er kennt. Erfährt er eine andere Wirklichkeit, entzieht diese der bisherigen Vorstellung den Boden. Ihre Voraussetzungen stimmen nicht mehr. Dann muss der Denker von vorn anfangen. Hier stoßen wir auf eine Schwäche der Leber. Als der große Planer hat sie alles mühevoll und eingehend vorbereitet. Sie hat die große Revolution, beispielsweise den Sturz eines Diktators, bis ins letzte Detail durchdacht. Dann geschieht das Unerwartete. Ein anderer Gewaltherrscher stürzt den Diktator und baut sein ganz eigenes System auf. Dieses ist nicht mehr in der geplanten Weise angreifbar, und die Strategie der Leber war vergebens. Eine solch unerwartete, ungeplante Veränderung wirkt wie ein Albtraum auf die Leber und bedeutet ihr Leid. Hier verändert ihr Gegenüber im Schach durch einen völlig unerwarteten Zug die Voraussetzungen derart, dass ihrer ganzen Planung die Grundlage entzogen ist.

Diese Schwäche der Leber scheint aus der Verlockung ihrer Stärke hervorzugehen. Dann überschätzt sie ihre Fähigkeit, Dinge vorauszuberechnen. Nun ist es anders gelaufen als erwartet. Sie ist enttäuscht. Enttäuscht heißt aber nichts anderes als aus einer Täuschung herausgenommen. Folglich hat die Realität sie schlichtweg eines Besseren belehrt. Sie hat ihr aufgezeigt, wo ihre Strategie eine Täuschung war. Eigentlich sollte sie sich freuen, diese Täuschung durch eine Ent-Täuschung überwunden zu ha-

> Ärger ist das Thema von Leber und Galle

ben. Wenn sie von ihr lassen kann, ist erwartende Hoffnung eine Stärke. Ein Ziel vor Augen erscheint als Lebensnotwendigkeit. Kann sie aber von einem bestimmten Ziel nicht lassen, auch wenn es der kommenden Wirklichkeit widerspricht, so wird diese Erwartung zu einem Kreuz. So schnurstracks, wie alles in die Leber hineinmarschiert, so schnurstracks geht das Leben danach nicht unbedingt weiter. Das scheint die Leber manchmal nicht zu wissen. Daher gerät der Leberkranke leicht in eine Haltung, die sich anzubieten scheint, wenn man sich von einer großen Erwartung enttäuscht sieht. Er nimmt die unerwartete Offenbarung der Realität einfach nicht wahr. Er ignoriert die unerwarteten Tatsachen.

Dann wird die enttäuschte Erwartung zum Bumerang für die Leber. Hält sie weiter an ihr fest, macht sie es noch schlimmer, noch ärger. Das „Ärgermachen", das Ärgern, ist ein Thema von Leber und Galle. Der Duden weiß: ärgern „bedeutet eigentlich: schlimmer, böser, schlechter machen" [9]. Das Ärgern geht aus einem Planungsfehler der Leber hervor. Meist besteht dieser Fehler in dem Irrtum, überhaupt zu erwarten, irgendetwas müsse mit Sicherheit einer im Voraus erfolgten Planung gehorchen. Dann kann schon die geringste unerwartete Störung – klein, aber wirkungsvoll wie eine Laus – über die Leber laufen, und schon fällt die ganze Planung wie ein Kartenhaus zusammen.

Die Ehefrau eines Leberkranken berichtet, es habe ein Drama zu Hause gegeben. Ihr Mann habe seinem Sohn versprochen, ihm zu Weihnachten einen Papagei zu schenken. Kurz vor Weihnachten habe sich herausgestellt, dass man im Moment keine Papageien erwerben könne, da eine Seuche ausgebrochen sei. Daraufhin sei der Vater fürchterlich enttäuscht gewesen. Er habe den ganzen Abend geschrien und auf Behörden geschimpft, auf Vogelzüchter und auf alles, was ihm noch eingefallen ist. Alle anderen trügen Schuld daran, das habe er schon immer gewusst. Offensichtlich fühlte er sich von allen angegriffen. Und er griff alle an. Er ärgerte sich und machte dadurch den Schaden noch schlimmer. Unversehens ist hier der General der Leber in den Krieg geraten. Nur mit Mühe habe die Frau ihrem Mann verdeutlichen können, dass niemand ihn angegriffen habe.

Die Leber hat mit Abwehr und Grenzschutz zu tun. Ihre Grenzschutzeinheiten kontrollieren alle, die die letzte Grenze ins Blut hinein übertreten wollen. Mit ihrer Fähigkeit, Gifte in Nichtgifte umzuwandeln, steht sie da wie eine zwar letzte, aber mächtig schützende Bastion vor dem eigentlichen, gehüteten Inneren, dem Blutkreislauf. Dafür ist sie bereit, jede erdenkliche Strategie zu entwickeln. Dies gilt auch für den seelischen Bereich. In der Sprache der alten Chinesen hört sich das so an: „Die Leber ist ein Offizier, der die Außenschicht unterstützt" [10]. Die Leber leidet daran, wenn der Mensch das Gefühl hat, von außen angegriffen zu werden.

Die berühmteste Grenze der Welt ist Chinas Große Mauer. Sie wurde aus Furcht vor einfallenden Barbaren gebaut. Man wollte diesen gewachsen sein und die Vorstellung vom Reich der Mitte nicht verlieren. An diese Chinesen erinnert der Kranke, der Angst vor anderen Menschen hat. Er kann es nicht begründen. Im Gespräch zeigt sich schließlich, dass er sich im Innersten sehr schwach und ungeschützt fühlt. Die begleitende Ehefrau ist überrascht. Nennen sie ihn doch den Polterer, weil er schreit und diktiert, wenn es nicht nach seinem Plan läuft. Da tritt er ganz groß auf. Im Bett sei das allerdings anders, da gehe nichts mehr, sagt er offen.

Er leidet an einer schweren Fettleber, und niemand weiß, woran es liegt. Jedenfalls isst und trinkt er nicht übermäßig, wie beide bestätigen. Er habe Appetit, aber kaum stehe das Essen da, sei der Appetit weg. Das ist seelisch nicht anders. Er ist voller Ideen, aber kaum geht es an das Umsetzen, ist die Lust weg. Wie im Bett. Was ist da los? Hier ist die Vorstellung der Leber zu groß, aber die Umsetzung fehlt, die dem Herzen entspricht. Kein Wunder, dass er über eine Herzschwäche klagt. Aber die Wurzel scheint zunächst in einer übergroßen Selbstvorstellung zu liegen. Dahinter versteckt sich aber noch etwas – ein ganz klein gewordenes, gekränktes Ich. Man hat diesen Mann in der Firma ohne Ende gedemütigt, stellt sich heraus. Er durfte nichts machen. Nun übt er Macht aus, statt zu machen.

Damit will er sein gekränktes Ich reparieren. Das lässt Natur nicht zu und weist ihm seine Grenzen in der Realität. Er will, aber nun kann er nicht. Die homöopathische Arznei LYCOPODIUM packt das Problem an seiner eigentlichen Wurzel an: Nicht das Schreien ist das Problem, sondern die Schwäche dahinter. Schwäche und Angst sind immer der Urgrund einer Krankheit. Die anderen Symptome sind dem aufgesetzt, in allen Varianten. Würde er nicht geheilt, läge er am Ende mit seiner kranken Leber ohnmächtig im Bett, als Gegenpol zu seinen irrealen Machtansprüchen. Aber nach der Einnahme von LYCOPODIUM werden die Leberwerte besser. Der Mann nimmt an Gewicht ab, und er strahlt mich an, als wir auf sein leidiges Potenzproblem zu sprechen kommen. Potenz heißt Macht. Er braucht sie nun nicht mehr schreiend zu diktieren.

> Macht ist auch ein Versuch, andere machen zu lassen, was man allein nicht schafft

Die Leber als Organ des Empfindens der Macht hält ein Auge auf das Selbstwertgefühl. Sie neigt dazu, zur Schau getragene Symbole und Ansprüche überzubewerten. Sie sieht wie das Auge die Äußerlichkeit. Das ist noch nicht alles. Niemand ist vor Unvorhergesehenem geschützt. Dann gilt es, die Strategie rasch ändern zu können. Besser noch wäre es, das Wissen um unabwägbare Möglichkeiten von vornherein in Betracht zu ziehen. Der Leber gegenüber steht die lebendige Realität. „Das, was Weg genannt wird, ist unfassbar und unvorstellbar ... Sein Geist ist die Wirklichkeit ..." [11], warnt Lao Tse. Dies vor Augen, verringert sich die Gefahr, dass sich die Leber beim Planen verläuft und den falschen Weg geht, sich „vergeht". Andernfalls wird sie jedes Abweichen als ein Vergehen, einen Fehler betrachten.

Ich sehe dieses unbewusste Schuldgefühl bei erfolgreichen Menschen, die gesellschaftliche Grenzen überschritten haben. Das macht unbewusste Ängste, weil man nicht weiß, wie die Wirklichkeit mit der exponierten Umsetzung der eigenen Strategie umgeht. Ist die Leber in diese Situation geraten, gilt es zu bedenken, dass Strategien eben nur Strategien sind, Entwürfe nur Entwürfe. Strategie heißt immer Langzeitplanung, und als solches ist sie das Gegenteil von Kurzem. Wenn die Leber später merkt, dass das, was sie gestern gedacht und geplant hat, heute über den Haufen geworfen wird, so ist das nicht als Vergehen zu werten, sondern bedarf nur der Korrektur.

Wenn ich sehe, wie Homöopathie das so genannte Böse heilen kann, verliere ich meinen unschuldigen Glauben an die Schuld. Korrigieren heißt wörtlich nur so viel wie „auf das gemeinsame Ziel und den gemeinsamen Sinn ausrichten". Die gesunde Leber verliert nicht den Sinn des Ganzen aus den Augen, jenen dahinter stehenden und übergeordneten Sinn des ganzen Gemeinwesens Körper bzw. Mensch. Sie weiß, dass noch andere Organe außer ihr mit ganz anderen seelischen Eigenschaften dazu gehören. Dies gibt ihr Freiheit von der eigenen Planung und Erwartung.

> Schulden gehören auf die Bank und nicht in die Seele

„Erwarte nichts, dann wirst du nicht enttäuscht", hat ein Friedensnobelpreisträger, der Dalai Lama, 1989 trefflich beschrieben. Dagegen scheint die Leber mit all ihren Erwartungen, Strategien und Abstimmungen zu sprechen. Wenn grundsätzlich aus jeder Erwartung eine Enttäuschung erwachsen sollte, so müsste doch jede Erwartung eine Täuschung beinhalten, aus der sie wieder jeweils eine Enttäuschung befreien muss! Sollte wirklich alles, was die Leber an Strategie vorbereitet, eine Täuschung sein? Sollte ihre geballte Macht auf solch tönernen Füßen stehen?

Bei genauer Betrachtung stellt sich dieses Problem nur dann, wenn die Leber meint, sie allein bestimme mit ihren „Vorstellungen" den Weg des Körpers und den der anderen Organe. Aus dieser Sicht wäre die Leber das Ziel und der Sinn des körperlichen Lebens. Dabei vergisst sie zwei grundlegende Fakten. Die Leber kann nur so exakt arbeiten, weil andere Organe ihr zuarbeiten. Das ist die eine Seite ihrer Abhängigkeit. Die andere bestimmen ihre Nachfolger. Wie durch ihre Vorgänger werden ihrer Souveränität auch durch ihre Nachfolger Grenzen gesetzt. Denn was hilft der Leber eine perfekte Strategie, wenn sie nicht zur Anwendung kommt? Dann werden all die theoretischen Möglichkeiten, die die Leber sich überlegt hat, zu Papiertigern. Nicht jede Pflanze des Frühlings erlebt den Sommer. Der Schachspieler, der „fast" gewonnen hätte, wenn nicht der Gegner diesen Zug getan hätte – fast gewonnen ist eben doch verloren. Die Leber braucht ihre Vorgänger ebenso wie die Nachfolger, die von ihr abhängen. Nur ein offenes Wechselspiel mit allen Organen bewahrt die Leber als Meister des Morgen und der Zukunft vor einer Unterschätzung der Wirklichkeit als Meisterin des Heute. Sonst allerdings plant die große und mächtige Erwartung der Leber eine leere Illusion, der eine Enttäuschung statt der Verwirklichung der Träume folgt. Sie entspräche einem Frühling, der zusammen mit den Blüten bereits die Früchte hervorbringen will, weil er dem Sommer als Zukunft des Frühlings misstraut und ihm daher seine Vorstellungen, was dieser aus den Frühlingsblüten machen wird, nicht nur anbieten, sondern aufzwingen will. Das erlaubt die Natur nicht, auch nicht seelisch.

Eine Enttäuschung kann lähmen. Man hatte sich so ein schönes Bild ausgemalt, und nun funktioniert die Sache nicht. Man kommt sich plötzlich ungemein klein und schwach vor. Apathisch sitzt eine Kranke vor mir. Sie antwortet einsilbig oder gar nicht. Sie habe zu nichts mehr Lust, alles sei ihr vergällt. Die Zukunft scheine ihr ohne Hoffnung und bedeutungslos zu sein. Sie habe ihren Sinn verloren und ihr frühlingshaftes Streben nach dem Morgen. Nur müde sei sie, immer nur müde. Nahe der Ohnmacht. Aber kollabiert sei sie noch nie. Kummer und Kränkung beschäftigen sie den ganzen Tag. Aber es ist, als sei ihr Gefühl gelähmt. Sie mag auch nicht mehr denken, sie habe es satt. Stumpfheit ist der ganze Eindruck. Zornig sei sie selten. Zorn ist wohl ein Versuch, die Furcht auszugleichen. Körperlich fällt vor allem die „Unmenge" an Stuhl auf. Aber das mache ihr nichts, erschöpfe sie nicht. Produziert sie dort ersatzweise, was sie sonst nicht herausbekommt? Ihr Urin sei wie Dickmilch. Das Thema der Geborgenheit statt klarem Fließen. Klarheit ist hier kaum zu bekommen. Nur die Arznei ist klar. Sie bekommt ACIDUM PHOSPHORICUM. Diese Behandlung zieht sich über Monate hin. Langsam klart ihr Geist auf und lässt die Fesseln der kummerhaften Gefühle und enttäuschten Vorstellungen los. Solche Zeichen sind oft die ersten einer körperlichen Lebererkrankung. Sie können erfahrungsgemäß zeitlich vor der Erhöhung der chemischen Leberwerte auftreten.

Die Furcht vor der Unberechenbarkeit der Zukunft und deren unvorhersehbaren Ereignissen kann auch aus einer schlimmen Erfahrung kommen. Wundern wir uns also nicht, wenn wir hier auch wieder auf NATRIUM MURIATICUM, den Salzkranken, stoßen können. Er erwartet beim Zufall immer gleich den Unfall. Die spanische und auch die englische Sprache legen dies zwar nahe. Eine solche unerwartet begegnende Realität kann jedoch positiv erlösend wirken und die Furcht vor ihr Lügen strafen. Der Kranke gibt sich also fälschlich den Namen Realist. In Wirklichkeit versucht er, sich mit einer Negativerwartung vor Enttäuschungen zu schützen. Er ist äußerst verwundert, wenn der Verlauf einer gefürchteten Angelegenheit nicht ganz so entgleist wie erwartet, und neigt dazu, gleich auf einen neuen, anderen Fehlschlag zu warten.

Die Zukunft bringt in seinen Augen von allein nie wirklich Gutes mit sich, höchstens gemischt mit Übeln, so wie die alten Griechen ihren Göttervater Zeus sahen. „Die Zeichen einer Lebererkrankung“, umschreibt der weise Gelbe Kaiser trefflich [12], „sind ... Furchtgefühl, als warte man auf eine bevorstehende Inhaftierung“. Daraus erwächst natürlicherweise die Tendenz des kranken Strategen Leber, er müsse aus Sicherheitsgründen die Situation selbst immer und überall beherrschen. Sein zwanghafter Perfektionsdrang lässt sich hieraus gut verstehen. Schon ein geringer Fehler könnte sich unbeherrschbar rächen. Zu seiner Angst vor jeglichem Fehler oder Versagen gesellt sich das unbewusste Bild eines strafenden Schicksals und Gottes hinzu, welches den psychischen Druck weiter nährt. „Erst die Angst macht aus den Worten Gottes ‚Gebote‘“ [13], schreibt treffend der Tiefenpsychologe Eugen Drewermann. Das Wort „muss“ fällt denn auch auffallend oft im Gespräch mit diesen Menschen. Goethes Wort „Alles Sollen ist despotisch“ [14] scheint diesen Kranken auf den Leib geschrieben zu sein. Der innere Despot scheint von der Furcht vor dem Unberechenbaren der Zukunft zu leben.

> Erst Angst macht aus den Worten Gottes „Gebote“

Dann kann die Strategie in ein Aufopferungsbedürfnis übergehen, als müsste die Kranke sich für jemanden oder etwas aufopfern und so das unberechenbare Schicksal gnädig stimmen. Muss sie eine Gegenleistung für ihr Leben erbringen? Kommt sie nicht nackt zur Welt mit der Sehnsucht des Säuglings, nur um seinetwillen geliebt und genährt zu werden? Das Muss bestimmt diese Kranke und fordert sie. Ihr Pflichtbewusstsein erfüllt sie. Es überfordert sie schließlich, als wäre es ein kleiner tyrannisierender Teil ihrer Psyche, wie ein Virus, das eine ganze Zelle unterjocht. Sie lebt in einer überperfektionierten Albtraumwelt. Sie will durchhalten, eine Vorstellung „durchbeißen“. Sie kämpft gegen das Schicksal: „Jetzt muss etwas passieren, und wenn ich dabei draufgehe.“ Aber auch wie gezwungen von einer unbekannten Macht: „Ich kann nicht ruhig liegen, muss mich immer drehen, und gerade das tut mir so weh“. Sie hat eine genaue Vorstellung von sich und der Welt und zumindest in bestimmten Bereichen ihres Lebens ein festes Bild, das sie durchbringen und verwirklichen will, koste es, was es wolle. Diese Vergewaltigung aber erträgt die Wirklichkeit nicht. Muss das Schicksal so nicht zum quälenden Muss, zum drohenden, auch hinterhältigen Tyrannen werden? Hier könnte LYCOPODIUM passen, aber auch viele andere Arzneien. Wir haben noch nicht genug von der Kranken erfahren, um die richtige Arznei zu wählen. Deshalb ist Vorsicht geboten und weiteres Beobachten nötig!

In diesen Kreis von Vorstellung und Albträumen gehören auch die Viren. Sie symbolisieren Vorstellungen, die für sich keine lebendige Wirklichkeit sind. Viren sind nämlich so tot wie die Speiseteilchen, die die Pfortader in die Leber trägt. Das ändert sich erst, wenn eine Zelle das Virus aufnimmt. Kaum aufgenommen, gibt es der Zelle einen Befehl, ähnlich einer Diskette, die ein Computerprogramm beeinflussen kann. Daraufhin produziert sie nun Unmengen solcher Viren, anstatt etwas Vernünftiges für sich selbst herzustellen. Schließlich geht sie daran zugrunde, und das kann sehr rasch geschehen. Ohne Zelle wären Viren im Körper tot und damit ganz harmlos. Nur – die Zelle reagiert auf Viren wie ein Sklave auf einen Tyrannen. In anderen Bereichen kennen wir solche toten Tyrannen ebenso. Man denke nur an die Versklavung von Menschen durch tote Spielautomaten. Auch hier springt der Spielautomat wie ein Virus in die Schwachstelle des Menschen, oder, genauer, der Mensch holt sich den exakt zu seiner Schwachstelle passenden Diktator. Auch ein Computer reagiert auf „tote“ Programme. Genau zu ihm passende tote Disketten befehlen ihm möglicherweise, ein Auto zusammenzubauen oder eine Banküberweisung vorzunehmen. Auch in diesem Bereich sprechen wir von einem „Virus“, wenn ein den Computer oder sein Programm zerstörender Befehl wirksam wird. Doch der Ablauf hier ist genauso wie der Ablauf im Körper: Nur wenn ein System da ist, das sich von ihm stören lässt, macht dieses Virus krank. Wäre diese Voraussetzung nicht gegeben, bliebe es eine unerfüllte Vorstellung und ebenso tot wie diese.

Medizinische Viren stellen demnach biologische Programme für eine mögliche Verwirklichung dar, zum Beispiel für einen Maserninfekt. Aber diese

Masernkrankheit leben und erleben die Viren nur, wenn Zellen sie in ihrem „Auftrag" verwirklichen. Zur Krankheit gehört folglich nicht nur das Virus, sondern auch die genau auf dieses Virus reagierende Zelle. Sie erst lässt dessen Programm oder Vorstellung Wirklichkeit werden. Eine nicht vollständige, aber überstarke Information oder Vorstellung verwirklicht sich hier tyrannisierend auf Kosten des Gesamten – ein prägnantes Modell einer übermächtigen Leber. Die Folge ist Störung der Ganzheit, Verzweiflung, Lähmung bis zum Leberkoma. Wer Notwendigkeiten übersieht, kann die Not nicht abwenden.

Könnten wir unsere Erwartungshaltung, unsere Vorstellung von der Zukunft ein wenig lockern, ein bisschen mehr vertrauen auf die Zukunft und den Zufall, dass er nicht gar so unfallartig über uns herfällt, dann empfänden wir vielleicht das Leid gar nicht als solches. Wir sähen darin dann nicht so sehr das Unerwünschte, da unsere Wünsche nicht so unabänderlich fixiert wären. Wir nähmen dann darin nur noch die bloße Veränderung durch eine Wirklichkeit wahr. Wir hätten dann verstanden, dass einerseits aus dem Denken, unsere Zukunft zwingen zu können, eine die Not auslösende irrtümliche Vorstellung erwächst. Dass andererseits Hoffnung in die Zukunft sehr sinnvoll ist, da sie uns auf eine mögliche Zukunft vorbereitet. Daraus freilich die Erwartung herzuleiten, Zukunft müsse exakt wie geplant eintreffen, erschafft das eigentliche Leid.

Ist das Leid vorüber, nennen wir es Erfahrung, wie die Niere später weiß. Es hat uns Erkenntnis gebracht. Diese Erfahrung ist dem Frühling noch fremd, sie wird erst im Laufe des Jahres gewonnen. So ist auch die Leber, so hoch entwickelt ihr Wissen auch ist, nicht das letzte Ziel. Die Erfahrung der Wirklichkeit erhält die Leber von ihren Nachfolgern. Sie wirkt mit ihren Entwürfen und Vorstellungen wie ein Frühlingstraum, ihr erscheint noch nahezu alles möglich und machbar. Sie lebt noch im Traumland des Morgen und kennt kaum das Heute, geschweige denn ein Gestern. Das Heute aber kennt der Sommer, der den vom Frühling erhofften Traum in der Realität erlebt. Das winterliche Jahresende bringt dann noch die Sicherheit des Erfahrenen. Es erfüllt die Sehnsucht des Frühlings. Es weiß um die richtige Folge der Dinge, deren Folgerichtigkeit. Welch eine Aussicht für die zukunftsängstliche Leber!

Aber damit sind wir schon ungeduldig vorangestürmt wie die Leber und der Frühling. Zuerst folgt der Sommer, die Realisierung jener Träume, die den Drang mit sich bringen, endlich verwirklicht zu werden. Einmal wollen sie nicht nur das Morgen planen, sondern das Heute aktiv gestalten und dabei den zuvor erträumten Plan tatsächlich als wirkliche und lebendige Gestalt spüren. Dies hofft der Frühling wie ein junger Mensch in der Pubertät. Des

Frühlings Träume verwirklichen im Körper die Nachfolger der Leber, das Herz, zunächst aber auch die Galle, bei der wir den hier gefundenen Ideen der Leber noch näher kommen werden.

Stichworte zum Thema Leber

- Frühling, Neugier, Hoffnung, Durchbruch, Stoffwechsel.
- Machtgefühl, Ansehen, hoher Anspruch.
- Vielfalt, viele Möglichkeiten (ja; nein; so nicht, aber verändert).
- Exaktes Prüfen, Kontrolle ist besser. Klarheit. Absichern.
- Planen von Neuem. Bereitstellung von Voraussetzungen. Zukunftsvorstellungen entwickeln. Zielgerichtet, auch zielfixiert sein.
- Vorstellung ist grundsätzlich frei. Kann aber Täuschung sein.
- Enttäuschung bei fixierter Vorstellung in Konfrontation mit Realität.
- Hoher Zeitbedarf, Zeitnot.
- Vorsicht, Furcht vor der Zukunft, vor Zufall als Unfall, vor Leid durch ungewollte Veränderung.
- Leberschwäche: Lähmende Enttäuschung, Ohnmacht, Furchtsamkeit, kleines Ich, Antriebslosigkeit.
- Überstarke Leber: Zorn, übergroßes Ich, Zwang, Perfektion, Fehltritte sind Vergehen. Ungeduld. Überplanung. Das Schicksal wird zum Gegner.

Dem Leberkranken und seinen geistigen Verwandten rate ich:

Stehen Sie zu Ihrer Intelligenz. Aber durchschauen Sie damit, dass Ihr Wissen nicht ein Prozent aller bekannten Fakten ausmacht. Rechnen Sie daher mit dem Auftreten von Tatsachen, die Ihren Berechnungen und Vorstellungen widersprechen.

Vor das Wissen hat die Natur fünf Meter teilbewusste Annahmen gesetzt, auf denen das Wissen ruht.

So wenig wie ein Film von Ihnen mehr als nur eine Ansicht Ihres Äußeren bietet, so wenig kann Wissen die Realität wirklich durchschauen. Sie scheint eine Dimension mehr zu haben.

Wissenschaft verbessert durch breite Übereinkunft über eine gemeinsame Anschauung die Chance, der Realität nahe zu kommen. Sie ist aber nicht Realität.

Heutiges Wissen fußt auf einer zahllosen Menschen gemeinsamen Vorstellung. Doch keiner kennt die morgige.

Die einzige Realität ist die Realität.

Überprüfen Sie und sichern Sie ab, aber verlieren Sie sich nicht. Sie selbst sind wichtiger.

Zählen Sie einmal, wie oft Sie das Wort „muss“ am Tag gebrauchen. Sie müssen nicht zum Zug, sondern Sie wollen zum Zug, weil Sie wegfahren wollen.

Versuchen Sie, durch Kontakte und Kommunikation Ihrer eigenen Wirklichkeit näher zu kommen.

Beziehen Sie die schlimmste mögliche und die bestmögliche Realität nüchtern in Ihr Konzept mit ein. Das gibt Sicherheit.

Warum sollte die Zukunft von heute übler sein als die von gestern, die Sie heute erleben?

Die Galle

Nun haben die Speiseteilchen einen langen Weg hinter sich. Sie wurden mühsam zerkleinert und aufgelöst vom Mund bis hin zur Leber. Dort wurden sie weiter auseinander genommen und begutachtet.

Doch nun, an der Galle, schafften einige die letzte Barriere nicht. Sie gleichen jenen Fluggästen, die Wartesaal und Check-up passiert haben, mit dem Bus ans Flugzeug gefahren wurden, dort eingestiegen sind und jetzt doch noch kurz vor dem Start aus dem Flugzeug wieder herausgeholt werden. Dabei muss es sich keineswegs um Entführer oder andere Kriminelle handeln. Es kann sich auch um eine Herzchirurgin handeln, die am Abflugsort dringend gebraucht wird. Nur sie kann eine bestimmte Notoperation durchführen. Oder ein Mann wird alarmiert, dessen Vater unerwartet einen Schlaganfall hatte und der deshalb und plötzlich zur Änderung seiner Pläne gezwungen wird. Im Körper läuft das ähnlich ab. Hier mag beispielsweise ein Hormon aus einem Steak erfahren, dass sein Platz nicht im Blut des Menschen ist. Deshalb wird es noch kurz zuvor herausgeholt und in die Galle ausgeschieden. Auch das Hormon ist deswegen nichts Schlechtes. Es wird ihm lediglich bedeutet, dass sein richtiger Platz jetzt an anderer Stelle ist. Dort mag es dann durchaus erwünscht sein.

Offensichtlich handelt hier eine korrigierende Idee, die den Gesamtschaden gering halten will. Der Herzkranke soll überleben, der Mann seinen Vater noch einmal sehen. Das Hormon soll nicht an falscher Stelle seine Wirkung ausüben. Hier soll der Gesamtheit geholfen und nicht geschadet werden. Der Gesamtsinn aller Zellen und damit der des Menschen als Ganzem würde sonst gestört werden. Diesen Gesamtsinn im Körper hat die gesunde Leber geplant. Sie erstrebt den besten Weg für die Gesamtheit der Körperzellen. Nun weist die Gallenflüssigkeit die unerbetenen Gäste ab, die das Gesamtkonzept gestört hätten oder deren Anwesenheit aus einer höheren Gesamtplanung heraus andernorts nötiger ist. So, wie das lokale Krankenhaus die Herzchirurgin um Hilfe gebeten hat.

> Die korrigierende Idee hält den Gesamtschaden gering

Aus der Sicht des einzelnen Fluggastes widerspricht dieser Anspruch aber ganz und gar seiner Planung. Er wird plötzlich mit ihm konfrontiert. Etwas Neues und Umwälzendes kommt auf ihn zu. Seine individuelle Planung wird mit der Forderung des Gesamtsystems konfrontiert, das möglicherweise einem höheren Interesse dient – hier dem seiner Familie. In dieser Situation treffen die Interessen der Vorstellung des Einzelnen auf die des ihm übergeordneten Gesamtsystems. Welcher Vorstellung, welchem Interesse soll er folgen? Die Leber hat vielfältige Vorstellungen exakt ausgeformt. Zum Teil widersprechen sich diese allerdings. Sie sind oft nicht parallel zu verwirklichen. Der Fluggast kann jetzt nur aussteigen oder mitfliegen, beides gleichzeitig ist unmöglich. Es gilt, einen der Wege durch Ausschluss des anderen zu verwirklichen.

Genau dies bewerkstelligt im Körper die Galle. Die Gallenblase sammelt die Gallenflüssigkeit, welche die Leber tröpfchenweise abgibt. Dem Verdauungssaft Galle sind zahlreiche Teilchen hinzugefügt, die nicht mehr in den Körper gehören. Sie sind die möglichen Varianten, die die Realität verwirft. Will der Mensch wie der Schachspieler nicht verlieren, muss er von ihnen wirklich lassen. Der nun Realität werdende Schachzug wirkt wie der Urteilsspruch eines Richters. Er beendet die vorhergehenden Erwägungen der Leber. Hoang Ti, der Gelbe Kaiser, schreibt: „Die Gallenblase hat die Funktion eines Richters; sie ist dazu bestimmt, Entscheidungen zu treffen“[2]. Der Interessenkonflikt zwischen den noch fremden Nahrungsteilchen und dem eigenen Gesamtorganismus wird entschieden. Der Richter Galle ist gefordert, zu entscheiden, welches Interesse Vorrang hat.

Ein Richter ist an Gesetze gebunden. Auch die Galle ist an das gebunden, was ihr die Leber vorgibt. Beide haben ihren Meister: Das Herz ermahnt sie, das Ganze im Auge zu behalten. Von der Leber kommt das Wissen. Aber die Galle zieht daraus die Konsequenz in der Konfrontation von Fremdteilchen und Gesamtorganismus. Die Leber hat bereits alles vorgetragen, was es abzuwägen gibt – wie bei einer Gerichtsverhandlung. Abschließend wird alles als richtig Erkannte auf die Waage der Wirklichkeit gelegt und für gewichtig oder weniger wichtig befunden. Es ist die Sache der Galle, aus diesem Wägen die Konsequenz zu ziehen. Sie braucht nicht mehr mühselig zu erkennen; das hat die Leber bereits getan. Die Galle muss abschließend klären und endgültig urteilen, handeln und hinausführen. Sie erfüllt dabei die Träume der Leber und des Herzens, wie die Leber die Träume des Dünndarms erfüllte.

Manch mühsam aufgebaute Vorstellung kann dabei enden. Alles, was hinter den Anstrengungen der Vorgänger der Galle stand, welche die Nahrung vom Mund bis zur Leber vorbereiteten, zerplatzt dann wie eine Seifenblase. Erinnern Sie sich? Eine Kugel wie diese Seifenblase war das Symbol des Magens. Alles, was sie enthielt und „einkreiste“, sollte zusammengehören. Nun platzt die Gemeinsamkeit auf; manches gehört doch nicht dazu, jetzt jedenfalls nicht mehr. Eine Kündigung ist fällig – die Galle. Sie lässt spitzkehrig wie eine Nadel die überholten Illusionen platzen. Erinnern Sie sich an den SILICEA-Kranken beim Dünndarm? Nun sind wir plötzlich auf der anderen Seite gelandet: Nicht der Blase, sondern der Nadel gilt nun unser Interesse.

Die homöopathische Arznei unserer nächsten Kranken trägt tatsächlich eine Art Nadel. APIS ist aus der Biene gewonnen. Obwohl mit Stachel bewehrt, hat sie nur einen einzigen Stoß zu vergeben. Sie hat keinen zweiten „Schuss“ frei. Also muss sie genau stechen, jäh und im richtigen Moment, wie die Galle. So unerbittlich ist auch der Krebs dieser Kranken. Er sitzt am rechten Eierstock. Also dort, wo Eiblasen platzen. In der Vorgeschichte sind ihr immer wieder die Fruchtblasen zu früh geplatzt. Sie erlitt Fehlgeburten. Keiner wusste, warum. Mein Gespräch ergab erste Hinweise auf einen Impuls in ihr, blasige Strukturen unerbittlich zu zerstören. Fürchtet sie die Geborgenheit der Blase, gab es familiäre Traumen? Sie will es nur andeuten. Selbst die Harnblase hat sie lange nicht halten können. Bis zum 14. Lebensjahr nässte sie ein.

Durch eine Krankheit geht immer eine Idee

Wenn Sie Kranken genau zuhören, merken Sie, dass immer eine Idee durch die Krankheit geht. Nur wenn wir diese lange genug chemisch kaschiert haben, wird sie manchmal unkenntlich. Sie können dann an allen Ecken reparieren – aber wie sinnlos! Wir wollen die Idee finden, das ist die klassisch-homöopathische Arznei! Diese Arznei lässt sich nur aus den Beschwerden finden. Ungelebtes wehrt sich, weiß der Magen. So bildet die Kranke auch immer wieder Blasen, als wollte ihr Organismus dem Aspekt der Blase auch etwas geben. Das will sie nicht vorführen. Denn manchmal, wenn sie etwas isst, schwillt ihr Mund schlagartig gefährlich zu, mit vielen Wasserblasen auf der Schleimhaut. Sonst hat sie es gar nicht mit dem Wasser, denn sie ist völlig ohne Durst. Will ihr Organismus nicht fließen, sondern das Heft oder den Stachel in der Hand behalten? Jedenfalls erzählt sie, dass sie gegen ihren Willen immens eifersüchtig sei. Sie rase dann und könnte den Partner erstechen. Kontrolle ist ihr sehr wichtig, aber sie entgleite ihr zu ihrem Leidwesen immer wieder. Dann fahre sie aus der Haut und tobe. Sie sei argwöhnisch und dadurch leider sehr reizbar und immer auf der Hut. Das nehme sie mit in den Schlaf. Dann zucke sie manchmal heftig zusammen. Auch APIS kennt die Furcht vor Nadeln. Doch diesmal wohl, weil sie selbst so übermäßig „nadelt“. Das gilt auch im übertragenen Sinne. In der Offenheit unseres Gespräches klagt sie, dass sie in der Liebe quälend unersättlich ist. Die Kranke bekommt APIS. Bedenken Sie, dass aber nur der Spezialist den Krebs klassisch-homöopathisch behandeln sollte. Auch eine Mundallergie wie bei der Patientin sollte damit rasch zu beheben sein. APIS ist eine Arznei, die, wenn sie genau passt – und nur dann – die Art eines Menschen sehr formen kann. Die Kranke behält natürlich ihren Charakter.

Aber sie wird weicher und umgänglicher, kann ihre bienenartige Zielstrebigkeit positiv einsetzen.

Die Kranke hatte lauter Beschwerden, die für „Galle“ sprachen. Doch ihre Galle ist gesund. Das Beispiel zeigt, dass sich hier eine Idee durchzieht, die man an der Galle verstehen und auch zuweilen finden kann, die damit aber keineswegs an die Galle gebunden ist. Das wäre eine fixierte Erwartung. Die Ideen oder Informationen, die sich in uns Menschen offenbar gesund wie krankhaft ausdrücken, können sich überall verwirklichen. Wir erkennen sie weniger am Ort des Geschehens als an ihrer Art, ihrer Funktion. Auch die Mathematik können wir auf sechs Autos oder sechs Birnen anwenden und sie bleibt doch immer die gleiche. Da suchen wir nach der Formel, die sich hinter beiden, Birnen wie Autos, verbirgt und sich in beiden äußert. Die klassische Homöopathie sucht nach der Formel der Krankheit. Auch diese äußert sich in allen Beschwerden und hat doch eine gemeinsame Formel. Klassische Homöopathen wissen, dass nur in der Information Krankheit wie Heilung zu Hause ist, wie im Kapitel „Spiegelung und Homöopathie“ dargestellt. Die Medizin würde sonst zur Dauerreparatur ausarten, weil sie den Grund der Krankheit, ihre Information oder Formel, nicht gelöst hätte. Die Wirklichkeit aber wird falsche Vorstellungen in der Medizin unerbittlich ausscheiden.

Die Vorstellungswelt der Leber hatte noch ein vielfältiges Nebeneinander ermöglicht. Die Galle jedoch zeigt, dass in der Wirklichkeit nicht jede Vorstellung Bestand hat. Der aus dem Flugzeug geholte Passagier hatte eine andere Vorstellung als den Abbruch seines Urlaubs. Wer dennoch seine Vorstellung durchsetzen will, obwohl er einsieht, dass sie nicht mehr in die Wirklichkeit passt, dessen Galle kann in Koliken – einer Alarmanlage gleich – zur Realität rufen. Sie stört die trügerische Ruhe, schlägt sie doch meist im Schlaf zu. Ob dies verstanden wird? Eine Korrektur des Eigensinnes ist gefordert, die Änderung der Vorstellung, das Neinsagen. Die Wirklichkeit ist dann anders als die Vorstellung. Wer der Wirklichkeit nicht folgen kann, der wird immer wieder solche Attacken erleben und als feindlich und tragisch empfinden. Als Einzelner kann ein Mensch den Sinn des ihm übergeordneten Systems, in das er eingebettet ist, zunächst nicht wie ein Außenstehender durchschauen. Er muss die Korrektur zunächst hinnehmen wie die Spritze des Notarztes.

Folgt der Fluggast nun der Aufforderung zum Ausstieg oder nicht? Wird er imstande sein, wochenlange Vorbereitungen innerhalb von Minuten über Bord zu werfen? Um Gewohntes und Liebgewordenes aufzugeben, braucht er die Kraft der Galle, die natürliche Trägheit zu überwinden, die alles Lineare mit sich bringt. Wer als Teilchen die langen Vorbereitungen bis zur Galle durchlaufen hat, der hat sich daran gewöhnt, dass alles in dieser geraden Richtung weiterläuft. Nicht einberechnet und daher jäh trifft ihn die Nachricht, dass Korrektur gefordert ist und ein Gutteil der Planung vergebens war. Je weitergehend die Planung alle Eventualitäten und damit auch diese mit einbezogen hat, umso geringer ist der Überraschungseffekt. Die Einsicht in die Notwendigkeit fällt dann leichter. Die Leber als das Organ des Ansehens kann also auch die Einsicht erleichtern. Die Einsicht wiederum nimmt dem Schwert der Galle seine Schärfe und der Tragik ihre Härte.

Dennoch entsteht ein Gefühl der Unwiderruflichkeit, wenn der Richter seinen Spruch fällt, der Ritter den Drachen erschlägt und das Flugzeug ohne die zitierte Herzchirurgin abhebt. Das entschlossene Verweigern im entscheidenden Moment ist die Stärke der Galle. Sie ist das plötzliche, gerade noch die Not abwendende Element, das wie ein Notarzt in letzter Minute eingreift. Dass hier mit Blaulicht gefahren wird, erscheint jedem verständlich. Das kann auch überschießen. Dann „läuft die Galle über". Die Geduld hat ein Ende. Es wird rasch zugepackt. Ein plötzlicher Geistesblitz rettet die Situation.

Kaum etwas symbolisiert die Lage treffender als der Blitz. Plötzlicher Wechsel führt zu Spitzkehren in seinem Verlauf. Mühsam und langwierig wie eine Schweizer Bergbahn haben die Teilchen fast den Gipfel erreicht, nun geht es auf einer Notrutsche schlagartig herunter. Wie der Blitz aus dem heiteren Himmel bricht die Situation plötzlich ab, rast in Spitzkehren. Sie schwingt nicht etwa weich vom Himmel nach unten. Immer ein Stück geradeaus, dann eine plötzliche Kehre, wieder ein Stück geradeaus, wieder eine plötzliche Wendung. Die Gerade als das Bild der berechenbaren Erwartung erfährt hier immer wieder eine Korrektur durch die Wirklichkeit. Diese Galle wird aktiv, wenn die Gerade zu einer täuschenden Erwartung verleitete.

Das Entdecken der Möglichkeit, dass es ganz anders kommen kann als erwartet, löst spontan eine Angst vor plötzlicher Änderung aus. Dann zucken Menschen zusammen, wenn jemand das Zimmer betritt. Der Blitz symbolisiert das Ausbrechen aus dem Gewohnten, aus dem Erwarteten, das Abbrechen des Weges. Die Forderung ist zu hoch geworden und zu einer Überforderung entartet. „Allzu straff gespannt zerspringt der Bogen"[16]. Kein runder und gewundener Bachlauf wie im Dünndarm, sondern jäh und plötzlich wie in einem Jähzornanfall bricht der Weg ab. Hier ist ein Kampf der Ideen um die Oberhand ausgebrochen. Über ihr Fortbestehen entscheidet die Wirklichkeit unerbittlich wie ein Richter. Die Galle steht einer harten Auseinandersetzung sehr nahe, wie das ärztliche Retten in letzter Minute mit der Wiederbelebung ein heftiges, fast aggressives Aussehen bietet. Diese Kranken haben Beschwerden wie eine Migräne, bei der ein Bolzen pulsierend vom Hals zum Kopf getrieben wird. Der Kranke, auf den die homöopathische Arznei CIMICFUGA passt, hat das sonderbare Gefühl, der Kopf könne geöffnet werden und frische Luft eindringen. Hier ist nicht die Geborgenheit des Magens, sondern das gallige Auf- und Zerbrechen zu Hause.

In diesen Bildern spüren wir die Kraft, die hinter dem Vorgehen der Galle steht. Sie verrät sich auch in der Gallenkolik. Es ist die Kraft zu verneinen, und zwar mit voller Konsequenz, nachdem die Leber schrittweise die endgültige Klarheit erbracht hat. In die Enge getrieben angesichts der Ausweglosigkeit, nimmt der Mensch seinen ganzen Mut zu einem Ausbruch zusammen. Es ist der Mut der Verzweiflung angesichts der Zweispaltung des Weges so kurz vor dem vermeintlichen Ziel. Keiner will zwischen beiden Wegen liegen bleiben, jetzt, wo nach dem langen Planen alles nach Aktivität und Verwirklichung ruft. Ist eine Fortsetzung des bisherigen Weges unmöglich, muss die Konsequenz gezogen werden, die bittere, wie der Volksmund sagt, „bitter wie Galle". Doch wie befreiend wirkt das Reißen des Geduldsfadens nach allzu langem Zaudern. In einem energischen Frühlingsputz wird die vom Magen bekannte Abstellkammer entrümpelt, die alte Schubkarre verschenkt und die defekte Maschine verabschiedet. Dann hat der Dünndarm gehofft, dass es noch gut gehen möge, die Leber hat es geplant, doch die Galle zeigt, dass der Plan mit der Wirklichkeit kollidiert. Sie beendet die Gerade, die überalterte Erwartung.

Die Galle ist nur demjenigen ein Gegner, der seine Richtung und seinen Sinn nicht korrigieren kann, wenn der fließende Gesamtsinn des Herzens Einklang fordert. Verweilen in der alten Vorstellung isolierte ihn vom Ganzen. Es nähme ihm Lebensfreude und Lebenskraft. Die Galle wertet als Richter den Willen des Ganzen höher als den des Einzelnen. Ihre Fähigkeit, etwas dem Ganzen zu unterwerfen, grenzt ab und aus. Dadurch erst entsteht die Kontur des Ganzen. Werden bestimmte Vorstellungen entgegen anderen durchgesetzt, entstehen Gegenmeinungen, die ausgeschlossen und abgewehrt wurden. Das Ich muss sich ab jetzt auch stetig dieser erwehren, um sein Ich zu bewahren, bis es sie vielleicht wieder einmal aufnehmen will. Diese Idee muss wach bleiben, soll das Ich- und Selbstwertgefühl erhalten werden.

Die Galle muss keineswegs unfreundlich vorgehen. Das Hormon wird auf sinnvolle Möglichkeiten an anderer Stelle verwiesen. Dem Gift Benzin wird mitgeteilt, dass es an anderer Stelle außerhalb des Körpers durchaus sehr erwünscht ist. Der verwehrte Einlass ins Paradies bedeutet immer auch den Hinweis auf ein anderes. Um das zu erreichen, bedarf es nur der plötzlichen, wenn auch unerwarteten Kehrtwende aus der Starre des rigiden Planers. Nur mit der Brille dieses Überplaners liest sich die Korrektur als Strafe, als Blitzschlag eines bösen Gottes. Die Galle fordert von ihm ein neues, verändertes Bewusstsein. Veränderungen entstehen aus der Zeit. Zeit und ihr Fließen ist Wirklichkeit. Auch dem Planer wird die Schwäche einer rigiden Planung durch ihr Zerbersten im Fluss der Wirklichkeit vor Augen geführt. Notfalls braucht er dazu viele Enttäuschungen, um den Plan im Licht der Wirklichkeit sehen zu können. Wahrheit lässt sich wohl nicht erzwingen, eher erfahren, da sie Wirklichkeit ist. Er wird erkennen, dass das Ganze sich im Fließen äußert. Das Ganze lehrt, auch mit den unerwarteten Aspekten zu rechnen. „Denn erstens läuft es anders (Galle), und zweitens als man denkt (Leber)". Nur wer so frei und unvoreingenommen prüft, kann auch sicher sein, dass die Grenzen und Vorstellungen, die er sich im „guten Glauben" setzt, nicht nur von gestern sind. Sie würden das Paradies von heute zerstören, gehören deshalb abgewehrt und ausgeschieden.

> Der verwehrte Einlass ins Paradies bedeutet immer auch den Hinweis auf ein anderes

Die rasch fortschreitende Entwicklung des Heute ist auch nicht das Paradies der Ideen, die nur von gestern sind. Sie würden nur noch mehr leiden, solange sie nicht gelernt haben, ihre fixierte Erwartungsstruktur dem rasch fließenden Strom der Zeit anzupassen, der im Herzen und im Heute fließt. Daher ist eine frühe Konsequenz aus der veränderten Realität ärmer an Leiden für beide Seiten. Eine lebendige und dynamische Galle heilt folglich. Ließe sie unrealistisches Wuchern der irrtümlichen Illusion länger zu, würde derer späterer Abbau umso mehr zu Zerstörung werden.

So schützt sie den Blutkreislauf vor Teilchen, die er nicht ertragen kann. Sie bewahrt das Paradies des Blutkreislaufs vor Zerstörung. Sie vertritt dessen Partei. Aber sie vertritt auch die Partei der Teilchen, zwar nicht deren Erwartung, aber deren Realität. Denn auch sie hätten den Blutkreislauf nicht gut vertragen. So wie Fett und Wasser sich nicht verbinden, sondern sich gegenseitig abscheiden, so hätte einer den anderen zerstört, indem er seine Funktionen blockierte. Der Mensch ohne dieses Gallensystem würde sonst sterben. In allen Varianten finden wir diese Idee in der lebendigen Natur, die als Bote der Ganzheit wie ein Erzengel von beiden Seiten die Not abwendet. Sie straft nicht, wie Jahrtausende lang Generationen glaubten. Sie wussten es so wenig wie die Teilchen, denen die Galle den Blutkreislauf vorenthält. Sie können und werden nicht erfahren, dass sie im Blutkreislauf, den sie irrtümlich für ihr Paradies halten, eine zerstörende Katastrophe erwarten würde. Ihr Paradies ist ein anderes. Die Galle scheidet sie in den Zwölffingerdarm aus, in die Richtung des zu ihnen passenden Dickdarmes.

Das mag zunächst an Abfallentsorgung erinnern. Aber auch der Abfall kann nach Auflösung und Anpassung an den neuen Bedarf wieder verwendet werden. Dann kehrt er „zurück ins Paradies", in ein anderes. Das beginnen wir gerade zu erkennen.

Wehren wir uns gegen den Weg der Galle, so verschlimmern wir die Angelegenheit, wir machen sie ärger. Schon bei der Leber haben wir gesehen, dass ärgern „schlimmer, böser, schlechter machen" bedeutet. In diesem Fall nimmt man eine Kleinigkeit wie die besagte Laus über der Leber zum Anlass, sich zu ärgern. Man macht damit die Sache auch für sich selber schlimmer. Dann läuft die volle Galle heftig über, statt dass sie zuvor stetig ablaufend korrigiert worden wäre. Korrigieren setzt das Wissen voraus, dass das Gesundbleiben wie alles Bleiben zwar statisch erscheint, in Wirklichkeit aber wie alles Lebendige eines kontinuierlichen Werdegangs bedarf. Dann wird die übermächtige Leber mit ihrem zornigen und fanatischen Versuch, das einmal in den Kopf Gesetzte auch unbedingt durchzusetzen, von der Galle durch die plötzliche Kehre korrigiert und gelöst, aus ihrem Wahn erlöst und geheilt.

Die plötzlich ändernd eingreifende Bewegung befreit aber auch wie ein hervorbrechendes Weinen, ein jäher Gefühlsausbruch oder eine heftige Emotion, die in wörtlicher Übersetzung aus dem Lateinischen „Herausbewegung" heißt. Auch APIS-Kranke berichten, dass sie scheinbar grundlos Weinanfälle bekommen. Das löst die Scheuklappen und schenkt mit der Enttäuschung die frühlingshafte Freiheit. Michael im Prolog von Goethes Faust mit dem „Wüten" und „Blitzen" zeigt, was Faust aus seinem Wahn befreien könnte [26].

Das Wüten kann auch in einem Tobsuchtsanfall enden. Man „gerät außer sich", verlässt quasi seine Zentralstelle und verliert die Kontrolle über sich. Die überzogene Galle lockt zur einseitigen Tat. Das Herz als Garant für das Ganze wird jetzt durch eine überstarke Galle überrannt. Der verneinende Aspekt, der Richter, ordnet sich nicht mehr der Mitte des Ganzen unter. Dann verrückt die Galle den Menschen aus seiner Mitte des Herzens. Man möchte ihm eine Galle dagegenwünschen, eine rasche Kehre, damit alles wieder zurechtgerückt wird, was verrückt ist. Sonst wird er tatsächlich verrückt. Doch eine Gegengalle gibt es in Körper und Seele nicht. Nur das Herz heilt diesen Zustand durch das Bewusstsein für das Ganze mit der Liebesfähigkeit zu allem und jedem. Homöopathie liegt dem Herzen nahe. Sie weiß, dass hinter dem Zorn auch TUBERCULINUM stehen kann, das wir bei der Lunge kennen lernen. Dann will der Kranke etwas durchsetzen, aber gleichzeitig scheut er den vollen Einsatz. Er spielt also ohne wirklichen Einsatz. Verspielt er dadurch, kommt der Zorn auf. Das geht bis zur Geisteskrankheit. Wenn der Kranke verrückt wird, steht eine übermächtige Galle dahinter, die in dorthin zwingt.

Kranke können sich verschiedenen inneren Zwängen ausgesetzt sehen. Vielleicht müssen sie sich ständig waschen. Dahinter steht ein Impuls, der es besonders gut machen will und damit auf der Stelle tritt. Auch dafür gibt es homöopathische Arzneien. Andere Kranke dürfen die Treppe nur mit guten Gedanken nach oben gehen. Oder sie meinen, Eier nicht berühren zu dürfen. Dahinter stehen dann lange, aufschlussreiche Vorgeschichten. Bei Eiern ist das Problem der runden Geborgenheit unübersehbar. Es ist immer wieder faszinierend, wenn der Kranke dann enthüllt, dass sein Problem wirklich dort liegt. Die Sprache der Symbole lügt nicht. Das habe ich in zwanzig Jahren Arztsein sicher erfahren. Jahrelang dachte ich, die an Zwang Erkrankten bräuchten eine starke, befreiende Galle. Sie lehrten mich jedoch, dass ihre Galle eher zu stark ist. Zwang lässt sich nicht mit Zwang lösen. Erst das Herz weiß um den Sinn des Ganzen und kann diese Patientin liebevoll aus ihrer schrecklichen Lage erlösen. Klassische Homöopathie gehört auch hier in die Hand des Erfahrenen.

Zwang lässt sich nicht mit Zwang lösen

Die Galle funktioniert nur Hand in Hand mit der Leber. Wenn die Leber exakt analysiert hat, ist die Galle am Zuge. Sonst staut sich der Gallenfluss bis hin zum Gallenstein. Dann konnte man sich nicht durchringen, die gefundene Erkenntnis, dass etwas überholt ist, auch konsequent umzusetzen. Dieser Kranke kann schwer nein sagen. Leicht ertrinkt er in einem Müllberg von unzeitgemäßen Verpflichtungen, da sich seine zeitgemäße Vorstellung nicht durchsetzen kann. Seine Vitalität wird blockiert und erdrückt, als läge sie unter einem riesigen Gallenstein.

Weitere Organe der Idee der Galle

Nicht alle Menschen, die sich schwer zur Konsequenz durchringen können, leiden an einem Gallenstein. So viele Gallensteine gibt es nun auch wieder nicht. Tatsächlich äußert sich diese Idee körperlich in vielfältigster Weise und an verschiedensten Orten, wie bereits dargestellt. Die alten Chinesen reihten die Organe, die am häufigsten betroffen sind, als Gallenmeridian auf.

Die Galle bringt die Sache nach all den langwierigen Vorbereitungen auf den Punkt. Punkt, Nadel, Schwert und Stechen finden wir hier immer wieder als Symbol. Nur einen Teil zu betonen, den anderen auszuscheiden, so lässt sich die Funktion beschreiben. Die vielen merkwürdigen Beschwerden und Krankheiten aus diesem Formenkreis sind chemisch meist so wenig heilbar wie die Migräne. Die Homöopathie hingegen ist hier ganz besonders erfolgreich.

Das kann sich im Sehen äußern, als wolle der Kranke einen Teil aus dem Gesichtsfeld ausscheiden wie bei Netzhautstörungen und Sehnervenentzündungen. Oder er betont bestimmte Punkte wie bei der Glaskörpertrübung. Dann schwimmen schwarze Punkte vor den Augen. PHOSPHORUS, eine der großen homöopathischen Arzneien für Leberkranke, passt auch hierzu und zeigt den Zusammenhang.

Was wir sehen, hängt sehr davon ab, was uns gerade vor Augen kommt. Auch beim Sehen wird ein Teil der Wahrnehmung betont, der andere herausgeschnitten. Das hängt vom Standpunkt des Betrachters und seiner Blickrichtung ab. Also werden die, welche die Galle als den jähen Wechsel fürchten, Beschwerden beim Wechsel der Blickrichtung haben, wie wir das von der Migräne kennen. Beschwert sich hier jemand über die erzwungene Änderung? Das pflichtbewusste BRYONIA aus dem Magenkapitel, das keine Bewegung wünscht, gehört zu den Arzneien für diese Migräne.

Die Blickrichtung kann auch durch einen steifen Hals zustande kommen. Dann ist die Drehung des Kopfes schmerzhaft eingeschränkt, als ob er seine Vorstellung unbedingt durchziehen möchte, „komme was wolle". Wen wundert es, dass wir hier das LYCOPODIUM wieder finden, das sich so gern durchsetzen wollte?

Alles unerwartet Wechselhafte kann diese Krankheiten provozieren, das launische Wetter wie der Wind, der Berufs- wie der Ortswechsel, als wecke dies die Galle. Aber auch das Gegenteil, die extreme Ruhe, scheint wie eine Fixierung Unruhe auszulösen. Vor allem die Ruhe nach der Unruhe, der ruhige Abend oder das Wochenende, haben es in sich. Dann kommt das Herz abends im Bett aus dem Tritt und gerät außer sich, als habe es eine Jähzornattacke. Es rast und stolpert dabei. Und wieder ist LYCOPODIUM die Hauptarznei. Die Idee von LYCOPODIUM vereint diese Kranken, obwohl der eine zum Internisten, der andere zum Orthopäden geht. Sie sind tatsächlich in gleicher Art, gleicher Funktion krank.

Die Migräne klopft oder drückt einseitig hinter dem Auge, als sollte das Auge herauskommen und mehr sehen, als es kann. Aber der Kopfschmerz verlangt Dunkelheit, liegen bleiben, ein vom Lärm isoliertes Zimmer. Migräne trifft nach meiner Erfahrung immer Menschen mit sehr hohen Anforderungen. BELLADONNA-Kranke fordern sich so lange, bis ihr Kopf durchbrennt. Das vergönnt ihnen wenigstens einen Migräne-Urlaubstag.

Bei Drehschwindelattacken bringt jede jähe Drehbewegung des Kopfes den Kranken regelrecht ins Schleudern und zwingt ihn zu Boden. Aber sogar das Hinlegen löst den Schwindel aus. Kann er den Drehungen des Laufes des Lebens, den Windungen des Baches nicht folgen, erwartet er schnurgerade Autobahnen und legt er dadurch die Grundlagen für jäh wendende Kehren? Wenn CONIUM hier nicht gleich hilft, ist der homöopathische Arzt gefragt.

Drehbewegungen des Rumpfes, die plötzlich mitten in der Drehung durch einen „Hexenschuss" festgenagelt werden, zwingen zu einer extremen Schiefhaltung, als habe der Blitz seitlich eingeschlagen. Er scheint aufzufordern, auch einmal zur Seite zu schauen oder zu gehen und nicht so strikt und starr, eigensinnig den vom Bewusstsein einmal vorgefassten Weg zu verfolgen. Wen wundert es, dass BRYONIA als die Arznei dessen, der strikt die Bewegung meidet, auch hier auftaucht?

Wo der Gallenmeridian seitlich in Serpentinen am Rumpf hinunterzieht, überquert er auch Gallenblase und Nieren. Keineswegs ist damit bei jeder Nierenerkrankung die Galle gestört. Bei der plötzlichen und überfallartigen, also „gallenartigen" Nierenkolik jedoch, bei der sich der Kranke schlagartig einer Tortur ausgesetzt sieht, ist wie bei der Gallenkolik ein Stau in der Niere entstanden mit einem unerwarteten Überdruck. Ein Stein kann hier den Abfluss schmerzhaft verwehren. Das Ausscheiden ist jäh gestört. Etwas in diesem Kranken scheint halten zu wollen, was nicht zu halten ist. Ein plötzlich vollständig gestauter Bach entspricht einer nicht lange aushaltbaren Situation, da der Bach sonst den Damm bricht. Die Gallenblase kann sich dann massiv entzünden und schließlich platzen, die Niere unerträgliche Schmerzen bereiten und langfristig zerstört werden. Auch wenn sie keine Beschwerden auslösen, entsprechen Steine tiefgefrorenen statt ausgeführten Konsequenzen. Vielleicht hilft es, sich vor Augen zu führen, dass mit dem

Tiefgefrieren von Problemen auch das Leben selbst in seiner wichtigsten Eigenschaft, der Bewegung des Fließens, tiefgefroren wird. Das Tiefgefrieren gehört zur Niere, ein Umstand, der erneut die Verflechtung der Organe verdeutlicht als Hinweis darauf, dass es gefährlich sein kann, ein Organ völlig isoliert zu betrachten, da jedes Organ mit jedem anderen eng vernetzt ist.

Nicht selten steckt auch hinter einer Verstopfung oder hinter hartnäckigen Magenbeschwerden eine Schwäche des Gallenflusses. Da vergisst die Galle, dass ihre Stärke im Ausführen dessen liegt, was die Leber ihr zuweist, und nicht mehr im Abwägen. Das hat die Leber zuvor schon für sie getan. So wird die Produktivität der Galle verringert und der Gallenfluss zu langsam. Dies ähnelt einem Menschen, der nichts wegwerfen kann. Oder bringt er den Sperrmüll an die Straße, um danach doch nochmals hinauszugehen und zu kontrollieren, ob etwas davon zurückzuholen sei. Er wird sein Haus mit wenig sinnvollen Dingen füllen wie die Gallenblase mit einem Stein. Ein Hinweis auf PULSATILLA.

Über die Hüfte zieht der Gallenmeridian weiter, und tatsächlich stößt man auf ihn regelmäßig bei einer Hüftgelenkserkrankung. Typischerweise kann der Kranke dann nur mühsam das Bein zur Seite setzen. Wieder ist die erwartende Gerade überbetont. Denn der Kranke kann zwar geradeaus laufen, doch nicht zur Seite, als fürchtete er den plötzlichen Schritt zur Seite, vom geraden Weg ab. Ein archaisches Beispiel findet sich im Alten Testament. Hier ringt Jakob mit einem Engel als jemand, der ihn zu einer Korrektur bewegen will. Er aber bleibt kompromisslos und ringt den Ratgeber nieder. Er hält starr an seiner fixen Erwartung fest. Daraus resultiert eine Gallenkrankheit: „… und das Gelenck seiner Hüffte wart über dem Ringen mit ihm verencket“ [17]. Jakob will den korrigierenden Schritt zur Seite nicht tun, diese Kehre passt nicht in sein Konzept. Er will unbedingt seine wohl überholte Vorstellung durchsetzen. Von da ab „hinckete er an seiner Hüffte“ [18], man kann sich seinen schrägen Gang mit zur Seite geneigtem Oberkörper gut vorstellen. Seine Haltung zeigt ihm, dass es sinnvoll ist, nicht allzu starr am Geradeauslaufen festzuhalten. Es wäre wohl besser für ihn gewesen, er hätte die zur Änderung ratende Galle nicht für einen Widersacher gehalten, sondern nüchtern einen Kompromiss zwischen seiner Meinung von gestern und der in die Zukunft weisenden des Ratgebers Galle gesucht.

Das Festhalten an einer fixen Vorstellung passt auch zu Allergien. Wenn ein Kranker Pollen angreift, als seien sie seine Feinde, muss er einer Fehlinformation erliegen. Denn sie tun ihm nichts. Aber sie leben das, was Leber und Galle fürchten: das Chaos der Milz. Zwei Vorstellungen prallen aufeinander, beide sinnvoll, aber jede an ihrer Stelle und zu ihrer Zeit. Werden im Organismus Strategie und Kontrolle viel höher gestellt als das Loslassen der Kreativität, kommt es zum Krieg der Symbole, der Allergie. APIS, die Arznei der eifersüchtig kontrollierenden Frau, ist eine der vielen, die die Klassische Homöopathie für den Heuschnupfen bereit hält.

Allergien können sich auch in plötzlichen Ausschlägen bis hin zum Schock auswirken, einem gallig jähen Überfall. Der Kranke „schlägt aus". Das Wegcremen macht aus dem Ausschlag einen Einschlag mit Folgekrankheiten. Klassisch-homöopathische Behandlung kann heilen.

Auch andere Schläge wie das nervöse Schlagen des Kopfes ans Bett gehören zum Kreis der Störungen jener zupackenden Idee. APIS ist auch hier die häufigste Arznei.

Hinter plötzlich stechenden Schmerzen steht die Furcht vor den spitzen Nadeln des Lebens als den Spitzkehren der Galle. Die Furcht vor Krankheiten ist ein typischer Begleiter. KALIUM CARBONICUM ist eine Arznei, an die der homöopathische Arzt hier denkt.

Manchmal ist bei Masern der Ausschlag längst abgeklungen. Die miterkrankten Geschwister tollen alle schon wieder lustig herum. Die Jüngste aber sitzt teilnahmslos bei der Mutter. Ihr fehlt der Appetit, auch auf die Schule. Die Beschwerden der Erschöpfung passen zu einer kranken Leber, doch was steckt hier dahinter? Das Kind trat in Kontakt mit einem Virus, welches es verarbeitet. Alte Vorstellungen werden durch neue ersetzt. Ärzte wie Mütter wissen, dass Kinder häufig einen Entwicklungsschub erleben, nachdem sie eine Kinderkrankheit durchgemacht haben.

Die Jüngste wirkt, als habe sie die Auseinandersetzung mit dem Virus und dem, was es bedeutet, nicht abschließen können. Der Planer Leber scheint zu kranken an mit alten Plänen überfüllten Schubladen. Der Ruf nach der Galle ist nicht zu überhören. Hier könnte SULPHUR, der homöopathische Schwefel, eine feine Arznei sein. Seine Information: „Gehe über die alte Grenzvorstellung, entwickle dich weiter, setze die neue Vorstellung durch!" Er passt zu Nachzuständen von Krankheiten, bei denen es gilt, den Effekt der Erkrankung wie eine neue Erkenntnis in die Tat umzusetzen. Die hintergründigen homöopathischen Arzneibilder finden wir in manchen Märchen und Sagen wieder. Fährt nicht der Teufel mit Schwefelgeruch aus? Mit dem homöopathischen Schwefel SULPHUR könnte das Kind das, was es wie der Teufel belastet hat, in einem spontanen Akt loswerden. Dann schlägt es oft noch einmal aus, als hole es den bis dahin ungelebten Rest der Krankheit nach. Das befreite Gefühl der Galle finden wir bei Mutter und Kind, wenn der kleine Spatz bald von der Krankheit befreit wieder fröhlich in die Schule hüpft. Auch APIS, PULSATILLA, BRYONIA und andere Arzneien könnten hier zum Zuge kommen. Probieren Sie nicht aus, gehen Sie lieber zum homöopathischen Arzt. Man sollte mit tiefen, archetypischen Störungen nicht spielen.

Nun werden Sie meinen, dass die Galle den weiteren Organen fast nichts übrig ließe. Ohne Zweifel räumt sie kräftig auf. Aber so prägnant ihr klares Nein verfahrene Situationen klären kann, so sehr erfreut uns ein deutliches Ja. Für so manches Jawort trifft sich die ganze Freundesschar zu einem rauschenden Fest, das keiner verpassen will. So huschen jene Teilchen, denen die Leber die Eintrittskarte auf die Empore des Brustkorbs ausgestellt hat, dem Herzen zu, einem Organ, das ihnen ein von Herzen kraftvolles Ja beschert.

Stichworte zum Thema Galle

- Jähe, schlagartige Änderung der Pläne. Die Realität besiegt die überholte Erwartung. Gewohntes wird aufgegeben.
- Leber bricht durch, Galle bricht ab! Die Spitzkehre bricht die Gerade ab. Blitz aus heiterem Himmel.
- Mut zu Neuem, Aufbruch zu Andersartigem, Mut der Verzweiflung, die Geduld ist am Ende. Suche des Paradieses an anderer Stelle.
- Ablehnendes Handeln, Zupackende Verwirklichung der Verneinung.
- Die bittere Konsequenz aus dem festgestellten Irrtum, Korrektur durch Realität, Notlösung, Befreiung von drückendem Ballast.
- Aggression als Reaktion auf Überforderung, meist Selbstüberforderung, wie ein jäher Entlastungsversuch.
- Unruhe, Hektik, Unstetigkeit, Unruhe in der Ruhe. Wechselhaftigkeit.
- Wissen um Änderung der Wahrheit in der Zeit.
- Ärgern heißt ärger und schlimmer machen.

Dem Gallenkranken und seinen geistigen Verwandten rate ich:

Der Mut und die Kraft zur Korrektur von Vorstellungen, die sich in der Realität nicht (mehr) halten lassen, erwächst aus der Sehnsucht nach Befreiung.

Machen Sie einen Frühlingsputz, zu Hause wie in der Seele.

Fürchten Sie nicht das jähe und unerwartete, das plötzliche Herumreißen des Steuers, wenn Sie sich darüber klar geworden sind, dass der bisherige Weg keine Fortsetzung findet. Dann macht Aufschieben die Sache schlimmer.

Lieber ein Ende mit Schrecken als ein Schrecken ohne Ende.

Scheuen Sie sich nicht, auch Dinge loszulassen, die Sie einmal für unersetzlich hielten oder von denen Sie dachten, dass deren Verlust Ihnen das Herz zerreißen würde. Mit der Zeit ändern sich auch Gefühle und Ansichten.

Genießen Sie das befreiende und entlastende Gefühl des Ablösens von alten Vorstellungen, von Posten und Funktionen, die Ihnen heute nicht mehr liegen.

Nach dem Abwurf von sinnlosem Ballast eröffnen sich neue Perspektiven, an die Sie nie gedacht hätten.

Legen Sie Ihre Haut auch einmal ab. Tun Sie einmal etwas ganz Anderes, Neues.

Sie sind in eine Situation wider Willen gerutscht? Sagen Sie heute nein, sagen Sie jetzt nein!

Das Herz

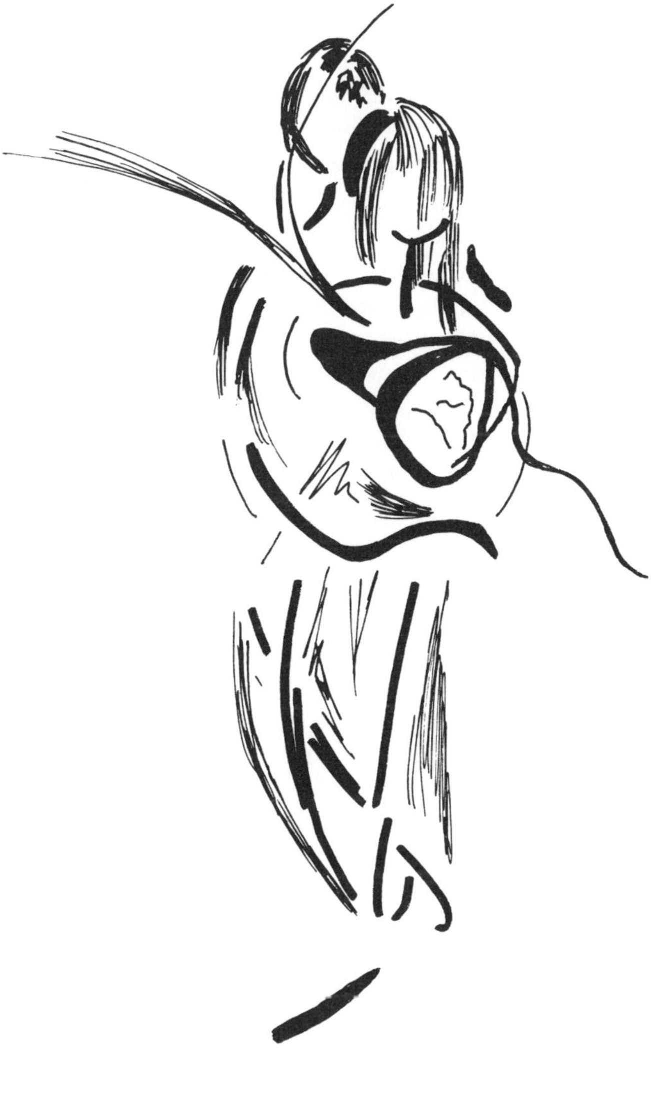

Wie eine erstrangige Pracht- oder Kaiserstraße wirkt die mächtigste aller Venen. Auch die Teilchen aus der Leber, die nicht den Weg der Galle genommen haben, gleiten hier zu ihrem nächsten Ziel. Wer mag sie in Empfang nehmen? Für welchen Kaiser haben alle vorherigen Organe gearbeitet? Für das Herz. Der Gelbe Kaiser Hoang Ti schreibt kurz und bündig: „Das Herz hat die Funktion des Herrschers; es ist der Sitz des Geistes“[8]. Was macht es zum Herrscher?

Das Herz arbeitet rege und fleißig etwas links von der Mitte des Brustkorbes. Es lässt das ankommende Blut in seinen rechten Vorhof, eine Erste kleine Kammer, hineinfließen. Es öffnet die nächste Tür, eine so genannte Herzklappe. Das Blut fließt in seine rechte Kammer. Kaum hier angekommen, wird das Blut mit mächtig geballter Kraft schon wieder durch die Blutgefäße herausgepumpt. Dann dreht das Blut eine Ehrenrunde in der Lunge und landet erneut im Herzen, nun allerdings in dem anderen, dem linken Vorhof. Hier beginnt das Spiel aufs Neue. Die Tür geht auf, das Blut fließt in die linke Herzkammer, die noch stärker als die rechte ist. Und schon saust es kraftvoll hinaus in alle Regionen des Körpers vom Scheitel bis zur Sohle. Gegenüber dem langsamen Rutschen des Speisebreis in den Magen und die anderen Organe fällt die hier auftretende Beschleunigung mächtig ins Auge.

Dem kraftvollen Druck des Herzens unterwirft sich jeder, der in den Blutkreislauf vorgelassen wurde, und dies immer wieder aufs Neue. Hier wiederholt sich eine Generalaudienz im zentralen Palast des Körpers. Er liegt nicht nur in der Mitte, sondern er stellt auch einen Mittag dar. Hier scheint die Sonne im Zenit zu stehen. Nicht umsonst waren die Gallenteilchen bitter enttäuscht, so kurz vor dem Höhepunkt ausscheiden zu müssen. Was mag an diesem Zentrum und Herrscher so faszinieren? Was für ein Höhepunkt wird hier erlebt? Der altchinesische Gelbe Kaiser meinte: „Es ist die Sache des Herzens, die Harmonie zu sichern“[8]. Wie kam er auf diese Idee?

Auch das Herz baut auf seine Vorgänger. Es muss ihnen vertrauen. Versagen Leber und Galle und gelangen Störenfriede ins Blut, dann wehe dem Herzen! Das Herz hat keinen Mülleimer, keine Galle. Es nimmt alles auf, was mit dem Blut anschwimmt. Wer in solcher Abhängigkeit lebt, der muss vertrauen und auf Harmonie setzen. Ein Herrscher mit Vertrauen auf Harmonie?

Eine weitere Auffälligkeit dieses Herrschers ist seine Zweiheit. Er besitzt zwei Vorhöfe und zwei „Audienzsäle“. Jeder Besucher huscht zuerst durch den einen Vorhof und den ersten Audienzsaal und danach noch einmal durch einen zweiten Vorhof und einen weiteren Audienzsaal. Beide Audienzsäle sind sich sehr ähnlich. Da stellt sich unvermeidlich die Frage, warum der

Herrscher Herz seinen Besuchern die Prozedur zweier Parallelaudienzen zumutet. Wenn wir das Herz im Kunststoffmodell ansehen, fällt es sehr schwer sich vorzustellen, was das bedeuten mag. Betrachten wir es jedoch lebend, zeigt es uns eine Lösung. Alles bewegt sich gemeinsam. Rechts und links ziehen sich zwei spiegelbildliche Teile wie Partner immer wieder zusammen, gehen aufeinander zu, lassen sich wieder los, ziehen sich erneut wie unwiderstehlich angezogen zusammen, auseinander – zusammen – auseinander – zusammen. Aus welchem Grund? Wofür? Auffallenderweise wird ihnen dabei in keiner Weise langweilig. Sie wiederholen dies unermüdlich, vielleicht ein Jahrhundert lang. Die unwiderstehliche Kraft, die solch ein Bild des Vereinigens und Auseinandergehens zweier Partner gestaltet, sodass sie von außen wie ein Herz aussehen können, ist unübersehbar die Liebe. Die geistige Macht, nach der sich die Teilchen seit der Berührung durch den Mund sehnten und für die sie den langen Marsch durch die Institutionen von Magen, Dünndarm und Leber auf sich nahmen, für die sie das Risiko wagten, durch die Galle enttäuscht zu werden, diese geistige Macht scheint die Liebe zu sein.

In der Liebe verbinden sich die Partner zu einer neuen Ganzheit. Sie sind zwei selbstständige und völlig getrennte Teile wie zwei Herzen. Partner kommt von „partire“ = trennen! Dennoch sind sie nach außen eins! Um die Wirklichkeit dieser Verbindung zu begreifen, ist es sinnvoll, beide Seiten zu erfahren. Ob die Teilchen deshalb beide Herzhälften, beide Vorhöfe und Kammern durchspülen, um die Liebe und deren Kraft einmal in dem einen Partner, einmal im anderen zu erspüren und dadurch die Liebe zu erfahren, die beide zu einem Ganzen verbindet? Das wirkliche Erfahren beider Seiten bildet die Einheit, die hier durch zwei sich ergänzende Partner herrscht. Sie bergen einander wie der Magen seinen Inhalt. Wir haben uns ja auch „zum Fressen gern“. Aber sie sind sich nicht fremd wie im Wartesaal. Sie sind Partner, die sich ergänzen und aufeinander zu arbeiten. Dadurch werden sie nach außen wie ein Einziges. Das gibt ihnen die Macht, die der Vereinigung entspringt: „Gemeinsam sind wir stark“. Diese Vereinigung scheint aus einem freiwilligen Zuarbeiten hervorzugehen, denn das Herz kann seine Vorgänger, sei es Magen oder Leber, nicht zwingen, die dafür notwendigen, mühevollen Vorbereitungen zu treffen.

Dieses Bild lässt sich erweitern. Das Herz scheint zu versuchen, die Erfahrung des Lebendigen und des Liebens, die es aus der Vereinigung seiner beiden Partner gewinnt, auch allen anderen Zellen des Gesamtorganismus im wahrsten Sinne des Wortes mitzuteilen. Es teilt dem Blutkreislauf seine Kraft und seine Nahrungsteilchen durch kräftige, pulsierende Stöße mit. So fängt dieser selbst Feuer und pulsiert, wie sich leicht am Puls der Arterien selbst auf dem Fußrücken oder an den Schläfen fühlen lässt. Nicht nur in sich, sondern auch nach außen scheint das Herz das Gefühl der Vereinigung zu geben und zu erfahren. Nicht grundlos ist der Kreis des Blutkreislaufs von alters her ein Symbol des Ganzen und der Einheit. Fast alles wird durchblutet. Alles wird mit allem verbunden.

Folglich huschen alle Teilchen, von nah wie von fern, durch die Zentrale des Herzens. Es muss deshalb weitgehend in der Mitte liegen. Es ist die Mitte. Die größten Venenstraßen führen zu ihm hin, und auf den größten Arterienstraßen rauschen die Teilchen wieder hinaus. Es erinnert an eine große Metropole, die ein Land repräsentiert und regiert. Diese Konzentration als Fähigkeit des Zusammenführens aller zu einem Zentrum bedeutet in gesundem Maße eine Stärke des Herzens. Das Herz eines Landes wie z.B. Paris kennt Probleme der Überkonzentration, was zu einer Verarmung der Peripherie führen kann, die dadurch dem Zentrum kaum Unterstützung bieten kann.

Daher wird das gesunde Herz nicht in der Mitte „thronen", sondern zwischen allen Organen partnerschaftlich vermitteln, ein Erster unter Gleichen. So entgeht es der Gefahr, die Einheit des Gesamtwesens nur durch das einsame Thronen eines Zaren zu erreichen, der die anderen unterjocht. Wie wird es dann aber doch zum Herrscher? Wodurch krönt sich das Herz?

Interessanterweise bilden sich im Laufe der Entwicklung der Natur immer höhere Systeme aus. Sie bilden trotz immer mehr Einzelteilen doch eine Einheit. Im menschlichen Körper unterwerfen sich Milliarden Zellen dem gesunden Menschen wie einem Herrscher. Wie kann ein solcher „Staat" sich halten? Wie kann die Zentrale sich über Milliarden von freien Zellen durchsetzen? Sie vermittelt Impulse an alle. Eine zentrale Vermittlungsstelle ist ein Kommunikationszentrum. Kommunikation bedeutet wörtlich das „Erschaffen einer gemeinsamen Aufgabe". Der Magen arbeitet für seinen Nachfolger Dünndarm, der Dünndarm für seinen Nachfolger Leber. Jeder erfüllt wie als Gegengabe die Träume seiner Vorgänger. Das Herz verbindet nun alle mit allen. Es steht für das Prinzip „Jeder für jeden". Es verbindet den linken Kleinfinger und die rechte Flanke, es zeigt jedem Organ und jedem Teilchen im Körper, dass die anderen Teile auch für es arbeiten und existieren. Damit weist es auf die gemeinsame Aufgabe aller Zellen hin. Dies macht die Gemeinschaft zu einem Ganzen. Nur dadurch ist das Herz Herrscher. Es ist Herrscher durch seine Funktion, nicht durch seinen Rang oder Besitz. Es verbindet die Organe, die Ministerien des Körpers miteinander. Es mischt sich nicht in deren Aufgabe ein. Es will nicht Leber sein und nicht Fingernagel, sondern es lässt jeden wirken. Es lebt nur als der große Verbindende aller Interessen zu einem Ganzen. Dies funktioniert nur, wenn es dem Herzen gelingt, all die anderen Organe wirklich davon zu überzeugen, dass die von ihm angegebene Richtung auch wirklich für jeden Einzelnen sinnvoll ist.

Überzeugen heißt, mit voller Hinwendung und mit ganzer Klarheit seine Position zu verdeutlichen. Daraus folgt Einsicht statt Bekehrung. Überreden wäre nicht Sache des Herzens. Der ideale Herrscher wird nicht versuchen, mit dem Kreuz ganze Völker zu unterwerfen. Er überzeugt durch sein bloßes Sein. Gandhi sprach ohne Prunk und Staatskarosse überzeugende Wahrheiten aus, und schon flüchteten ganze Armeen. Das ist die Kraft und Methode des Herzens. Der beste Weg muss aus dieser vereinigenden Sicht ein für alle guter Weg sein.

Das Herz kann nichts aufzwingen. Es kann nur alle zur Kommunikation anregen, indem es jede Meinung wie jedes Teilchen im Blut kursieren lässt in dem Wissen, dass sich bei offenem und fairem Meinungsaustausch zwanglos ein für alle gemeinsamer Weg ergibt. Daraus wird verständlich, warum der Gelbe Kaiser hier vom Organ der Harmonie sprach. Harmonie kann offensichtlich nur entstehen, wenn das gemeinsame Ziel und die gegenseitige Abhängigkeit aller von allen wahrgenommen wird. Für dieses lebendige und stetig sich wandelnde und vereinigende Ganze aus einer Verbindung von Milliarden Zellen, das wir „Ich selbst" nennen, steht das Herz als Symbol. Das miteinander Reden ist sein Trachten, denn wem das Herz voll ist, dem läuft der Mund über. Es wirkt wie ein Katalysator zwischen den gefürchteten und den sich fürchtenden Teilen des Körpers, vermittelt und gleicht aus. Es versucht, dem Fürchtenden ein Angstlöser zu sein. Dem Gefürchteten will es die sinnlose und Energie verschwendende Drohgebärde nehmen.

Bei akuten Herzerkrankungen wie dem Infarkt taucht eine massive Angst auf. Das Wort Angst kommt von bedrängender Enge und ist das Gegenteil von kommunikativem Öffnen. Sie ist dem gesunden Herzen fremd. Es öffnet sich allem, empfindet jeden als Wert und als gleich gültig, doch keiner ist ihm gleichgültig, keiner lässt es kalt. So entsteht ein Einklang, nicht ein Gleichklang.

„Angst" kommt von bedrängender Enge

Die den Sinn des Einklangs nicht verstehen, würden ihn zu einem Gleichklang im Sinne des hoch gerüsteten Machtaufbaus putschender Generäle verbrämen. Diesen Unverständigen weist die gesunde Galle den Weg in ein anderes, ihnen sympathischeres System oder Paradies. Versuchte das Herz selbst, die anderen Organe oder Teilchen zu zwingen, dann verfiele es sehr schnell in Einsamkeit, anstatt das Ganze zu einen.

Herzrhythmusstörungen wären die Folge. Diese gehören zum Gallenmeridian. NATRIUM CHLORATUM, der Salzmensch, kann daran leiden. Salz konserviert den Kummer der Frau Lot, aber auch den Fisch. Auch der Kranke ist eher verschlossen. Er ist nicht gerade der glücklichste Mensch. Er beobachtet sich sehr, will alles richtig machen. Er hat ein hervorragendes Gedächtnis. Leider vergisst er vor allem das Negative nicht. Er weint nur, wenn man ihn auf sein versalztes seelisches Problem anspricht, dann aber unweigerlich. Sonst wirkt er trocken und ausgetrocknet. Das lebendige Herz bringt nun einmal Bewegung mit sich. Der Impuls NATRIUM CHLORATUM lässt dies nicht gern zu. Der Kranke hat einen stolpernden Puls, als bekäme das Herz von dieser krankhaften Information gesagt, es solle doch bitte einmal mit diesem Klopfen und Bewegen aufhören. Glücklicherweise bekommt dieser das Herz nicht so unter Kontrolle, wie er das vielleicht gerne hätte.

Eine andere Kranke ist hochaktiv, redselig und kreativ. Wechselt ständig das Thema. Gekommen sei sie wegen Herzstolperns. Das spüre sie im Hals. Dort sei sie hoch empfindlich, vertrage keinen Schal. Berührung dort löse einen Würgreiz aus. Oft habe sie so etwas im Hals, das mache einen Zwang zum Räuspern, der ihren Partner störe. Was will sie dort herausbekommen, was klopft? Der Kehlkopf ist dort, und den gebraucht sie, unentwegt redend. Ach ja, sonderbar, sie habe etwas im Enddarm, ein Gefühl von Blähung, aber irgendwie anders. Sie könne es nicht erklären. Wieder ein Produktionsorgan, denke ich. Sie hat es wohl mit dem Produzieren. Und dann habe sie Stuhldrang, aber es komme nichts. Wieder das Thema. Außerdem denke ich, dass sie eine Krebsvorsorge machen sollte; Diagnostik wird durch Homöopathie nicht überflüssig, gerade beim Krebs. Immer nach dem Schlaf, beim Erwachen, sei alles schlimmer. Also eigentlich dann, wenn sie ausgeruht ist und produktiv werden könnte. Hemmt sie sich selbst? Abends sei sie fit, da könne sie an den schwierigsten Diskussionen teilnehmen. Aber ihr Gedächtnis sei furchtbar schlecht geworden. Sie habe deshalb schon einmal eine homöopathische Arznei bekommen, sie aber nicht genommen. Sie sei zu argwöhnisch gewesen. Wieder dieses Blockieren. Diese Kranke wirkt wie ein Vogel, der nicht abheben kann, nicht abheben darf. Voller Ideen, sehr viel Energie, aber auch Blockaden. Selbst das Herz darf nicht normal schlagen. Aber hin und wieder scheint sie ja abzuheben. Sie ist fasziniert vom Schönen, Klassischen. Dort will sie verweilen, sagt sie etwas euphorisch. Doch dann stürze sie ab, wie sie sagt. Dann habe sie irgendetwas entmutigt. Im Gespräch fasziniert diese Frau durch ihren Zugang zu geistigen Höhen. Aber sie bekommt das nicht herunter auf ihre Erde. Sie spricht und spricht.

Aber den Punkt verliert sie leicht. Es scheint, als würde ihr Geist sie mit dessen Faszination zwingen, als komme sie davon nicht los – wie ein Kaninchen vor der Schlange. Zwang, Galle, Herzstolpern, denke ich. Sie bekommt sich selbst nicht unter einen Hut, unübersehbar ist hier die Ganzheit überfordert. Nach einer Stunde habe ich alle Krankheitszeichen verglichen. Ich gebe ihr LACHESIS – und lande einen Treffer. Alle Beschwerden sind innerhalb von Tagen verschwunden. LACHESIS ist dann eine schnelle Arznei, auch wenn sie lange nachwirkt.

Ein halbes Jahr später erfahre ich auch den Hintergrund. Ihr Partner ist Alkoholiker. Sie wollte ihn retten. Aber sie schaffte es nicht. Nach LACHESIS hat sie erkannt, dass er ihr Helfen ausnützte. Ihre Hilfsangebote verschlimmerten vielleicht sogar die Situation. Diese für einen Schöngeist unglaublich bittere Realität hatte sie nicht unter einen Hut bekommen. Es hatte sie überfordert. Sie hatte sich überfordert und gezwungen. Aber sie hielt es körperlich nicht aus, neben ihm, wie er neben ihr vermoderte, wie sie sagte. Sie konnte sich nicht vorstellen, dass ein Mensch so weit abrutscht. War er doch einmal ein toller Mann gewesen, wie sie sagt. Da hat also das Herz, dieses große Herz, doch die ganze Wirklichkeit nicht aufnehmen können. Sie habe nach LACHESIS begriffen, dass sie nicht Gott sei, sagt sie. Sie habe abgegeben. Sie werde helfen, soweit sie könne. Mehr wäre Zwang. Mehr dazu erfahre ich nicht, aber sie wirkt glücklich. Beruflich, sagt sie noch, habe sie tolle Pläne. Aber jetzt mache sie nur, was sie kann. Von ihrem zu viel Fordern sei sie befreit. Mehr als das gehe sowieso nicht, davon sei sie jetzt endlich überzeugt.

Auch das gesunde Herz will überzeugen. Durch Überzeugung kommt es zur Motivation, dem Auslösen einer Bewegung. Diese Bewegung aller will das Herz zu einem Ganzen machen. Das Ganze lässt sich nicht lokalisieren. Aber vielleicht finden wir es in einem fließenden, weil sicherlich immer wieder anderen Punkt, von dem aus alle zu allen Ja sagen können und wollen, ohne ein Nein, ohne Widerstand. Diesen zu finden, scheint sich das Herz als höchste Aufgabe gesetzt zu haben. In der vollen Bejahung ohne jeden Widerstand fühlt sich der Mensch als Ganzes glücklich und verwirklicht. Nach diesem an jedem Tag neuen Ort, an dem und von dem aus den Menschen „nichts anficht", streben die Zellen als Gemeinschaft. Dort beneidet der Mensch nicht mehr einen angeblich Mächtigen. Er kann zu ihm wie Faust zu Mephisto sagen: „Was willst du armer Teufel geben? Ward eines Menschen Geist, in seinem hohen Streben, von deinesgleichen je gefasst?"[19]. Das scheint mir die gesunde Seite der LACHESIS-Kranken. Doch ist dieser Standpunkt ein Fließpunkt wie das immer bewegende und fließen lassende Herz. „Die Zeiten ändern sich, und wir ändern uns in ihnen." Ändern, Fließen und Bewegung sind Zeichen des Lebens. Wer das übersieht, will das Herz anhalten wie Faust, wenn er zum Augenblick sagt: „Verweile doch! Du bist so schön!"[20]. COCCULUS, die Arznei der Aufopferer für andere, kennt dieses Gefühl.

Es scheint, als handelte das Herz nach einem Gesetz, das Physik und Homöopathie kennen. Die Natur scheint so gestaltet, dass immer ein passender Partner auf einen suchenden Partner wartet, wie ein Magnet immer zwei Pole hat. Beide zusammen bilden ein Ganzes wie die Zellen des Menschen. Alle verbindet immer das Gleiche: das Interesse. Es ist so wenig fassbar wie die Liebe und doch so wirksam wie ein Magnetfeld. Auch die Homöopathie scheint mit diesem Interesse zu arbeiten. Wie sonst könnte Information heilen, wenn man nicht voller Interesse auf sie gewartet hätte, um als Mensch wieder eins zu werden mit sich? Dieses Ganze hat dann eine andere Qualität als nur die Summe aller Teile. Auch der Mensch ist etwas anderes als seine Teile. Aber was ist er? Eben ein Ganzes. Das Ganze hat einen besonderen Schutz. Der Mensch als Lebendiger wehrt sich. Zellen opfern ihr Leben, damit er überlebt. Zellen leben miteinander, füreinander. Sie interessieren sich unübersehbar aneinander. Selbst im Kleinsten gilt das. Energie hat Einheiten, die zusammenbleiben als Ganzes. Offenkundig ist hier ein natürliches Interesse der Teile des Ganzen am Werk, ein Ganzes zu bilden. Das ist das Geheimnis des Herzens. Einstein, Podolsky und Rosen haben das Gleiche in der Welt der Physik gefunden. Die Homöopathie heilt durch dieses Geheimnis täglich.

Damit allerdings wird es überflüssig, Interessen aufzuzwingen. Wenn jedes Interesse grundsätzlich eine Antwort findet, liegt es nur an der Kommunikationszentrale des Herzens, zu verbinden und Wege zu öffnen. Es braucht dafür niemanden zu überwältigen. Es will nur für jedes Interesse den passenden Partner ausfindig machen. Weil sich an diesem Hier und Jetzt kein Widerstand regt, ist volle Verwirklichung möglich. Das Interesse will Verwirklichung. Wirklichkeit geschieht im Jetzt und Heute. Die Wirklichkeit des Jetzt zu erfahren, bewegt uns tief wie die Liebe. Diese Erfahrung ist es wohl, die uns eine wirklich exakt passende Arznei vermittelt. Dann sprechen viele Kranke von einem „Wunder", von: „So habe ich mich noch nie gefühlt" oder „Seit Jahren ging es mir nicht so gut wie jetzt". Das höre ich fast immer in diesem Wortlaut. Ganzheit und Jetzt sind Gefühle, die der Sprache offenkundig schwer zugänglich sind. Vielleicht ist Ganzheit nicht zu definieren, und selbst Einstein konnte das Jetzt nicht exakt bestimmen. Aber die richtige Arznei wirkt offensichtlich „ganz anders auf uns ein", als es die Schmerztablette tat.

Wer dieses Gefühl einmal erlebt hat, verlässt die Klassische Homöopathie nicht mehr.

Erschöpfte sich das Herz darin, dass alle miteinander reden, so entstünde gewiss eine große Aktivität wie im Blutkreislauf. Doch erst durch das Interesse aneinander bekommt dieses Tun seinen Sinn. Ein Teilchen sucht sich in einem oder mehreren, anderen Teilchen im Sinne einer Ganzheit zu verwirklichen. Michelangelo fand seine Farben und seine Sixtinische Kapelle, das Vitamin A findet die Haut. Die Haut kann nur zu einer gesunden Haut werden, wenn das Vitamin A zu ihr kommt. Das Vitamin A hingegen erhält seinen Sinn als Vitamin erst durch die Haut. Michelangelo wird nur zu Michelangelo oder zu dem, was er eigentlich ist, indem er seinen Moses gestaltet. Der Moses von Michelangelo hingegen existiert nur durch die Verwirklichung Michelangelos an ihm. Einer wirkt auf den anderen ein, und es entstehen im ganzen Körper Wechselwirkungen. Jeder Punkt eines Rades gestaltet mit dem gegenüberliegenden ein Stück des Rades. Jeder findet seinen Sinn in dem jeweils anderen. Nur beide gemeinsam können zu ihrer Verwirklichung, dem Rad, gelangen. Ein halbes Rad ist kein Rad.

Ein Kranker wirkt manchmal wie ein halbes Rad. Dann gibt ihm die klassisch-homöopathische Arznei die andere Hälfte. Das ist mehr als ein Bild. Es gibt für mich keinen Zweifel mehr, dass Beschwerden aus ungelebten Impulsen kommen. Das kann rein körperlich sein, aber auch psychisch. Da kann ich nicht mehr trennen. Die Funktion des Magens des Menschen hatte einen Impuls aufgenommen. Aber dann konnte das Herz den Impuls nicht an die Gesamtstruktur des Menschen anpassen. Wie bei der LACHESIS-Frau, die ihren Partner einmal zum Fressen gern hatte und doch nicht in ihrem inneren Gebäude unterbrachte. Dann kommt es zum Riss im Menschen, als bräche das Rad. Als trennte er sich von etwas in sich, sonderte etwas ab. Tatsächlich schaut die Klassische Homöopathie nur nach sonderlichen Beschwerden, wie sie sagt, und keineswegs nach allen. Diese fallen als eigenartig und widersprüchlich auf. Wie die LACHESIS-Frau auf ihrem Hals registrierte, dass es dort pulsierte und berührungsempfindlich war, das zeigte sich sehr sonderbar. Sie fand, dass es nicht zu ihr passe. War es doch auch erst seit zwei Jahren aufgetreten. Nachträglich verstehen wir, dass es wirklich nicht passte. Sie hatte wie eine unterlegene Wölfin den Hals hingehalten, aber der Partner trank weiter Alkohol, als bisse er dennoch zu. Das war das, was sie nicht unter ihren ganzen Hut des Herzens bekam, als schaute es darunter hervor und fiele auf. Also ist diese eigentümliche Beschwerde der

Beschwerden kommen aus ungelebten Impulsen

Wegweiser zu dem, was sie aus sich, für ihre Ganzheit nicht akzeptieren, aufnehmen konnte. Sie hatte es außen vor gelassen, gesondert.

Das rief sonderliche Beschwerden hervor. Darauf passte LACHESIS. Das gab ich ihr. Da wurde die Sache rund, als ob sie das nun auch in ihr Herz aufgenommen habe, was vorher herausragte. Eine solche vollendete Rundheit macht keine neuen Beschwerden, solange sie so rund in sich bleibt. Nicht die Bakterien und nicht die Viren, sondern diese gestörte Information im Bereich dessen, was ich hier Herz nenne, ist die tiefste fassbare Wurzel der Krankheit, dessen bin ich heute sicher. Deshalb heilt Klassische Homöopathie, weil sie das Rad wieder rund macht. Sie tötet kein einziges Bakterium. Das ist dann nicht notwendig. Denn hinter dem Kampf zwischen Bakterien und Mensch steht eine Information, die den Kampf hervorruft, wie eine Wechselwirkung, wie in einem Stellvertreterkrieg.

Wechselwirkungen sind physikalisch gesehen Kräfte. Wir sprechen auch von einem starken Herzen. Kräftig schmeckende Speisen bezeichnen wir als „herzhaft“. Wenn das Herz sich zu einer mächtig schließenden Faust zusammenzieht, stoßen wir auf eine Gefahr. „Wo rohe Kräfte sinnlos walten, da kann sich kein Gebild gestalten“[21]. Der Sinn des Ganzen ist dem Herzen unerlässlich. Ohne ihn „bräche“ es und verlöre sein Feuer, seine feurige Kraft.

Das Feuer scheint einen Höhepunkt hervorzuheben, wie einen Tag, auf den man sich lange vorbereitet hat. Kurz ist der Höhepunkt, ein mächtiger Impuls, schon schnellt das Blut wieder in die Peripherie. In wenigen Minuten verzehrt Feuer, was Jahre aufbauten. Da muss das Herz Acht geben. Seine Unermüdlichkeit lässt es dazu tendieren, über die Maßen sich und andere zu verbrauchen. Ein allzu heißer Sommer lässt die Pflanzen aus dem Frühling keinen Herbst mehr erleben. So brauchen die wilden Pferde des Herzens den Zügel. Dies wird die Lunge leisten. Festtage lassen sich nicht beliebig vermehren. Vor übermäßig vielen Höhepunkten steht eine biologische Schwelle. Da muss das ungestüme Herz das Warten lernen, bis es von Neuem entschlossen tätig wird. Das entschlossene Zupacken des Löwen symbolisiert wie die Aufgeschlossenheit des sonnig lächelnden Zentralgestirns die Idee des Herzens. Die Sonne wartet eine ganze Nacht, bis sie am Morgen wieder alles durch ihr Licht verbindet, periodisch und, seit Jahrmillionen sich wiederholend, alles mit allem durch ihr Licht verbindet. Wie sein Symbol hat sich der Herrscher Herz das Periodische als das immer Wiederkehrende auf sein Banner geschrieben. Periodisch zieht er sich zusammen und lässt sich wieder los.

Zusammengezogen wie eine geschlossene Faust scheint das Herz eine verschlossene und ablehnende Haltung abzubilden. Die Klappen seiner Kammern sind geschlossen, das Blut ist aus den Kammern in die Arterien verströmt. Aber hatten wir ihm nicht ein volles und offenes „Ja" zugeschrieben? Wie mag sich das vertragen, wie kann der Herrscher Herz allen „Ja" und doch auch allen „Nein" sagen? Eine in dieser Form unbekannte Idee taucht hier auf. Ein generelles „Ja" und doch auch „Nein" geht nur in jener Abfolge, die durch die Zeit getrennt ist. Das Herz trennt hier mit einem klaren „Ja" und einem klaren „Nein" das Blut, den Fluss des Lebens, in zeitliche Portionen auf, in Quanten oder Ganzheiten. Jetzt darf ein Quantum in den Vorhof, ein anderes verlässt die Kammer.

Dies ist unumkehrbar. Das Herz kann nicht erbrechen. Der Fluss, der das Herz durchströmt und so zum Fließen kommt, hat nur eine Richtung. Nie hat er sich in unserem Leben umgekehrt. Das ist erstaunlich. Weniges wird uns einfallen, das so unumkehrbar und doch so regelmäßig vor sich geht. Und doch – die Zeit hat es dem Herzen vorgemacht. Aus diesem Grund ähneln die Uhren unserem Herzen. Mit ihnen wollen wir den Fluss der Zeit nachahmen, sodass wir ihn an ihnen messen können. Die alte Uhr mit ihrer zentralen, periodisch schwingenden Unruhe kopiert das Herz, der Quarzkristall nicht weniger. Herz und fließende Zeit, aber auch die gemessene Zeit gehen Hand in Hand.

Herz und Zeit gehen Hand in Hand

Die innere Uhr alias Herz zu jagen, bringt nicht ein Quantum mehr an Zeit. Keine Zeit lässt sich gewinnen, wenn wir den Wecker langsamer einstellen. Sinnlos ist es, die Realität mit einer Illusion zu betrügen. Der Illusion kann man etwas vorgaukeln, der Realität nicht. Hetzt der Manager sein Herz, betrügt er seinen ganz zentralen Partner. Betrügt er seinen Partner, betrügt er sich um seine Partnerschaft. Im Körper ist das tödlich. Er kommt in die Gefahr, sein Herz nun wirklich zu verlieren. Wozu die Eile? Der Weg ist hier das Ziel. Sonst wäre der Tod als Endpunkt der Bewegung des Herzens sein Ziel, und den könnte es schneller haben.

Das Herz bedarf der Zeit, aber auch eines Regelmaßes wie die Sonne. Allzu lange Ruhe im Rahmen einer schweren Krankheit belasten das Herz ebenso wie ein gehetztes Leben im Jetset-Stil. Allem die richtige Zeit zu schenken, das ist nicht so einfach. Das Wichtigste wird dabei am häufigsten vergessen: Wem schenkt das Herz als Erstem sein Blut? Die meisten raten falsch. Es nicht die Lunge und auch nicht das Gehirn. Kaum jemand kommt auf den Empfänger: Als Erstes schenkt das Herz sein Blut sich selbst! Gleich zu Beginn zweigt es von dem, was es verteilt, Blut für sich selbst ab. Dort winden sich die Adern wie liebevoll geflochtene Kranzteile am Herzen entlang. Herzkranzgefäße heißen sie auch. Sie symbolisieren jene Liebe, die man sich selbst gibt. Vergisst das Herz, sich selbst zu lieben und lässt es dadurch Herzkranzgefäße versiegen, dann erleidet der Mensch einen Infarkt. Meist vernachlässigt er nur einen Teil der Gefäße. Dann stirbt ein Teil des Herzens, ein Teil des Symbols des Ganzen! Unser Herrschersymbol hat durchaus einige Reserven. Aber auch der Mächtigste und Lebendigste verhungert, wenn ihm die Nahrung der Liebe fehlt. Dann geht ihm die Kraft des Mittelns und des Liebens verloren. Wenn ihm nicht rasch geholfen wird, verliert das Land seinen Führer und fällt auseinander. Das erinnert wieder an die Artussage. Sein Führer Merlin soll zu Artus gesagt haben: „Du bist der König. Wenn du stark bist, wird das Land stark sein, und wenn du schwach bist, dann wird das Land schwach sein.“ Ein Satz, den sich das Herz zu Herzen nehmen sollte.

Das Herz ist ein Teil des Symbols des Ganzen

Viele Arzneien kennt die Klassische Homöopathie für diesen Zustand. Nicht nur LACHESIS. Nicht nur das NUX VOMICA des Jetset-Lebenden, der nun nichts mehr erträgt und alles von sich weisen will; auch PULSATILLA: Sie zehrt sich für den Partner auf. Sie scheint ihren Willen mit ihrem Herzen verschenkt zu haben. Sie hat wenig Durst, trotz eines sehr trockenen Mundes. Die Kombination der letzten beiden ist eine dieser eigenartigen Beschwerden, die als widersprüchlich auffallen und die in der Klassischen Homöopathie fast ausschließlich beachtet werden. Sonderlich wird dies genannt. Verstehen Sie hier, dass diese Beschwerden auf den Hintergrund der Krankheit hinweisen, ohne dass wir ihn als Klassische Homöopathen explizit kennen müssten? Wir brauchen dazu nur das Beschwerdebild. Wir wollen die Kranke doch nur heilen. Ihre Beschwerden weisen diametral auseinander, als hätte der Blitz einen Baumstamm in zwei Teile gespalten. Hier ist die trennende Funktion alias Galle aktiv. Da fehlt die Kraft, die dem Herzen entspricht und zwischen beiden Beschwerden vermittelt. Deshalb liegt hier die Wurzel der Krankheit. Genau an diese widersprüchlichen, sonderlichen Beschwerden wird die homöopathische Arznei angepasst. Sonst wirkt sie nicht gut. Das ist wichtig und ein unverrückbarer Grundsatz der Klassischen Homöopathie. Es wird nur die Arznei gegeben, die exakt auf diese sonderlichen Beschwerden und damit auf die Spaltung der Ganzheit passt. Man könnte in dieser Bildersprache sagen, dass sie die Information des Ganzen, des Herzens, für exakt diese Spaltung in sich trägt. Fakt ist, dass die Kranken in Euphorie ausbrechen, wenn die Arznei gepasst hat, was auch einen nüchternen Wissenschaftler wie mich an archaische Bilder der Heilung erinnert. So etwas kenne ich nicht aus der chemischen Medizin. Haben wir das Herz der Medizin der Alten wieder entdeckt? Jedenfalls gibt es auffallende funktionale Ähnlichkeiten zwischen Herz und Homöopathie.

Dieser Herrscher im Körper lehrt: Wer sich selbst nicht genug liebt, kann andere nicht lieben. Die Selbstliebe ist der erste Schritt. Diese banale, hier in der Biologie unverrückbar dargestellte Tatsache wird allzu gerne übersehen. Vergessene Liebe des Selbst führt, das zeigt das Herz, zu einem folternden Missbrauch des Herzens, zur Nächstenliebe ohne Selbstliebe. Man engt die Herzkranzgefäße ein, verlangt aber vom Herzen, es möge fröhlich weiter seine Leistung bringen. Nur einem Sadisten wäre so ein Unding zuzutrauen, nur ein Masochist würde sich so etwas antun lassen. Er vernachlässigt die Idee der Gleichstellung aller, die dem Herzen am Herzen liegt. Wer sich aufopfert unter Verletzung dieser Idee, der wird tatsächlich zum Opfer. Er liegt jahrelang krank als Opfer darnieder. Andere müssen sich für ihn aufopfern, bis auch diese wieder erschöpft sind. So folgt ein Menschenopfer dem anderen. Hätte der Erste nicht geopfert, sondern gegeben, was er konnte, und hätte er dabei auch für sich von der Zeit und der Liebe, die er gab, das richtige Maß abgezweigt, der immer wieder anzutreffende Opferwahn in unserer Gesellschaft hätte ein Opfer weniger gefunden. Das Herz zeigt den Weg, wie mächtig man anderen helfen kann, wenn man den Mut hat, das Gleiche auch für sich selbst zu tun. Dann wird man sich die Sonne des Herzens im Leben erhalten.

Beim letzten Satz würde das Herz bereits rebellieren. Denn Erhaltung ist nur in gewisser Weise sein Metier. Nur die Erhaltung der Bewegung, die Erhaltung des Nichthaltens ist sein Ziel. Auch die Sonne zieht aus unserer Sicht stetig am Himmel dahin. Um diese Tatsache gab es lange Streit. Menschen suchen nach einer stetig bewahrten, also gleich bleibenden Wahrheit. Sie soll Halt geben, wie eine feste Burg. Das Herz zeigt das eigentlich Bleibende. Es bewahrt nur den Wandel als solchen. Es erinnert an eine Religion, die Gott als einen bewegten Tänzer Shiva darstellt.

Das Herz bringt auch das Leben in Bewegung. Denn wie das bei der Liebe so geht, entsteht nun neues Leben. „Quelle des Lebens" nannte der Gelbe Kaiser das Herz [22]. Vom Herzen an spricht jeder Mensch von seinem Blut. Das Nahrungsteilchen ist im Herzen ganz unverkennbar und untrennbar „Ich" geworden! Im Dünndarm sprachen wir noch von Speisebrei. Mit ihm hätten wir uns gewiss nicht gleichgesetzt. Im Blut der Pfortader war das Teilchen aufgenommen, aber noch fremd. Die Leber fand es für geeignet, unser Eigen zu sein. Im Herzen kommt es zu Leben. Es wird unser lebendiger Körper. Es scheint, als brächten das Herz und sein Kreislauf nicht nur das Gefühl der Einheit hervor („Wir gehören zusammen"). Es scheint auch jedem

Das Herz ist zentraler Fürst unter den Organen

Teilchen Identität mit dem lebendigen Ganzen und damit ein neues Sein zu schenken („Ich bin ein Teil des Ganzen"). Dieses „Ich bin" ist ein bedeutender Begriff. Denken wir nur an den Gott Jahwe, dessen Name „Ich bin, der ich bin" bedeutet. Somit ist das Herz der zentrale Fürst unter den Organen. Es gewährt durch seine kraftvolle Tätigkeit im Sinne von Mut und Liebe einem jeden Organ seine Freiheit und seine Verwirklichung. Durch Überzeugung gestaltet es das offene Ganze. Es braucht dafür alle anderen Organe. Es klammert keines aus, auch nicht sich selbst. Darauf beruht seine Kraft und Macht. Es schenkt der Leber das Erleben ihrer Pläne, es führt vom Land der Träume in die Wirklichkeit des Heute und Jetzt. Jetzt ist viel kürzer als gestern und morgen. So wird im Fluss des Herzens rasch aus dem jetzigen Heute schon morgen ein Gestern werden. Das ist nicht sinnlos. Reife und Weisheit locken das Blut aus dem Herzen zu seinem Nachfolger.

Das Herz und der Krebs

Wer die Zeit beachtet, aber die Ganzheit von Herz und Organismus nicht, der hat zwar einen Zeitgewinn, doch ist der Zins enorm. Ihm scheint die Leber den Floh ins Ohr gesetzt zu haben, es gebe keine Ganzheit, in die er sich einordnen müsse. Dann wird die Summe keine Einheit wie der Kreis der Sonne oder des Blutkreislaufs darstellen, sondern eine Zweiheit oder eine Vielfalt. Sie wird die Macht des großen Einen, das alle zusammen bilden, schmälern oder vernichten. Das Ausgeklammerte steht als Nebenkaiser auf. Das muss nicht immer Krebs sein. Die Beine werden dem Gehirn bei der MS nicht mehr gehorchen. Die Arme werden zucken, ohne dass der ganze Mensch es möchte. Doch leidet dieser andere in ihm an Größenwahn, kann er auch die körperliche Einheit zerstören. Dann überwuchert er sie und laugt sie aus wie der Krebs. Die vielfältigen Gesichter der Herzensgegner zeigen, dass es immer mit beteiligt ist.

Das Herz wird auch dem Krebs alle Informationen und Teilchen zuführen. Alle Interessen bringt es mit ihm in Kontakt. Es scheint zu hoffen, ihn überzeugen zu können. Freiheit für alle in Gleichberechtigung ist eine Devise, die das Herz höher schlagen lässt. Es hofft auf die Wirkung des Überblicks auf das Ganze, der dem Nebenkaiser die Einsicht vermitteln könnte, dass Kriege nur Verlierer kennen. Es weiß, dass der fixierte Vorsatz des Krebses ein Informationsfehler ist. Er scheint die Grundregeln nicht zu kennen. Das Herz versorgt ihn daher intensiv mit Blut und Teilchen, also Informationen. Indem es ihn nicht von der Kommunikation ausschließt, schließt es ihn auch nicht von der Ernährung aus. Es hofft, ihn mit dem vereinenden Feuer der integren und integrierenden Freundschaft anstecken zu können. „Vereint und wieder vereint, die Pforte zu jedem Geheimnis“, sagt Lao Tse, und dies ist geradezu der Spruch des Herzens.

Manchmal reicht die Überzeugungskraft des Herzens nicht, den Nebenkaiser Krebs zur Reintegration zu veranlassen. Dann weitet dieser sein Reich aus. Im Körper geht aber alles nach genauen Folgen vor sich. Folgerichtigkeit ist die Grundregel des Organismus. Wenn jemand aus dieser Folgerichtigkeit ausbricht und sich über die anderen erhebt, kann er zwar die anderen zum Schweigen bringen, doch ihr Schweigen wäre seine Einsamkeit, und einsam geht er hilflos zugrunde.

Wenn der Krebs sich über das Herz erhebt, als General auf einsamer Höhe den mittelnden Fürsten entthront, bedeutet dies, dass die klare, nüchterne Vorstellung der Leber die verbindende Liebe entmachtet. Dann wird die Leber Vorstellungen und Frühling und noch einmal Frühling produzieren, doch ein Sommer wird nicht folgen, und die ganzen Vorstellungen und Programme bleiben Schubladenpläne. Die Vorstellung wird sich um die Realität betrügen. Sie mag eine Weile so tun, als sei die Vorstellung die Realität, doch sie wird bald feststellen müssen, dass sie Realität und Ganzheit, zu der das Herz (nur) der Mittler ist, nicht betrügen kann. Der Krebs wird wuchern, das Herz wird die Wucherungen ernähren, wie es alle ernährt. Die Metastasen werden versuchen, allen mitzuteilen, wer nun der neue Nebenkaiser ist, und versuchen, auch die anderen Organe in die Knie zu zwingen.

Interessanterweise gibt es keine Metastasen im Herzen, das Herz lässt sich nicht betrügen. Doch muss es sehenden Auges in den Untergang gehen, wenn es als Repräsentant des Ganzen nicht ein überzeugendes Gegengewicht erschafft, wozu es auch die Idee der Niere braucht. Ein Erfolg der Leber wäre der rasselnde Sieg eines Diktators, der alles Geld in die Macht des Heeres steckt. Vielleicht werden sich die anderen ihm unterwerfen. Aber er wird mit ihnen verhungern. Das weiß die Niere und vermittelt das Herz.

Der Mensch als Ganzheit ist unteilbar

Dies überzeugend zu vermitteln ist oft ein langer Weg. Diktatoren halten sich manchmal jahrzehntelang, in der Politik wie im Körper. Der Krebs scheint nicht zu verstehen, dass das Ganze so wenig in Teile getrennt werden kann wie der Mensch. Zwei halbe Menschen sind kein Mensch. Die Wahrheit, das Ganze, ist unteilbar.

Die große Frage dabei ist, ob der Krebs zuhören wird. Ein Diktator ist „der mit Worten auf etwas Hinweisende“[23], also nicht gerade ein Zuhörer. Das

Herz wird immer wieder nur mitteilen, niemals zwingen. Auch die Niere zwingt nicht, doch bietet sie mit ihrer weisen Schau dem Krebs das Leid, jenen Stein der Weisen, auf den er beißt, und damit jene große Motivation zum Nachdenken, welche die Erfahrung gebiert, die wiederum das Zuhören lehrt. Tatsächlich fällt auf, dass Krebskranke oft schwer zuhören können, wenn es um den Krebs berührende Grundsatzfragen geht. Etwas in ihnen scheint sie zu zwingen, wesentliche Dinge zu überhören oder davon abzulenken. Dahinter steht offenkundig kein böser Wille, sondern eine Unfähigkeit durch einen unbewussten Zwang. Da zwingt der Krebs, das vermittelnde und ausgleichende Herz zu überhören.

Das macht die klassisch-homöopathische Behandlung hier nicht gerade leichter. Dies zeigt sich auch an einer Kranken mit Metastasen in der Leber. Sie hat mehrere erfolglose Chemotherapien hinter sich. Alle sonderlichen Beschwerden weisen auf PULSATILLA hin. Es ist gut, dass wir überhaupt sonderliche Krankheitszeichen finden. Nach Chemotherapien verschwinden oft alle sonderlichen Beschwerden, auch wenn der Kranke sich unheimlich schlecht fühlt und der Krebs wächst. Sie hat also Beschwerden, aber diese sind gesichtslos. Die Spaltung zeigt sich nicht mehr, obwohl die Krankheit wuchert.

Krebs ist an sich eine verborgene Krankheit, und das Letzte, was sich von der sowieso verborgenen Krankheit Krebs zeigt, verschwindet auch noch. Irgendwie hat die Information der Krankheit dann einen Schlupfwinkel in die Unfassbarkeit gefunden. Der derzeitige Stand meiner Forschung ist, dass sich in diesem Fall der ungelebte Impuls, der den Krebs hervorbrachte, aus der Ganzheit, dem Herzen, herausgelöst hat. Herz und Ungelebtes haben keine Beziehung mehr zueinander. Die Liebe ist weg. Dann erscheint nichts mehr sonderlich, es steht beziehungslos im Kranken, wie ein fremder Mensch. Dann wächst dieser Fremde aber auch ohne jede Rücksichtnahme, vielleicht wie ein Kind, aber leider eher wie die Made im Speck. Der Krebs auslösende Impuls ist so fremd geworden, dass die Krankheit Krebs als bösartig empfunden wird. Er ist von der eigenen Art verstoßen worden. Bezeichnenderweise nennen wir ihn entartet.

Nun hat die Kranke aber fassbare sonderliche Krankheitszeichen. Ich gebe ihr PULSATILLA in einer Spezialstärke, täglich. Schon nach vier Tagen bekommt sie Beschwerden, die sie schon kannte, heftige, unangenehme. Da zeigt sich, dass der Riss in ihr heilen will. Denn wenn der Krebs beginnt, verschwinden erst einmal die Beschwerden. Das ist bekannt und sehr typisch für ihn. Alles Ungelebte scheint sich mit dem Nebenkaiser zu verbünden, sich in ihm zu leben, und damit muss es sich nicht mehr in anderen Beschwerden zeigen. Solange der Krebs klein ist und vor sich hinwächst, entsteht also eine trügerische Ruhe im Land des Körpers. Aber nun ist er groß, und wir haben ihr PULSATILLA gegeben. Und alte Beschwerden kommen heftig. Das ist nicht schön – aber schöner als Krebs. Tatsächlich meldet die untersuchende Universitätsklinik, dass die Metastasen kleiner werden. Wir sind beide hoch erfreut. Aber es wird ein Kampf werden. Alle paar Tage beraten wir. Es ist wie eine geistige Schlacht. Ein Fehler ist hier nicht erlaubt. Exaktheit und Disziplin beider Seiten sind wesentlich bei dieser Behandlung.

Wir sind erst Anfänger bei dieser Geißel der Menschheit. Aber ganz vorsichtig lässt sich sagen, dass sich erste Konturen des Molochs Krebs zeigen. Die Folgen der Behandlung sind anders als sonst in der Klassischen Homöopathie. Sonst ist bei der Behandlung der Allgemeinzustand besser und vor allem die Seele rasch aufgehellt, weil in der Krankheit das Gegenteil der Fall war. Beim Krebs ist das umgekehrt. Ist doch im Beginn seines Auftretens, und das kann über Jahre gehen, der Patient auffällig fit und fröhlich. Sein Krebs lebt ja seinen kranken Part. Wenn wir diesen Kranken nun klassisch-homöopathisch behandeln, so wird er erst einmal leiden. Krebs ist ungelebtes Leid. Oft aus Mitgefühl und Verantwortung oder in der Faszination des Berufes weggeschoben in die Kammer Krebs. Sie sehen, er ist verborgen wie der Magen. Und wächst dann stämmig aus der Tiefe. Ein böser, bösartiger Zins. Vielleicht würde der Krebs sagen, sein Mensch sei bösartig, weil er so lange alles weggesteckt hat? Das muss nicht bewusst geschehen. Das ist eine Eigenart des Menschen im Informationsbereich, die sich psychisch äußern kann, aber nicht muss. Auch kleine Kinder können Krebs haben. Da ist das, was wir bei den Erwachsenen psychisch fassen, noch nicht zu überprüfen.

Beim Erwachsenen kommt dieses Bild klar zum Vorschein. Und wie immer ist die Schwäche aus einer Stärke gewachsen. Es sind Menschen mit hoher innerer Verantwortung, die wegstecken können. Ihre Stärke ist es, eigene Impulse lange, sehr lange ungelebt lassen zu können. So etwas suchen wir in den Führungspositionen. Das kann auch eine Führung im Kleinsten sein, auch die Versorgung der Mutter. Es sind Herzmenschen, die zu sehr mitfühlen, weil zu unbegrenzt mitfühlen. Wie die LACHESIS-Frau mit der Herzrhythmusstörung. Wundern Sie sich noch, dass LACHESIS auch ein großes Mittel in der Klassisch-homöopathischen Behandlung ist? Was für ein Potenzial für die Menschheit, wenn es uns gelänge, diese Menschen wieder in ihre Mitte zu bringen. Solche Menschen brauchen wir doch. Und die sterben uns weg. Jeder Fünfte stirbt heute an Krebs. Klassisch-homöopathische Forschung ist gefordert.

Klassische Homöopathie beim Krebs gehört in die Hand von Spezialisten.

Probieren Sie es bitte nicht selbst. Gerade bei schwersten Krankheiten zeigt sich die Wirksamkeit der Klassisch-homöopathischen Methode. Aber auch dann, wenn sie falsch eingesetzt wird. Daher kann ich nur warnen, die kleinen homöopathischen Kügelchen für niedlich zu halten. Dahinter stehen Archetypen, wie einer meiner Lehrer aus den USA sagte. Mit Mächten des Unbewussten spielt man nicht.

Stichworte zum Thema Herz

- Geistige Harmonie, Liebe, Vertrauen, Wechselwirkung aller Partner, Sympathie. Offenheit, Liebe, Mut des Herzens wirken ansteckend wie ein Lauffeuer.
- Ohne Selbstliebe keine Nächstenliebe, regelmäßiges Opfern von sich selbst führt zum Menschenopfer.
- Mittler des Ganzen, Konzentration, Erster unter Gleichen, Eintracht, Einklang, nicht Gleichklang.
- Alle Aspekte und Aspekte aller gleich wichtig. Überblick über das Ganze. Freiwillige Einheit, kein Zwang, kein Ausklammern, kein Unterjochen. Überzeugen, nicht überreden.
- Kraft und Macht im Sinne von Machen und Aktivität.
- Durch Kommunikation Erschaffen einer gemeinsamen Aufgabe, Motivation, Freude.
- Standpunkt, von dem aus alles geliebt werden kann, umfassende Einigung aller Standpunkte, volle Bejahung ohne jeden Widerstand, Glück, volle Verwirklichung im Hier und Jetzt.
- Einförmige und doch nicht langweilige, periodische Wiederholung. Gleichzeitigkeit, fließende, unumkehrbare Zeit, Zeitquanten. Herz wie Uhr, Folgerichtigkeit.
- Das Ziel ist der Weg, das Tun selbst ist der Zweck.
- Unermüdlichkeit, aber auch Auszehrung, Niedergeschlagenheit.
- Ich bin, der ich bin.
- Mut und feste Entschlossenheit, das Unglaubliche wahrzunehmen. Spürbare Wirklichkeit statt Illusion, wirkliches Erfahren. Wahrheit im Wandel.

Dem Herzkranken und seinen geistigen Verwandten rate ich:

Suchen Sie in allem den Ausgleich.

Verfangen Sie sich nicht im Einzelnen. Sie könnten die anderen vergessen und unfair werden.

Ohne Selbstliebe ist Liebe nicht möglich.

Handeln Sie wie das Wasser, das alle Teile in sich aufnimmt und löst, sodass alle gleichberechtigt ein Ganzes bilden können.

Fließen Sie wie das Wasser und halten Sie nicht an einer bestimmten Zeit fest, von der Sie denken, sie überträfe alle anderen. Sie leben immer nur jetzt.
Versuchen Sie sich die heutige Realität bewusst zu machen, indem Sie jetzt alles hören, was sich in Ihrem Raum tut.

Gestalten können Sie nur das Jetzt.

Versuchen Sie, mit allem und jedem, der Ihnen in den Sinn kommt, zu kommunizieren, ohne auszuklammern und zu unterjochen.

Finden Sie den Mut zur Offenheit. Offenheit unter Darbietung auch der eigenen Schwäche entwaffnet.

Lieben im Sinne von Verstehen des Gegenübers hilft, die Angst zu verlieren!

Zehren Sie die zentrale Kraft des Herzens nicht aus. Setzen Sie die Galle davor.

Die Kraft des Herzens kommt durch das Überzeugen.

Motivation durch Kommunikation!

Die selbst wahrgenommene Wahrheit ist die, die stark macht und befreit.

Die Lunge

Eine „Ehrenrunde“ hatten die Teilchen gedreht, als das Herz das Blut aus seiner rechten Hälfte durch die Lunge hindurch in seine andere Hälfte flutete. Es ist schon erstaunlich, dass die Lunge eine ganze Herzhälfte für sich beansprucht. Alle anderen Organe sollen sich mit der zweiten, wenn auch etwas kräftigeren Hälfte des Herzens begnügen. Wie begründet die Lunge diesen Anspruch?

Zunächst sieht es fast so aus, als sei die Lunge ein Teil des Herzens, so eng ist sie beiden Herzkammern zwischengeschaltet. Sie ist aber weit größer. Sie füllt fast den gesamten Raum, den ihr das Herz im Brustkorb übrig lässt, ob dieser nun einatmend geweitet ist oder nicht. Die Lunge geht mit den Bewegungen des Brustkorbes mit. Sie reagiert auf sie, indem sie ihnen passiv folgt. Dadurch atmet sie. Ohne Brustkorb kann sie nicht atmen. Sie zieht sich zusammen, schnurrt regelrecht zusammen. Keine Bewegung geht mehr von ihr aus. Im lebendigen Brustkorb jedoch macht sie pausenlos mit. In ihrem passiven Reagieren, also dem auf einen anderen Zurückwirken, wirkt sie fast so unermüdlich wie das Herz.

In diesem bewegten Tun ist auch sie rhythmisch. Sie saugt Luft ein und bläst sie wieder aus, saugt sie wieder ein und bläst sie erneut aus. Wie das Herz besteht sie aus zwei Teilen. Doch sind die Lungenflügel viel strikter geteilt als die Herzhälften. Sie sind getrennte Organe, nur verbunden über die Luftröhre, in die beide über ihre Bronchien Luft abgeben und aufnehmen. Von einer äußerlichen Einheit wie beim Herzen kann hier also keineswegs die Rede sein. Die Lungenflügel scheinen vielmehr wie zwei Teile einer Styroporpackung die Kraftmaschine Herz rechts und links einzubetten. Dieser Vergleich passt auch insofern gut, als die Lunge aus zahllosen kleinen luftgefüllten Bläschen besteht, wie eine Bienenwabe, doch ganz elastisch. Zwischen beiden dünnhäutigen Bienenwabeneinheiten arbeitet kräftig das pulsierende Herz wie eine fleißige Biene. Es pumpt durch beide Lungenflügel das gesamte Blut aus seiner rechten Herzkammer.

Während die Lungenflügel der Bewegung der Rippen folgen, füllen sie sich einatmend mit Luft. Aus dieser Luft dringt Sauerstoff in das durch viele Häutchen der Lunge fließende Blut. Im Gegenzug wandert Kohlendioxid aus dem Blut in die Luft der Lungen. Es wird beim Ausatmen von diesen wieder in die Umgebung hinausgeblasen. In diesem Rhythmus ist auch die Lunge ein typisches Organ des Fließens. Nichts bleibt ihr, alles durchfließt sie. Sie gibt bereitwillig ab und nimmt auf, ohne dass sie wie der Dünndarm oder die Leber etwas aktiv trennen oder wie der Magen etwas verdauen würde. Dennoch ist der Druck, mit dem das Herz der Lunge das Blut zuführt, an ihrem Ende so gesunken, dass die linke Herzkammer erneut einen hohen Druck aufbauen muss. Er muss zur Durchflutung des restlichen Körpers ausreichen. Die Aktivität der rechten Herzkammer wird also von den beiden Lungenflügeln aufgebraucht, und das ist ein ganz schöner Batzen Energie. Wozu mag das Herz bei der Lunge diesen Aufwand treiben? Was bedeutet die Lunge?

Unsere bisherige Medizin ist ihr jedenfalls in mancherlei Hinsicht nicht gewachsen. Leidet ein Kranker nicht nur an einer banalen Bronchitis, die mit Ruhe und Schonung in der Regel auch abheilen dürfte, sondern kehrt die Bronchitis immer wieder, schleicht sich gar am Ende ein Dauerzustand ein oder entwickelt der Kranke schließlich Asthma, so müssen diese Krankheiten ebenso als unheilbar gelten wie der Lungenkrebs. Wer die Problematik aus der täglichen Praxis kennt, die immer wiederkehrenden Asthmaanfälle oder die zunehmend chronischen Bronchitiden, die auch schon bei Kindern nicht heilbar sein können, der will wissen, was die Lunge bedeuten mag. Lassen sich nicht bei der Lunge genauso wie bei den anderen Organen sinnvolle, überzeugende Ideen finden, die uns weiterhelfen?

Die Lunge ist ein reagierendes Organ. Sie verbraucht durch den hohen passiven Widerstand, den sie dem Blut des Herzens entgegensetzt, eine Menge Energie. Das findet sich auch in der Seele wieder. Der Asthmakranke setzt seiner eigenen Krankheit oft einen druckvollen passiven Widerstand entgegen. Er ruft seinen Arzt bei einem Anfall erst fünf Minuten vor zwölf zu Hilfe, auch wenn er die Gefahren eines späten Eingreifens kennt und schon erfahren hat. Diesen Widerstand, den er durch passives Hinnehmen, durch Ignorieren, seinem Krankheitszustand entgegensetzt, scheint er im Alltag typischerweise durch eine widerstandslose Aktivität auszugleichen. Da geht er eher mit dem Kopf durch die Wand. Wir treffen hier auf die Krankenschwester, die sich ohne inneren eigenen Widerstand hemmungslos aufopfert für ihre Kranken. Sie legt Nachtdienste und noch einmal Nachtdienste ein. Der Angestellte renoviert nach getaner Arbeit bis in die Nacht bedingungslos sein Eigenheim. Er spürt seine Erschöpfung nicht. Er nimmt sie nicht wahr, weil er allen zeigen will, wie perfekt er das kann. Fragt man ihn, warum er so über alle Maßen aktiv ist, scheint er überrascht. Seine Antwort lautet: „Das erfüllt mich, es ist mein Lebensziel." Bedingungslos ruhiges Durchsetzen eines vorgenommenen Zieles wird hier mit Gewalt gegen sich selbst erkauft. Gewalt ist ungebändigte Kraft und gehört zum Herzen. Sollte es sich hier um ein ungebändigtes Herz handeln? Fehlt ihm der sanfte Bändiger, damit nicht „rohe Kräfte sinnlos walten"?

Schauen wir zunächst weiter. Wer sich mit einer Idee auseinander setzt, trifft meist auf zwei polare Aspekte. Der Asthmakranke versucht nicht nur, mit aller Kraft Widerstände zu überwinden, die sich ihm, oder genauer seinem gesetzten Ziel, seiner fixierten Vorstellung von seinem Ziel entgegenstellen. Er zeigt andererseits eine ganz außerordentliche Leidensfähigkeit. Gegen sein Leiden geht er nämlich nicht etwa, wie man erwarten könnte, mit der gleichen Kraft an. Er nimmt es hin mit einer immer wieder unglaublich erscheinenden passiven Kraft zu leiden. Die Luft wird knapp und er keucht mit blau-rotem Gesicht. Dann nimmt er eine typische Stellung ein. Er kniet und beugt sich nach vorn, stützt den Kopf vielleicht auf eine Sitzfläche. Er gibt an, dass er in dieser Haltung am besten Luft bekomme. Diese demütige Unterwerfungshaltung symbolisiert geradezu seine innere Haltung gegenüber seiner Krankheit. Er findet sich mit der Atemnot ab. Er lebt mit dieser verminderten Lebensqualität. Aber er boxt weiterhin sein gesetztes Ziel durch. Man gewinnt den Eindruck, er wolle ein bestimmtes Ziel um jeden Preis aus sich herausschinden, sei es seine Verwirklichung als der beste Manager des Großunternehmens, sei es als der perfekteste Versicherungsmakler. LACHESIS passt zu diesen Beschwerden. Um es wirklich begründet zu geben, muss der homöopathische Arzt alle sonderlichen Beschwerden des Kranken erfassen. Nur dann gibt er ihm LACHESIS. Was mag diesen Menschen fehlen, dass sie so ungestüm wie ein wilder Stier auf das rote Tuch zurasen, das der Torero hält, der sie doch quält? Die Arena bietet doch so viele andere Möglichkeiten? Warum können sie da nicht einmal ihre Aktivität durch Passivität bremsen? Wozu leiden sie derart und gehen so hart mit sich um, dass ihr Leben nicht selten zu einer Folter wird?

Die Antwort fanden wir bereits andeutungsweise. Das frühlingshafte, ins Morgen stürmende Interesse des Stieres der Leber wird nur dadurch zum samtpfotigen Löwen des Herzens, dass es den passiven Widerstand der Lunge durchfließt. Wer so wie die geschilderten Kranken mit sich umspringt, der hat zwar die Zielhaftigkeit der Leber und die Fülle der Lebenskraft des Herzens gespürt. Doch will er nun auch den nächsten Schritt bedingungslos gehen. Aber so wenig wie der Frühling den Sommer erzwingen und die Leber das Herz unterwerfen kann, ohne dass diese Störung der Reihenfolge folgenlos bliebe, so wenig kann der Sommer des Herzens den fruchtbaren Herbst der Lunge unterjochen. Denn Blüten sind eine Hoffnung auf Früchte, aber keine Gewissheit. Liebe mag auf fruchtbare Vermehrung hoffen lassen, eine Gewissheit gibt sie nicht.

So wie das Herz mit der Liebe zu tun hat, so hängt die ihm folgende Lunge mit den Folgen der Liebe zusammen. Ihre Früchte sind Leben und Lebensqualität. Nicht grundlos meinten die Alten, das Leben sei eingehaucht. Die Lunge, ein Organ des Herbstes nach dem Sommer, der Reife nach dem Höhepunkt, entspricht der Reifung eines Liebesaktes und dem Hervorbringen eines anderen Lebens. Wie aus der Sicht dessen, der die Lebensmitte überschritten hat, Jüngere oft ungebändigt erscheinen, manchmal sogar grob und roh, so mag der reifen Lunge das Kraftvolle des Herzens erscheinen. Daher tritt dieser passive Widerstand nicht aggressiv, sondern freundlich und ruhig auf gegen jede Überaktivität der Kraftmaschine. Sie ummanteln sie, um sie wie ein Wildpferd zu zügeln, bevor sie durchgehen könnte. Das ist der Zügel, der unseren Asthmakranken in ihrer Zielstrebigkeit verloren gegangen ist und der sie nun als Krankheit umso mehr zügelt.

Als einer der größten Meister dieser Idee, rohe Gewalt durch passiven Widerstand zu zügeln, gilt Mahatma Gandhi. An ihm können wir möglicherweise auch einige der Probleme der Lunge erkennen. Gandhi gelang es durch passiven Widerstand, also ohne Gewaltanwendung, die Kolonialmacht aus dem Land zu drängen, die er wie einen Krebs empfunden hat. Er schrieb Sätze, die wir auch aus dem Munde unserer Lungenkranken hören können. „Leid ist das Gesetz des Menschenwesens. Krieg ist das Gesetz des Dschungels. Doch ist das Leid unendlich mächtiger als das Gesetz des Dschungels, denn es bekehrt den Gegner und es öffnet ihm die Ohren für die Stimme der Vernunft“[24]. Erschreckt es Sie, dass jemand das Leid preist? Versuchen wir nicht allerorten, es zu mindern? Unsere ganze Medizin haben wir dafür entwickelt. Leid ist aber nur ein anderes Wort für ertragen und aushalten können, Hinnahme und Passivität. Das hört sich schon ganz anders an. Genau betrachtet nimmt jeder Mensch zuweilen außerordentlich viel hin. Wir ertragen verschmutzte Atemluft, bis zu Krieg führenden Diktatoren, aber auch Mühen wie die, sich mit dem schwerhörigen Großvater zu unterhalten oder andererseits quiekende und tobende Enkel auszuhalten. In all diesen Fällen werden wir vermutlich hinnehmen, aber zu ändern suchen. Genau dies kann man aus dem zweiten Teil des Gandhi-Zitates lesen. Das scheint auch die Lunge im Körper zu tun. Sie nimmt die Wildheit des Herzens hin, als wüsste sie, dass alle, auch sie selbst, davon leben. Doch versucht sie, es in sanftere, zartere Bahnen zu lenken, wie es ihrem zarten Aufbau entspricht. Gewaltlosigkeit, die doch nicht kraftlos werden darf – so könnte man diese wesentliche Idee der Lunge umschreiben.

> Leid ist nur ein anderes Wort für Ertragen- und Aushaltenkönnen

Dazu darf sie die Kraft der rechten Herzkammer nicht vollständig verbrauchen. Das Blut soll auch noch in der linken ankommen. Es soll keineswegs ein Stau durch ihren Widerstand gegen das Herz entstehen. Wer einen zunächst

Übermächtigen nicht unterjochen, sondern bändigen will, der muss mit ihm verhandeln. Daher wirkt die Lunge wie ein Händler, der strikt die Ein- und Ausgaben kontrolliert, so wie sie zwischen Ein- und Ausatmung die Waage hält. Dies bezieht sich jedoch nicht auf Produkte des Habens wie beim Kaufmann. Die Lunge interessiert die Aktivität des Herzens, denn es ist ihr Vorgänger und zugleich ihr direkter Nachfolger. Sie gibt dem Sommer des Herzens den fruchtbaren Herbst, wie die Geburt eines Kindes als ein weiterer Höhepunkt dem Liebesakt den Lorbeerkranz reicht. Die Geburt bestätigt den Liebesakt, wie der Lorbeer den Erfolg. Beides ist Reaktion, ein Reagieren auf den Höhepunkt des Herzens.

Die Lunge reagiert auf die rechte Herzhälfte und beeinflusst damit die linke. Sie reagiert auch hier abwägend wie eine Waage, welche die linke Seite entsprechend der rechten Seite beeinflusst und beide miteinander in Einklang zu bringen sucht. Anders als das Herz sucht sie den Einklang nicht durch freie Kommunikation. Sie verhandelt eher zäh und überdacht. Ein solcher Kranker ist ganz anders strukturiert als ein Magenkranker, bei dem die Impulse die verborgenen Geborgenheitsprobleme noch unentwickelt in der Abstellkammer lagen. Dieser Kranke ist reif und entwickelt und durchaus eigensinnig. Er weiß, was er will. Er kann seine Beschwerden klar äußern, auch die psychischen. Lungenkranke gehen oft sehr mit ihrer Psyche um wie mit einem feinen Instrument. Hier sind die Künstler zu Hause. Das Asthma ist von Herzklopfen begleitet. Das ist nicht sonderlich. Viele Asthmatiker berichten das. Auch das Angstgefühl dabei ist nicht auffallend. Hier zeigt sich, dass man mit den Angaben der Krankheit allein klassisch-homöopathisch oft nicht weit kommt. Man muss alle sonderlichen Beschwerden suchen, auch die, die nicht zum Asthma gehören. Ein Kranker erzählt, im Winter sei er oft sehr schwermütig. Dann habe er eine eigenartige Abscheu vor dem Leben, ja vor der eigenen Familie. Er werde dann so depressiv, dass er sich irgendwo in die Tiefe stürzen könne. Verantwortung sei ein großes Thema für ihn. Er trage daran, suche sie aber und nehme sie sehr ernst. Letztes Jahr habe er eine Sehstörung gehabt, Gott sei Dank sei sie rasch vorbeigegangen. Da habe er eigenartiger Weise nur die untere Hälfte von allem gesehen. Ist das ein Thema? Sieht er nur die untere Hälfte, nicht die obere, wie ein Schwermütiger, der nicht mehr aufblicken und die Weite und Schönheit nicht mehr wahrnehmen kann? Immer mal leide er an bohrenden Schmerzen tief in der Nase. Wenn Sie genau zuhören, stellen Sie fest, dass die bohrenden Schmerzen genau von diesen Kranken gespürt werden. Das sind die, die in die Tiefe gehen, nochmals alles hinterfragen, nach Tagen zurückkommen, darüber philosophieren ... die Tiefbrettbohrer, wie ein Kollege sie nannte. Nichts ist Zufall, wenn Sie hinhören. Körperlich, sagt der Kranke, sei er sehr empfindlich, gegen Schmerz, kalte Luft, auch reizbar. Eine Stradivari lässt man nicht im Wind stehen, schäkert er – und bringt es auf den Punkt.

Hochsensible Menschen leiden oft an hochsensiblen Krankheiten. Warum? Weil die Krankheit nur ein anderer, ungelebter Aspekt von ihnen ist. Das kann beim Hochsensiblen auch einmal körperliche Gewalt sein, die er so verabscheut. Aber er wird selbst mit diesen Ausbrüchen sensibel umgehen und sie als fremdartig empfinden und lösen wollen. Noch lange geht unser Gespräch, dann erhält der Kranke AURUM, homöopathisches Gold. Etwas Hochwertiges natürlich, meint er. Das hilft gut. Ich habe mit AURUM schon schwerste Depressionen innerhalb kurzer Zeit sich lösen gesehen. AURUM ist eigentlich mehr als Herzmittel denn als Lungenmittel bekannt. Das Beispiel lehrt, dass es in der Klassischen Homöopathie keine Herz- oder Lungenmittel gibt, sondern nur Mittel für die sonderlichen Beschwerden des Kranken. Denn hier werden keine Krankheiten, sondern Kranke behandelt. Hüten Sie sich daher vor den Büchern, die Ihnen für bestimmte Krankheiten bestimmte homöopathische Arzneien vorschlagen. Sie werden damit nur blind schießen, und so ist dann auch der Erfolg fraglich. Klassische Homöopathie hat damit nichts zu tun. Auch bestimmte Konstitutionsmittel für bestimmte Menschentypen gibt es nicht. Da die Klassische Homöopathie den Einzelnen behandelt, hat das mit Typen nichts zu tun. Er kann heute AURUM brauchen, bald jedoch schon LACHESIS! Wann, das sollten Fachfrau oder Fachmann entscheiden. Homöopathie ist eine ausgereifte und reife Medizin wie die Lunge, die sehr fein und sehr genau abwägt und alles mit in Betracht zieht.

Auch die Lunge als ein Organ der Reife will nichts überstürzen. Anfallsartige Erkrankungen wie Asthma sind ihr ein Grauen. Nicht zufällig schwingt sie in einem weit bedächtigeren Rhythmus als das Herz. Langsam die Luft einsaugend wie ein witterndes Reh, prüft sie, ob nicht die Stimmung trügt. Sie sucht das Gleichgewicht. Das Kohlendioxid, das sie abgibt, wird aus dem Sauerstoff hergestellt, den sie zuvor aufgenommen hat. Sie wägt und verwaltet. Sie folgt damit sinnvoll dem Gebieter Herz, dem „Gewalter", damit es nicht zu sinnloser Gewaltanwendung kommt.

> Die Lunge schwingt in einem weit bedächtigeren Rhythmus als das Herz

Überwiegt andererseits diese „kaufmännische" Lunge des akkuraten Buchführens, so ertrinkt ein Mensch zwischen Merkzetteln. Verzettelung entsteht aus einer gegenüber dem Herzen zu starken Idee der Lunge. Unser AURUM-

Kranker muss sich davor hüten. Der Kranke verliert sich dann leicht im Detail. Er weiß eine enorme Datenmenge, seltene medizinische Fachausdrücke sind ihm geläufig. Aber die wesentliche Idee seiner Erkrankung kann er schwer erfassen, selbst wenn er sie hört. Das zusammenfassende, Ganzheit erzeugende Herz wird hier ausgebremst. Schließlich wird er inmitten des Berges aus Daten und Zetteln vor lauter Bäumen keinen Wald mehr sehen. Scheinbar unbegründete Ängste werden auftauchen.

Wer so sensibel ist wie die Lunge, der wird sich bei Gewalt eher schutzlos fühlen. Die große Arznei für die Lungenkrankheit Tuberkulose, PHOSPHORUS, ist auch eines der größten Mittel für Ängste. Dieser Kranke ist offen, sehr offen. Sehr empfindlicher Geruchssinn. Er wendet den Blick nicht ab. Aber dadurch auch sehr verletzlich, natürlich wie immer auch körperlich. Kleine Wunden bluten leicht, Nasenbluten, reichliche Periodenblutung, selbst Hautgeschwüre bluten bei der Periodenblutung. Letzteres ist nun ein typisch sonderliches Krankheitszeichen, oder finden Sie es nicht eigenartig? Natürlich leben in ihm Gegenimpulse, die zu schützen suchen. Die sollten dann abwehren, weil der Kranke das nicht tut. Solche Beschwerden finden sich wirklich. PHOSPHORUS passt für Zusammenschnüren der Speiseröhre, sodass ein Schlucken unmöglich ist. Zumachen ist die Antwort auf übergroße Offenheit. Zusammenschnürung des Brustbeins beim Husten zeigt ähnliche Hintergründe. Sind das schon die Hintergründe des Kranken? Wir kommen noch tiefer. PHOSPHORUS ist die Arznei, die für die große Angst beim Alleinsein gegeben wird. Nur wenige haben so viel Mitgefühl. Ein Mittel des sensiblen Gefühls wie der Lunge. Keine andere Arznei sucht so Mitleid zu bekommen. Macht er deshalb so auf? Stimmt unsere Annahme? Dann schauen wir nach den sonderlichsten Beschwerden. Sie sind der Schlüssel zum Dahinter. Und da wird berichtet, dass beim Stuhlgang und beim Urinieren die Tränen laufen können. Das versteht der Kranke gar nicht? Wenn das nicht komisch und sonderlich ist! Dieser Organismus weint schon beim Verlust von Exkrementen. Hier ist das Thema angesprochen. PHOSPHORUS will nicht allein sein, bitte bleibe bei mir! Verstehen Sie, wie der Körper spricht. Kranke haben die verrücktesten Beschwerden. Und genau die brauchen wir, um die Krankheit zurechtzurücken. Wenn Sie die Beschwerden eines Kranken aufreihen, ist das wie ein Aufsatz, den der geschrieben hat, der sich beschwert. In allen Nuancen. Ein Abdruck des Risses durch die Idee des Herzens. Löst der Lungenkranke seine Probleme nicht beherzt, indem er das Ganze gegenüber der Verzettelung durchsetzt, wird er leiden und möglicherweise die Sanftheit verlieren. Denn „echte Gewaltlosigkeit ist unmöglich, wenn man nicht furchtlos ist", weiß Gandhi [25]. Das zeigt sich, wenn der Kranke dieses Problem mit dem Kopf durch die Wand angehen will.

Diese Eigenschaft kennen wir schon vom Asthma. Der Asthmakranke kann hervorragend Luft einatmen. Aber heraus aus der Lunge in seine Umwelt kann er sie nur mit Mühe pressen. Die Atemwege verkrampfen, sodass er die Luft nur pfeifend durch den passiven Widerstand drücken kann. Will er Sand rasch durch eine enge Sanduhr drücken und schleicht ihm die sanft rieselnde Zeit angesichts der Fülle an Aufgaben, die er sich stellt, manchmal zu langsam? Es ist jedenfalls nicht der Geiz, dass er Luft so schwer abgeben kann. Ich habe keinen geizigen Asthmakranken gefunden. Asthmakranke sind vielmehr in der Regel freundliche Menschen, die das Letzte geben. Sie sind bereit, fast zwanghaft das Größte zu leisten, wenn nur ihre Idee wirklich Erfolg hat und vollendet wird, perfekt wird. Das aus dem Lateinischen stammenden Wort perfekt bedeutet, etwas zu Ende zu tun. Es soll hundertprozentig durchgebracht werden. Es scheint, als ob der Herbst der Lunge den nahenden Winter spürt und fürchtet, es könnte ein Hungerwinter werden. So versucht er verzweifelt, jetzt alles ganz gut fertig zu stellen, wie in einer Torschlusspanik. Diese Idee von der perfekten, von der ganz besonders vollendeten Verwirklichung eines Traumes ist uns bereits einmal aufgefallen. Hier träumen die Jugend und die Leber, die noch nicht erlebt haben, dass die Realität Vorstellungen nicht wie selbstverständlich übernimmt. Könnte man folglich behaupten, dass hier das Herbstorgan Lunge bezwungen wird vom jugendlichen Frühling der Leber?

Die reife Lunge träumt von der Vollendung. Das Herz weiß, dass alles im Fluss ist. Auch Vollendung ist nie fixiert zu erreichen, sondern fließt als Prozess. Wenn sich das Herz mit diesem Wissen nicht durchsetzt, wird es durch den strategischen Traum der Leber ersetzt. Dann gestalten fixe Prozentmarken das Leben, und die Schwingen verkleben, das Atmen wird gezwungen und gepresst. Schon eine Diagnose, besonders aber eine Krankmeldung stempelt Minuspunkte. Kein Asthmatiker will sich eine Krankmeldung aushändigen lassen.

Ein hoch entwickelter Mensch wie unser AURUM-Kranker, der sehr viel leisten kann, wird solchen Süchten und Zwängen viel eher erliegen. Wer bereits neunzig Prozent erreichen kann, für den liegt die Hundertprozentmarke in erreichbare Nähe. Andererseits bietet ihm seine hohe intellektuelle Leistungsfähigkeit gemeinsam mit dem Willen zur nüchternen Betrachtung eines Verwalters auch das Rüstzeug zur Lösung dieses Zwanges, um wieder fröhlich und beschwingt durchs Leben gehen zu können.

Beschwingt und frei atmet sich die Lunge durch das gesunde Leben. Sie scheint das Herz zu beflügeln. Es ist kein Zufall, dass wir gerade bei der Lunge von Flügeln sprechen. Die Kraft des Herzens ist gewonnen, die Liebe gereift, vorher unerfüllte Träume der Leber können erlebt und verwirklicht werden. Mit dem Herzen sind wir in ein neues Element eingedrungen, das des Seins. Hier geht es nicht um Haben, sondern Erleben. Leben und Rhythmus lassen die Zeit fließen und die Wirklichkeit spüren. Das zarte Gebilde Lunge markiert mit dem Einatmen nicht nur den Lebensanfang, sondern mit dem Aushauchen des Atems auch dessen Ende. Es scheint das Leben so zu sehen, wie die Lunge selbst aufgebaut ist, nämlich zart und fein und groß genug, um für jeden einen Platz zu finden. Die Zartheit der Seele ist etwas sehr Typisches für den lungenbetonten Menschen. So wie die Lungenbläschen millionenfache zarteste, auf jeden Hustenstoß sensible Gebilde sind, entspricht die Seele der Lunge einer Elfe. Sie hebt ab und geht beflügelt und singend als helfender Engel durch das Leben. Ihr Rhythmus pumpt nicht so pulsierend wie der des Herzens. Den Atem können wir anhalten. Doch nach einer kurzen Weile beginnt das fröhliche Tun aufs Neue. Die Lunge bestimmt nicht die Richtung des Blutflusses. Sie dämpft nur seine Urkraft, denn sie will beschwingt, fein, sanft, zärtlich und frei atmen. Sie geht mit Gasen und Dämpfen, mit Ätherischem um. Sie packt nicht zu wie das liebende Herz. Ihr Atem haucht nur einen Kuss auf die Wangen.

> Die Lunge markiert nicht nur den Lebensanfang, sondern auch dessen Ende

Wie das Herz scheint sie um die Notwendigkeit des Regelmaßes zu wissen. Doch variiert ihr Atem ständig. Leben sucht stete Variation. Klassische Homöopathen wissen, dass homöopathische Arznei nie zweimal in gleicher Dosis gegeben werden darf. Ihre Arznei ist so geistreich und so sanft wie die Lunge. Leben will immer neue Informationen in Form bringen. Auf anderer Ebene kennen wir all dieses Gesetz. Zärtliche Liebkosungen, als Streichel-„einheiten" so herzhaft gleichmäßig wie vom einfachen Herzschlag gegeben, verkämen zu Reibungen. Das ist das Geheimnis der Lunge, sie verehrt das „sanfte Wandeln"[26]. Sie löst übermäßige Anspannung mit einem tief atmenden Entspannungsseufzer, und sie begleitet Erregung durch tiefe Atemzüge als Zeichen der Höhe gefühlvollen Lebens.

Der Höhenflug der Lungenflügel scheint dem Menschen vor Augen führen zu wollen, dass er nicht vom Brot allein lebt. Dabei kann es ihm allerdings ähnlich wie Ikarus ergehen. Hebt er zu sehr ab, verliert er den Boden. Dann meint er möglicherweise, der Mensch lebe überhaupt nicht vom Brot. Er wird alles unterhalb des Brustkorbes als Unterleib empfinden, wie wir das von Kranken kennen, die THUJA brauchen. Dann suchen sie die klare Seele, aber den Körper und seinen Bedarf vergessen sie. Der Körper wuchert, und wie bei keinem anderen wachsen Warzen aller Varianten auf der Haut, als wolle er sich den Körper verschandeln. Das Haar als Symbol körperlicher Sinnlichkeit fällt nur an einzelnen Stellen aus. Der Kranke ist hochmoralisch, aber einseitig. Genauer: Dieser Kranke ist vielfältig, sehr vielfältig, aber mit dieser Vielfältigkeit umkreist er verdeckend nur das Eine, das er sich verbietet, wie ein verbotenes Zimmer. Er hat den Boden verloren. Er kann den Körper hinnehmen und ertragen, ihn aber nicht mehr lieben. Er wird den Unterleib aushungern, indem er fastet oder gar jahrzehntelang die körperliche Liebe meidet. Gandhi hat uns dies extrem vorgeführt. Dann vergessen die spitz nach oben zeigenden gotischen Lungenflügel im Höhenrausch, dass sie auch im übertragenen Sinne eine breite Basis haben, von der sie leben. Sie verfallen der Sucht, körperlich zu schwinden. Schwindsucht ist eine Krankheit, die Tuberkulose. Viele andere Krankheiten gehören zu ihrer Familie, zum Beispiel die Leukämie. Homöopathisch zeigt sich hier eine Kombination von Entartung, also Verstecken des Eigenen, und Schwindsucht, also der Tendenz zu schwinden, am Werk. Die hurtigen Blutkörperchen passen gut zu dem luftigen Element des TUBERCULINUM, sodass es nicht wundert, dass diese Information sich hier festmacht. Keinesfalls gehört die klassisch-homöopathische Behandlung der Leukämie in unprofessionelle Hände. Bei der Tuberkulose ist der Kranke tatsächlich „am Verschwinden“. Er magert ab und verliert Substanz. Er gehört zu den wenigen, die Tuberkulose bekommen, obwohl weit über die Hälfte aller Erwachsenen in Deutschland infiziert werden. Warum tut sich dieser Organismus das an, dass er die Abwehr gegen Tuberkelbakterien vermindert, sodass gerade bei ihm die Tuberkulose ausbricht? Gibt es Hinweise darauf, dass das beflügelte Verlieren des Bodens wirklich eine Voraussetzung dafür schafft?

Die Therapie dieser Erkrankung mutet seltsam an. Sonderbares gilt in der Homöopathie immer als Hinweis auf Hintergründe der Krankheit. Die Kranken werden in Kliniken gebracht, in denen sie bestes Essen erhalten, als handele es sich um einen Urlaub. Sie sollen ausgiebigst schlafen, Sonnenbäder nehmen, Spaziergänge in frischer Luft unternehmen. Da bekommen sie nun all das, was sie sich vorenthalten haben. Ihr Bauch erhält das Essen, das sie zuvor für niedrig oder nebensächlich hielten, all dies gewöhnlich in schönster Landschaft. Es scheint, als zeige man ihnen die Schönheit der irdischen Welt, um sie dorthin zurückzuholen! Es gibt keine medizinische Begründung für diese Therapie, die logisch wäre. Es ist einfach eine

Sonderbares weist stets auf Hintergründe einer Krankheit hin

Erfahrung, dass Tuberkulose so behandelt werden sollte. Heute gibt man noch spezielle Tuberkulosemittel dazu, doch die äußeren Umstände hat man nicht verändert.

Die klassische Homöopathie kennt sogar einen TUBERCULINUM-Typ, einen Menschentyp, der die Hintergründe der Tuberkulose in sich trägt. Wir können hier auf zierliche, oft grazile Menschen mit langen, puppenartigen Wimpern treffen, die dadurch oft auffallen, Menschlein wie aus Luft, oft fast ätherisch schön. Sie suchen ein Leben in geistiger Schönheit, werden oft Künstler oder suchen deren Nähe, und komponieren sie Musik, dann treffen wir auf Mozart, diesen fast übernatürlich beschwingten, durch und durch selbst im Kummer frohen Musiker, der schon mit sechsunddreißig Jahren an Tuberkulose starb. Dazu das Lexikon [39]: „Sorgen und Überarbeitung hatten Mozarts Gesundheit erschüttert." Wer in solch lichten Höhen wandelt, vergisst leicht den Boden, übersieht, dass er auch wirtschaftlich existieren muss. Sorgen werden dann sein Alltag. Sein Alltag macht ihm Sorgen, weil er ihn vernachlässigt. Auch dies ist eine Form von Sucht, man könnte es einen psychischen Höhenrausch nennen. Nicht umsonst bezeichnen Drogensüchtige ihren Rausch auch als „high", als hoch; auch sie wollen abheben mit Gefühl. Sie vergessen, dass die Lunge alle anderen Organe achten muss, will sie ihr beschwingtes Leben führen.

Ist der Süchtige nicht high, so schwebt er typischerweise in einer psychischen Stimmung, in der auch der Künstler des Lungentyps zwischen seinen Werken schwebt. Es ist die Melancholie, die wir bei dem AURUM-Kranken schon antrafen. Wenn die Lunge überstark ist und die des Herzens staut, entsteht das Bild des gestauten Sommers. Sie werden die Hochsommertage kennen, an denen die Luft am Boden flimmert, an denen kein Lüftchen geht, als würde der Atem angehalten. In der flimmernden Luft erscheinen die Dinge am Boden schwer durchschaubar und ein wenig unruhig. Das ist die Stimmung der Melancholie. Die Unruhe des Bodens oder des Bauches stört die stehende Luft darüber nicht. Der Kranke sehnt sich danach, in noch höhere, noch klarere Lüfte abzuheben. Er erkennt nicht, dass es für ihn dort nichts zu essen gibt. So lebt er in täglichen materiellen Existenzsorgen. Gleichzeitig hebt er geistig ab und schwebt fort in andere Sphären. Melancholie hat viele Künstler inspiriert, denken wir nur an Albrecht Dürer. Sie scheint traumhafte, bezaubernde Kunstwerke von bleibendem Rang zu fördern. Leider bringt sie auch ausgezehrte und erschöpfte Künstler hervor.

Wer solches Dasein nicht als sein Ziel ansieht, der sollte mit der Kraft des Herzens seine Lungenflügel zu kräftigen Schwingen ausbreiten. Dann kann er seine Zärtlichkeit weiter reifen lassen wie sein Gefühl für das Ästhetische und Schöne. Er wird deshalb den Boden nicht verlieren oder den Alltag vernachlässigen, ihn unterbewerten oder sogar ablehnen. Bleibt er unbeweglich wie die flimmernde Luft, besteht die Gefahr, dass die Blutzirkulation so gestört wird, dass geronnene und daher nicht fließende Teilchen im Blut aus der „Unterwelt" der Beine in die Lunge geschickt werden. Sie verstopfen die Lunge und führen oft zu einem augenblicklichen Tod – wie ein Spiegelbild der Ermordung Gandhis und Martin Luther Kings, dieser Highlight-Visionäre, deren Leben so unerwartet und plötzlich endete wie bei jenem Dolchstoß von unten, der Lungenembolie.

Möchten Sie solche „Lungen-Menschen" näher verstehen? Eine Frau mittleren Alters. Oberbauchbeschwerden seit Jahren, jetzt zunehmend. Niemand findet eine Ursache. Einschlafen bis Taubwerden der rechten Finger. Sie sei in den Kriegs- und Nachkriegsjahren an einer tuberkulösen Rippenfellentzündung erkrankt. Die Mandeln und der Blinddarm seien operiert, die Gebärmutter entfernt worden, da das Anfangsstadium eines Krebses festgestellt worden sei. In U-Bahnen leide sie an Engegefühlen, sie sagt wörtlich „unter der Erde".

Diese Frau ist außerordentlich liebenswürdig, es macht Spaß, mit ihr zu reden, sie ist tiefsinnig und hinterdenkend. Ihre Neigung zu Fürsorge scheint dabei unübersehbar. Ahnen Sie es? Die „Oberbauchbeschwerden" sind Beschwerden des Oberbauches, dieser beschwert sich. Wir hören nun auch, dass sie in ihrem sozialen Beruf bis in die Nacht hinein für andere da ist. Hat sie bei dem Höhenflug, in den sie ihre kräftige Lunge trägt, vergessen, dass sie auch Erde ist, auch Bauch? Beschwert sich nur die Erde, der Oberbauch, oder ist da noch etwas? Sie hat ja nicht umsonst Angst „unter der Erde", also unter dem Oberbauch. Und wieder hören wir Erstaunliches: Mit ihrem Mann könne sie das, was sie so beschäftigt, jene ganze Fülle ihres Höhenfluges, nicht teilen. Er schweige einfach, egal, was sie sage. Wenig verbindet sie mit ihm. Dennoch gebe sie sich ihm seit Jahren hin; es ist tatsächlich ein Hingeben, denn sie nimmt nichts mit bei dieser Liebe. Gibt aber auch nur Körper. Sie trennt wie THUJA. Sie will nur keinen Streit, keine Unruhe. Hauptsache scheint das Abheben in jene lichte, aber vom Boden abgeschnittene farblose Welt. Wo bleibt der passive Widerstand der Lunge gegen diese herzlose Forderung?

> Stellt das Ganze einen Teil seelischen Aggressoren zur Verfügung, so zerbricht die Ganzheit

Wenn sie den Unterleib so misshandeln lässt und die Lunge sich so über ihn erhebt, ist da nicht der Ausgleich des Herzens vergessen? Muss sie dann nicht dort einen Nebenkaiser Krebs bilden, der die zentrale Institution des ausgleichenden Herzens unterjocht? Dieser Krebs zeigt den Organen des Oberhauses im Brustkorb, dass sie nicht ungestraft einen Teil des Körpers vernachlässigen dürfen. Stellt das Ganze nachlässig einen Teil seelischen Aggressoren zur Verfügung, so zerbricht die Ganzheit. Dann wird der verkaufte Teil, hilflos der Zerstörung ausgeliefert, weitere Zerstörung nicht mehr fürchten. Damit verliert das Leid die Kraft, zur Einsicht zu bringen. Dann degeneriert der von der Ganzheit übersehene Anteil zum Kamikaze-Kaiser, der die Atomwaffen des Tumors in den ganzen restlichen Körper schickt, zu denen da oben, um diese zu zerstören, auch wenn er dabei selbst zerstört wird. Verstehen Sie nun jenen Nebenkaiser Gebärmutterkrebs, der operiert worden war? Die Frau muss jetzt dringlich leben, was ihr Krebs gelebt hat, damit er nicht wiederkommt. Er ist bösartig. Also muss sie bösartiger sein? Tatsächlich, ja und nein. Sie muss weniger gutartig sein. Sich opfern heißt seinen Körper opfern. Das ist nach außen sehr gutartig, der Körper findet das aber gewiss bösartig. Sie muss die allzu lang vernachlässigte, nein sagende Galle laufen lassen. Oder sie entgleist seelisch. Die stets so freundliche und aufopferungsbereite Dame wird dann aus ihrer dünnen Haut, der Lunge, fahren und mit dem Schwert des Michael versuchen, die Erde und damit ihren Standpunkt im Kampf zurückzugewinnen, die sie im Dauerflug verloren hat.

Sich opfern heißt seinen Körper opfern

Hatte sich nicht auch schon in früheren Jahren das Rippenfell, das die Lunge umhüllt, als „Oberhaus“ durch eine tuberkulöse Rippenfellentzündung gegen die „niedere Welt“ gewehrt? Ein Krieg scheint hier ausgebrochen. Die obere Etage verschließt sich gegenüber der unteren, diese rebelliert und schottet sich wiederum gegen die obere Etage ab, Lunge gegen Bauch, Bauch gegen Lunge. Einer hört nicht auf den anderen, eine Seite nicht die andere, man scheint sich taub zu stellen. Wen mag es da wundern, dass die eine Hand an „Einschlafen bis Taubwerden“ leidet? Wie könnte man das schöner malen, als es der Körper hier darstellt und die Kranke unbewusst hintergründig formuliert und doch zuvor nicht versteht?

Wenn diese beiden Welten nicht vereinigt werden können, wenn die Flügel abheben ohne den Körper, dann wird nicht das liebende Herz siegen, das alles zum großen Einen vereinigen will, sondern die klar und nüchtern trennende Galle. Sie wird dem Krebs ein Nein bieten. Sie wird den Trennungsprozess vollziehen wollen, auch wenn diese Trennung für alle, auch für sie, den Tod bedeutet. Wie ein präzises Uhrwerk arbeiten dabei offensichtlich Körper und Seele gemeinsam – wer wollte sie hier trennen?

Heben wir also nicht ins Bodenlose ab, sondern genießen wir gemeinsam mit dem bodenständigen Bauch die fruchtbare Lunge. Lieben wir sie mit ihrer melancholischen Schönheit, aber versinken wir nicht in dieser Melancholie, denn auch der Herbst hat einen Morgen, den Winter. Wer ein Gestern und ein Morgen hat, der hat auch ein Heute. Dieses allein gilt es zu meistern. So wie im Herbst die Sonne nicht täglich am blauen Himmel steht, so ist es wichtig für den Lungenkranken, dass er das Heute als Realität wahrnimmt und nicht verdrängt hinter einer Fassade des stets fürsorgenden Lächelns. Tage des Regens sind notwendig und wollen wahrgenommen werden wie der ernährende Bauch. Kaschieren bedeutet Verkleben der Flügel! Er unterdrückt hier seine besondere Gabe. Denn kaum jemand hat so feine Sinne der Wahrnehmung entwickelt für das, was um ihn vorgeht. Nicht grundlos sprechen wir von einer feinen Nase, die auch schon feinste Stäubchen erfassen kann. Riechen geht nur bei der Einatmung, Mediziner nennen dies Inspiration. Im Alltag ist Inspiration ein ganz anderer Begriff. Hier sprechen wir von Inspiration, wenn wir eine gute Idee haben, uns etwas einfällt, das uns so fasziniert, als käme es aus einer höheren Welt. Wir sprechen von inspirierten, das heißt wörtlich hineingeatmeten Künstlern und Denkern, als hätten diese ihre Kunst, ihre Idee eingeatmet und mit dem Einatmen erfasst und aufgenommen. Offensichtlich können sie Gedanken und Ideen wie einatmend aufnehmen. Der gesunde Lungenmensch ist also für Mitmenschen wie für Einfälle besonders offen.

Wer hingegen nichts mehr aufnehmen will, der hat die Nase voll. Verhindert die volle Nase weitere Inspirationen? Nehmen wir Inspirationen dann nur noch durch den Mund auf, der doch eigentlich die Öffnung für die substanzielle Ernährung der Erde, den Bauch ist und nicht für die schwebende Luft des „Oberleibes" Lunge? Jedenfalls finden wir ausgerechnet im Bereich des Riechhirns, das mit den so genannten Riechfäden in die Nase reicht, den Sitz der entwickelten Persönlichkeit und der Reife. Ist das nicht wieder ein Zufall? Sollte die Inspiration der Nase tatsächlich nichts mit der anderen Inspiration gemein haben? Auf Kunstwerke sprechen oft so viele Menschen an, als habe der Künstler von jedem dieser Menschen etwas inspirativ aufgenommen. Es scheint eine besondere Eigenschaft solcher Menschen zu sein, dass sie das, was in anderen vorgeht, besonders gut aufnehmen und auffassen können. Die gute Kindergärtnerin oder Lehrerin spürt, wenn ein Kind Angst hat; sie nimmt seine Angst auf, ebenso wie die Sorgen seiner Mutter.

In diesen Berufen sorgen Menschen für andere in direkter und gefühlsmäßiger Hinwendung. Sie nehmen die Sorgen und den Kummer anderer so sensibel auf, dass sie deren Leid spüren, als sei es ihr eigenes. Fremdes Leid wird dadurch zu Mitleid, zu Leid, an dem der Sorgende mit leidet. Dazu Gandhi: „Die Kraft der Liebe und des Mitleids ist unendlich stärker als die Macht der Waffen“ [28]. Mit dieser Kraft scheinen diese dünnhäutigen Menschen die Sorgen anderer intuitiv zu erspüren, sie inspirativ aufzunehmen und zu ihren eigenen zu machen. Angleichung könnte man das nennen. Assimilation, der lateinische Ausdruck dafür, ist eine der wesentlichen Funktionen der körperlichen Lunge, wenn sie das Element des Lebens, den Sauerstoff, durch ihre extrem dünnhäutigen Lungenbläschen dem Blut angleicht wie die dünnhäutigen Menschen die Gefühle anderer. Daher können sie auch die Freude der anderen erspüren und deren Glück so zu ihrem eigenen machen. Umgekehrt können sie andere mitreißen und das Feuer des Herzens mit einem Funken Leben inspirieren, wenn sie „high“ sind; denken wir nur an die ekstatischen Reden von Martin Luther King.

Mitleid ist das Leid, an dem der Sorgende mit leidet

Dies birgt auch eine Gefahr. Bei diesem Höhenflug könnten die Grenzen zu den Sorgen der Mitmenschen verwischen. Dann ertrinkt der Mensch in fremdem Leid. „Wo aber soll ich“, wird der Lungenkranke typischerweise fragen, „eine Grenze ziehen, soll ich nach der Zeit oder nach dem Alphabet die Leute versorgen? Krankheit und Sorgen haben keinen Sonntag, und so kann ich ihn auch nicht haben!“ Die Antwort ist die Antwort auf die meisten Fragen der Kranken, deren Lunge zu stark zu werden droht. Wenn sie sich nicht in den Aufgaben, die sie für andere erfüllen, so verlieren wollen, dass sie schließlich kärglich erschöpft versagen, dann ist es wichtig, dass sie den zahlreichen Sorgen, um die sie sich kümmern, den eigenen Standpunkt hinzufügen. Einen festen Standpunkt hat man beim Fliegen nicht, aber doch einen Heimatflughafen auf der Erde. Dieser Standpunkt auf der Erde ist für die hochfliegende Lunge der Standpunkt des Bauches. Dauerhaft abheben kann nicht einmal ein Vogel. Die gesunde Lunge schwingt rhythmisch. Einmal ein wenig länger, dafür danach tiefer, einmal ein wenig kürzer, so schwankt der Atemrhythmus. Dann und wann brauchen wir eine Pause, in der wir etwas länger nicht atmen, eine Pause, in der wir den Boden unserer eigenen Erde verspüren.

Ruhepausen der Lunge kann man auch rituell zelebrieren. Die Tuaregs in der Sahara tragen einen Schleier, der sie vor dem Einatmen (!) böser Geister schützen soll. Auch bei uns wird versucht, den eigenen Atem als Rauch durch die Zigarette in die Umgebung abzugeben und sich schutzartig wie ein Tintenfisch einzunebeln. Danach wird der Nebel erneut inhaliert. Stellt man dar, nun atme man nur noch sein eigenes Flair ein? Fühlt man sich dadurch vor fremden, ungewollten Inspirationen geschützter? Legt man sich ein „dickeres Fell“ zu? Bei diesem Selbstbetrug sollten wir lieber die Tür verschließen. Wir sollten mitteilen, dass wir die Nase voll haben. Dass es uns stinkt. Das wir nicht mehr kommunizieren und mitfühlen können. Das wir uns eine Pause gönnen müssen. Der rauchende Schlot übermittelt auch: Vorsicht, ich bin ein rauchender Vulkan. Gleich könnte ich ausbrechen.

Im Laufe des Lebens braucht die feinfühlige, herbstliche Lunge durch Vermittlung des strahlenden Sonnengestirnes des sommerlichen Herzens notwendig auch die klärende Leber und deren abwehrende Galle, den stürmischen Frühling. Deswegen müssen Leber und Galle vor der Lunge so fleißig klären. Deshalb werden die, die den rhythmisch schwingenden Zeitfluss nicht mögen und ertragen, von der Galle nicht ins Blut gelassen. Sie würden dem fließend schwingenden Lungenherbst die Flügel lähmen. So ist all jenen zu wünschen, bei denen die Lunge allzu stark werden könnte, dass der kräftige Erzengel Michael aus dem Faust nicht vernachlässigt werde, den Goethe sagen lässt:

„Und Stürme brausen um die Wette,
vom Meer aufs Land, vom Land aufs Meer,
und bilden wütend eine Kette
der tiefsten Wirkung ringsumher.
Da flammt ein blitzendes Verheeren
dem Pfade vor des Donnerschlags;
doch deine Boten, Herr, verehren
das sanfte Wandeln deines Tags.“ [26]

Das sanfte Wandeln, dies sollte die Lunge nie vergessen, ist eine Folge der Möglichkeit blitzenden Verheerens zuvor. Die beschwingte Heiterkeit der Lunge im Paradies des Blutkreislaufs ist eine Folge dessen, dass der Richter Galle seine Wachhundfunktion notfalls mit Blitz und Donner ausübt.

Stichworte zum Thema Lunge

- Leid hinnehmen, aber zu ändern suchen, passiver Widerstand.
- Bedächtig, dämpfend, Sanduhr, Reife.
- Fein, sanft, zärtlich, frei atmen.
- Dünnhäutig, feinfühlig, „wittern“ mit feiner Nase, „Inspiration“.
- Immer wieder variierende Periodizität.
- Beschwingt, beflügelt; Elfe, die abhebt; „Gefühl, als ob die Energie nach oben steigt“, Gelber Kaiser [42]; ätherisch wie Luft.
- Fülle des Lebens, erfüllt sein, Lebensqualität.
- Ver-walter der Taten; nicht Ge-walt, doch gebändigte Kraft.
- Mit-leid; sorgen für jemanden, der Sorgen hat.
- Das Letzte von sich geben; perfekt, vollendet, zum Ziel gebracht, bis hin zur Torschlusspanik.

Gefahren:

- Fassade des fürsorgenden Lächelns, Erschöpfung bei Selbstüberforderung, „herausschinden“.
- Melancholie.
- Grenzen verwischen, eigenen Standpunkt verlieren braucht Galle-Neinsager; wünscht dickeres Fell, siehe Rauchen.
- Verzettelung im Detail bei zu starker Lunge.
- Vernachlässigung des Unter-leibs, der Basis, der Substanz.

Defekt/Perfekt

- Fehler verbergen bis zum unausweichlichen, unerträglichen Zeitpunkt, dann widerstandslose Aktivität zur Durchsetzung eines fix gesetzten Zieles.
- Zu starke Leber bei zu schwacher Lunge: Früchte kann man nicht erwarten, nur erhoffen.

Dem Lungenkranken und seinen geistigen Verwandten rate ich:

Es ist gut, feinfühlig zu sein, weil man mehr aufnehmen kann, weil man Dinge „wittern“ kann, die andere (noch) gar nicht wahrnehmen, wie eine Inspiration. Sensible Geräte sind ja auch wertvolle Geräte.

Lieben Sie sich selbst, aber nicht nur Ihre Sensibilität.

Lieben Sie Ihre Beschwingtheit, aber heben Sie nicht ab. Der Himmel liebt Sie, die Erde heilt Sie.

Akzeptieren Sie auch jene, die Ihnen nicht gleichen, ohne inneren Hochmut und geistiges Abheben. Sonst landen Sie mit einem üblen Sturz. Sie glichen dann einem Apfel des Herbstes, der die Blüte des nächsten Frühlings nicht zulassen wollte.

Erwehren Sie sich derer, die Sie selbst mit Ihrem Verhalten zu Parasiten erziehen, indem Sie sich selbst als Mensch aus Fleisch und Blut betrachten.

Sie brauchen Ihren eigenen Standpunkt, wenn Sie anderen helfen wollen. Standpunkt kommt von Stehen. Sonst gleichen Sie dem, der den anderen aus dem Moor ziehen will und dabei selbst versinkt.

Geben ist eine Freude, aber im Übermaß wird es zur leeren Verpflichtung mit der Fassade des aufgesetzten Lächelns.

Seien Sie sich selbst ein Freund, kein heimlicher Diktator.

Wer unbedingt fertig werden will, ist dann fertig.

Nur Leid, das ändert, ist sinnvoll. Sich zu quälen, ohne dass es Früchte trägt, hinterlässt nur ein Opfer. Und das sind Sie.

Verbinden Sie Himmel und Erde.

Das Sonnengeflecht

Sauerstofftrunken nach dem beschwingten Durchströmen der Lunge strömt das Blut aus der linken Herzkammer kräftig hinaus „in alle Winde“. Es hat nunmehr die Kraft der Liebe des Herzens und die Beschwingtheit der Lunge erfahren und scheint diese Information in zahlreiche Organe des Körpers zu tragen, vom Scheitel bis zur Sohle. Wir könnten daher für den nächsten Schritt mehrere Organe wählen. Drei Organe haben wir erwähnt, aber nicht besprochen: beim Magen die Milz, beim Dünndarm die Bauchspeicheldrüse und den Dickdarm als Hort der durch die Galle ausgewiesenen Teilchen.

Milz, Bauchspeicheldrüse und Dickdarm werden alle drei von einem Nervengeflecht versorgt. Das Sonnengeflecht liegt oben im Bauch direkt unter dem Zwerchfell. Das Zwerchfell trennt als Muskel Bauchraum und Brustraum. Wem die Galle ihr Nein gesagt hat, der gelangt überhaupt nicht mehr in die Region über dem Zwerchfell. Für ihn spielt sich alles darunter ab. Aus der Perspektive dieser Teilchen dürfte das Zwerchfell wie eine unüberwindliche Große Mauer wirken, hinter der sich Herz und Lunge verbergen. Könnten wir in unseren Bauch schauen, fänden wir beim Blick nach oben eine sich wölbende Kuppel des Zwerchfells. In deren hinterer Mitte schlingt und verflicht sich ein knotiges Netz von Nerven. Es sendet strahlenförmige Nervenarme von hier zur Seite und nach unten in den Bauchraum aus. Das Bild von Sonnenstrahlen bietet sich hier an, die aus dem hohen Gewölbe herunter scheinen. Sie strahlen von der Stelle aus, über der die Sonne Herz arbeitet. Blinzelt das Herz an dieser Stelle durch das Gewölbe herunter zu den unteren Organen? Bilder stimmen im Körper oft mit Hintergründen überein. Hier scheint die über dem Zwerchfell liegende Oberwelt wie als Gegengabe für die Vorbereitungsarbeit ihre Lebensfreude nach unten zu strahlen. Dies ist natürlich zunächst nur ein Bild, das wir an den Organen Milz, Bauchspeicheldrüse und Dickdarm genau betrachten.

Die Milz

Sollten Milz und Lebensfreude wirklich zusammengehören, wie beim Sonnengeflecht vermutet? Dies wäre erstaunlich, da die Milz doch bei einer Verletzung bedenkenlos herausoperiert wird. Der Körper scheint sie im Wesentlichen nicht zu vermissen. Ist sie überflüssig?

Immerhin bietet sie etwa eine Handbreit an Länge. In der Form einer Apfelsinenscheibe schmiegt sie sich hinten links an das Gewölbe des Zwerchfells an, etwa in Nierenhöhe. Ihre Größe schwankt auffallend variabel. Einmal füllt sie sich prall mit Blut. Ein anderes Mal ist sie leer und schwammig, verformt zwischen ihren zahlreichen Nachbarorganen. Ist sie blutgefüllt, speichert sie es. Dann ist es bei Bedarf schnell zur Hand. Das ähnelt dem Warteraum Magen. Auch das Herz füllt sich mit Blut und gibt es wieder ab, doch in rhythmisch geregelter, raschester Wiederholung. Die Milz dagegen zieht ihre kleinsten Blutgefäße nicht so regelmäßig und voraussehbar zusammen, mit denen sie den Blutstrom reguliert.

Außer dem Sammeln des Blutes erfüllt die Milz noch eine weitere Aufgabe. Sie fischt aus dem Blut die überalterten Blutkörperchen heraus. Sie baut sie ab. Hier kontrolliert das Gesamtwesen Körper die Einzelwesen, aus denen es besteht. Es nimmt sich dabei das Recht, Einzelne auszufiltern. Hier kollidieren natürliche Interessen, die der einzelnen Individuen und die der Gemeinschaft. Gesetze einer Gemeinschaft entsprechen regelmäßig einer Gratwanderung. Zu ausgeprägt entstünde daraus eine Zensur, zu lasch eine Anarchie. Die Gemeinschaft dieser Zellen ist ebenfalls ein Einzelwesen, der Mensch als Ganzer. Er fügt sich auf anderer Ebene wiederum in eine Gemeinschaft, in die der Menschen. Verschiedene hierarchische Ebenen und damit verschiedene Aspekte oder Perspektiven werden deutlich. Gewisse Anklänge an das Geschehen in Leber und Galle sind nicht zufällig. Dort aber werden Teilchen und „Vorstellungen“ geprüft, hier lebendige Zellen.

Eine ganz neue Funktion treffen wir noch in der Milz. Die Milz produziert Lebewesen, weiße Blutkörperchen. Sie baut also ab und auf. Sie sorgt für den Erhalt der Population, der Bevölkerung der Blutkörperchen.

Die Bahn des Blutstroms in der Milz zeigt ihre Funktion. Die Blutkörperchen rasen in zahlreiche achterbahnartige Tunnel mit variierender Weite. Einmal zischen sie durch ein enges Nadelöhr, dann ziehen sie wieder in einem breiten Strom dahin. Unvorhersehbar verteilen und drehen sie sich in alle Himmelsrichtungen. Dieses breite Labyrinth erinnert an ein vielfältig verzweigtes und ganz unterschiedlich breites System von Flüssen und Strömen, ähnlich dem berühmten Ganges-Delta. Wasserläufe dieser Art haben die Fantasie der Menschen wohl schon immer angeregt. Sollten Sie dabei an Ihre Jugendspiele an einem Bach denken – haben nicht auch Sie Papierschiffchen in einen Bach gesetzt und sich gewundert, dass diese jedes Mal an einer anderen Stelle an Land getrieben wurden? Wir fanden diese Spiele typischerweise außerordentlich lustig, eigentlich gerade deshalb, weil sie so unberechenbar waren. Eben weil das eine Schiffchen schon vor der ersten Klippe unterging, ein zweites aber das rettende Land nach drei Stromschnellen ansteuerte oder wir ein drittes sogar mit dem Bachlauf aus den Augen verloren, faszinierte uns dieses Spiel. Wie wesentlich das Unvorhersehbare und das Lustige miteinander verknüpft sind, zeigt jeder Witz. Offenbarte sich das Ende eines Witzes schon zu seinem Beginn, hätte er „seinen Witz", seine Lustigkeit verloren.

Die Praxis bestätigt, dass es nicht zu weit gegriffen ist, das kunterbunt durcheinander wirbelnde Wasserspiel des Blutes in der Milz mit dem lustigen Tollen der Kinder in einem Garten zu vergleichen. Bereiche, die uns Spaß machen, in denen wir wie die Kinder am Bach endlich einmal tun und lassen können, was wir wollen, gehören eng zur Milz. Die Milz vereinigt scheinbare Unruhe, in der es im wahrsten Sinne des Wortes drunter und drüber geht, mit dem Sammeln des Blutes. Auf den ersten Blick mag die Gemeinschaft von Ruhe und Chaos irritieren, ist doch die Sammlung sonst eher der Inbegriff der Ruhe. Aber wenn wir selbst uns einmal sammeln, ruhig „vor uns hin" arbeiten, wenn wir beispielsweise das Auto oder Fahrrad putzen, eine Tür streichen, den Tisch decken, ein Puzzle zusammenfügen oder spazieren gehen, finden wir dann nicht auch beides in uns, Ruhe und Chaos? Wir sind dabei wie die Blutkörperchen in der Milz nicht gerade überfordert. Wir führen diese Arbeiten eher ein wenig unbewusst aus, gelöst und ruhig, letztlich ohne die scharfe Kontrolle des bewussten Verstandes. Verfolgen wir aber unsere Gedanken in dieser Situation, stellen wir etwas Erstaunliches fest: Die Gedanken springen hurtig wie das Schiffchen im Bach von einer Idee zur anderen, logisch und klar, vorhersehbare Folgen von Gedanken können wir kaum feststellen. Zuerst kommt uns die Mutter in den Kopf, dann die Autoreparatur, jetzt das Wetter von morgen, der Urlaub von vor drei Jahren, schließlich diese oder jene Partei ... Wenn Sie sich dabei beobachten können, werden Sie vielleicht erstaunt sein, wie unvorhersehbar Ihre Gedanken in den Zeiten springen, in denen Sie nicht voll gefordert werden.

Auch die Blutkörperchen in der Milz werden nicht strikt gefordert. Sie warten auf ihren Einsatz, bis die Milz sie mit dem von ihr gespeicherten Blut abgibt. Bildlich gesehen scheinen sie in dieser Zeit Urlaub zu machen oder ihrem Hobby nachzugehen. So wenig wie der Feierabend ist die Milz damit überflüssig. Pflichtbetonte Menschen könnten meinen, sie müssten den Feierabend entbehren und herausoperieren wie die Milz. Doch die innere Reservebank, welche die Milz bei den Blutkörperchen vorführt, scheint der Wichtigkeit eines Reserverades nicht nachzustehen. Wir behandeln sie wie das berühmte „fünfte Rad am Wagen". Doch eine scheinbar nicht erklärliche Unzufriedenheit, ein Gefühl der „fehlenden Mitte", eine zunehmende Sehnsucht nach dem inneren Gestalten der eigenen, freien Zeit klären den Irrtum rasch auf.

Ob man ein Schiffchen schwimmen lässt oder dem Hund einen Stock wirft, ist nicht von Bedeutung für den Effekt. Schnell ist das Wohlgefühl wieder da. Solches Tun lässt die Ruhe wie die Nabe eines sich drehenden Rades zurückgewinnen. Der Mensch wird wieder sein eigener Nabel der Welt, wie der körperliche Nabel mit seiner Nähe zum Sonnengeflecht einen ruhenden Pol bildet. Sie spüren und erreichen diesen Pol nicht so leicht, wenn Sie sich eine starre und nur scheinbare Ruhe vermittelnde Meditationshaltung aufzwingen. Starre vermittelt eher so etwas wie Angst. Eher werden Sie beim unbeschwerten und lockeren Laufenlassen der Gedankenflut, sei sie auch zunächst sehr unruhig und wirr, ein Freiheitsgefühl wahrnehmen, das dann – scheinbar paradox – die Ruhe erfahren lässt. Wer dies erprobt, spürt auch einige Zeit danach noch eine Ausstrahlung der freundlichen Ausgeglichenheit wie nach einem gelungenen Wochenende. Sie könnten dies auch mit Besonnenheit umschreiben als Hinweis auf die unbewusste Verbindung zum Symbol Sonne, zum Symbol des Sonnengeflechts.

> Starre vermittelt so etwas wie Angst

Diese Art, sich selbst zu besinnen und sich selbst Zeit zu schenken, ist wohl eine wesentliche Form der Selbstliebe. Eine Gesellschaft, die das Objektive so hoch stellt wie die unsere, neigt natürlicherweise dazu, dem Subjektiven seinen wahren Rang zu entziehen. Sie taxiert es nur noch objektiv wie den Preis eines Gemäldes von Van Gogh. Die auf diese Weise gefundenen „Wahrheiten" sind sicher nicht falsch, aber einseitig und daher nur die halbe Wahrheit. Sie provozieren als Reaktion oder Kompensation leicht die Suche nach Gurus, beispielsweise im asiatischen Raum. Sie führt schlichtweg dahin, worauf auch unsere Kultur ursprünglich aufgebaut ist, nämlich auf subjektive Erfüllung. Wohl kein Beethoven und kein Goethe haben für etwas anderes jene hervorragenden objektiven Leistungen erbracht als zu ihrer eigenen subjektiven Erfüllung. Objektives Geld hätten sie vermutlich anders leichter erwerben können. Jenes Subjektive, welches das Herz des Einzelnen bewegt, hätte gefehlt. Das Objektive ruht auf dem Subjektiven, scheint die Radnabe Milz zu

> Wer der Gemeinschaft etwas bieten will, darf dafür seine Lebensfreude nicht bis zum Letzten ausbeuten

betonen. Wer der Gemeinschaft objektiv etwas bieten will, darf dafür seine Lebensfreude nicht bis zum Letzten ausbeuten. Eine psychisch ausgeleerte Milz wird keine Reserven mehr gespeichert haben. Sie wird sich fälschlicherweise wundern, dass sie nichts zu geben hat, wo sie sich dafür doch so verausgabt hat.

Ein Mensch, der sich so verausgabt hat, bräuchte ein Wochenende der Schmetterlinge, Schneeflocken oder Blütenpollen, womit einige Symbole der Milz aufgezählt wären. In dem Film „Der letzte Kaiser" lässt Bertolucci den Pu Yi als letzten chinesischen Kaiser ausrufen: „Aber sie war doch nicht meine Amme, sie war doch mein Schmetterling". Eine Amme symbolisiert die kindliche Geborgenheit und den mütterlichen Schutz während der Spiele des Kleinkindes, seinem scheinbar ziellosen Flattern als Schmetterling wie das Schiffchen im Bach. Dieses Schutzes der Amme oder Mutter bedarf das Kleinkind, um ein Bild von der Wirklichkeit und deren Möglichkeiten und Grenzen gewinnen zu können, wie eines bergenden Hortes oder Magens, in dem es sich sein Paradies erschafft. Die Mutter als Ruhepol im Leben dieses Kindes sorgt für die Geborgenheit wie in einem umzäunten Garten, in dem es tun und lassen kann, was es will. Es darf dort drüber und drunter gehen wie bei den Blutkörperchen in der Milz. Die Mutter, die das Kind innerhalb bestimmter Grenzen toben lässt wie die Milz, die das Blut innerhalb ihrer Hohlräume quirlen lässt, ermöglicht erst durch diese Grenzsetzung und diesen Grenzschutz dessen Freiraum. Sie ist für das Kind wie ein schützender Magen. Die Milz malt so auch das Bild eines Kindergartens oder eines fröhlichen Festes, bei dem man endlich ausgelassen sein kann. Der Einzelne findet Erfüllung, bis die Milz die ganze Fülle verschiedenartiger Blutzellen dem Gesamtorganismus zurückgibt. Mit dem Ende ihres Feierabends in der Milz übernehmen die Blutkörperchen wieder eine für das Ganze wichtige und unerlässliche Funktion. So scheint die Milz für das Blut die Rolle eines Erholungsparks zu spielen. Hier können sich die Blutzellen subjektiv verwirklichen, bis sie wieder ihren objektiven Aufgaben zugeführt werden. Damit verbindet die Milz die lustige und chaotisch-subjektive Welt des Kindes mit den objektiven hehren Aufgaben, die im späteren Leben warten.

Hier trifft die Welt des Gesamtorganismus als Ganzes auf die des einzelnen Blutkörperchens. Ein Blutkörperchen ist selbst natürlich auch eine Ganzheit und ein Individuum. Die übergeordnete Welt scheint das Herz zu verkörpern, durch das die Blutkörperchen nur rasch hindurchhuschen. Es mag ihnen daher so unnahbar und unbegreiflich erscheinen wie einem sehr kleinen Kind die scheinbare Allmacht der Eltern. So lebt das weiße Blutkörperchen zwischen der objektiven Forderung des Gesamtorganismus, dass es ihn als Teil seines Abwehrapparates gegen Eindringlinge schützen möge, und der subjektiven Freude an seinem eigenen kleinen verwirklichten Leben.

Die Träume des Gesamtorganismus, vom Frühling der Leber ersonnen und geplant, sind in der Audienz des Herzens und den Bahnen des Blutkreislaufs Wirklichkeit geworden. Dort verwirklicht er sich als Ganzes gegenüber den Blutkörperchen – doch nur mit ihrer Hilfe – und gibt ihnen seinen starken Impuls des Lebens. In der Milz verwirklicht sich nun das Blutkörperchen selbst mithilfe dieses Impulses des Herzens. Daher sind Herz wie Milz Organe der Verwirklichung und des Sommers. Im alten China folgte deshalb die Milz dem Sommer des Herzens als ein Spätsommer. Der Spätsommer mit seiner überwältigenden Fülle der Natur und dem Variantenreichtum, den über und über belaubten Bäumen, den Reben voll praller Trauben kurz vor der Lese passt gut zu einer Milz, die sich füllen und leeren kann mit „Früchten", die sie unserem Körper zur Verfügung stellt. Beim Menschen wird die Fruchtbarkeit wesentlich von den Hormonen beeinflusst. Auch hier ist die Idee der Milz aktiv. Man denke nur an die erstaunliche Tatsache, dass bei unfruchtbaren Paaren sich oft erst dann der Nachwuchs einstellt, wenn ihnen ein Arzt gesagt hat, dass die Frau voraussichtlich nicht schwanger werden kann. In diesem Moment lässt die vorausplanende Leber ihre strikt erwartende Planung los, da sie vergebens scheint. Die Milz kommt zum Zuge, und der Nachwuchs stellt sich doch noch ein. Hormone als Boten des Ganzen an das einzelne Individuum, von einer Ebene zur anderen, erreichen ihren Zielhafen, indem sie scheinbar zufällig im Blut herumschwimmen. Auch Blütenpollen treiben scheinbar so ziellos wie Hormone und ihr luftiges Spiel. Sie symbolisieren ungezwungene Freiheit und Wohlbefinden im vollen Einklang mit den inneren Gefühlen.

Menschen mit überhöhtem Kontrollbedürfnis misstrauen dem unberechenbaren Zufall. Sie sind wie Gegenspieler zu den locker ungezielt dahinschwingenden Pollen. Es entsteht eine Pollenallergie. Der APIS-Kranke bei der Galle litt an dieser Krankheit. Die Pollen, diese freiheitlich lustigen Kobolde, tanzen durch die Lüfte im blinden Vertrauen darauf, dass sie irgendwann auf einem Fleckchen Erde landen werden, an dem sie zu einer Pflanze herauswachsen können. Sie müssen wohl Menschen verunsichern, die mit überstarker Leber glauben, alles müsse strikt programmiert werden. Sie können eine Pollenallergie entwickeln. Zeigen nicht gerade die Pollen, dass es jene gibt, die nicht säen und doch ernten? Objektive und subjektive Erfüllung, Gesetzeshüter und Lebenskünstler, Zensoren und Freiheitskämpfer, Zufall und Strategie erscheinen einander unberechenbar wie Schicksal und einzelner

Mensch. Beide haben keine langfristige Überlebenschance, wenn sie nicht das ganz Andersartige und Unfassliche des Gegenüber zu integrieren suchen. Leben und leben lassen, auch wenn etwas unheimlich und ungeborgen erscheint; man spürt die Nähe zur Toleranz des Magens.

Die Natur ist voll solcher Zufallsmechanismen, die hervorragend funktionieren. Man denke nur an das zufällig gestaltete Wetter. Wir haben dennoch – oder gerade deshalb – genügend Sonne gehabt, um uns des Lebens zu erfreuen, und auch an Regen keinen Mangel verspürt. Beobachten Sie einmal in Ruhe, wie sich täglich und stündlich Ihr Leben auf Zufälle aufbaut, und dies gewiss nicht nur zu Ihrem Nachteil. Milzschwäche heißt auch mangelndes Urvertrauen auf den Zufall als das Zu-fallen einer Lösung aus einer zunächst unberechenbar erscheinenden Zukunft. Sie ruft die Leber auf den Plan, die alles einer gezielten Kontrolle unterwerfen möchte. Beide Ideen scheinen sich bei Gesundheit die Waage zu halten. Sind sie doch auch körperlich um den Nabel als Mittelpunkt des Bauches verteilt, die Leber mehr vorn rechts, die Milz mehr hinten links. In den letzten Jahrzehnten scheinen wir alle ein wenig das einseitige Vertrauen in die Kontrolle der Leber zu verlieren, dies ist nicht erst eine Folge von Tschernobyl. Vielleicht sind wir dabei, die vergessene, für überflüssig gehaltene Idee der Milz neu aufzutun, jene Freiheit, der die Kreativität und das Schwangergehen mit einem Gedanken entspringt und die wie jede Schwangerschaft Unwägbarkeiten der Natur in Kauf nimmt, ohne das wir in Kürze nicht nur aussterben, sondern auch ein elendiges Alter ohne die Hilfe der Jugend erleben würden.

Milzschwäche heißt auch mangelndes Urvertrauen

Wie stellen wir nun aber konkret fest, ob bei einem Menschen eine Störung dessen vorliegt, was die Milz bedeutet? Es kann sein, dass objektiv alles stimmt, der untersuchende Arzt die Blutwerte rühmt und den Blutdruck und das EKG als Bilderbuchvorlagen bezeichnet. Der Kranke aber fühlt sich einfach nicht wohl und äußert Gefühle, als säße er nicht in seiner Mitte, als sei er aushäusig, als ginge ihm der Lebenssinn auf eine ihm letztlich unbegreifliche Weise verloren. Dann wird ihn manches anöden, was ihm früher viel Spaß gemacht hat. Er wird vielleicht nicht einmal mehr begreifen, warum und wozu er mit seinem Partner zusammenlebt. Er gerät in eine Partnerkrise, ohne dass er weiß, wie es dazu gekommen ist. So manches, was er sich an Fähigkeiten im Laufe des Lebens zugelegt hat, an Erfahrungen und Wissen um die Schönheiten des Lebens, geht ihm jetzt scheinbar verloren.

Dann spricht der Gelbe Kaiser von „Kraftlosigkeit in allen Extremitäten" [44]. An die Stelle von Lebensfreude und Kraft treten Erschöpfung und psychische

Auslaugung. Besonders gefährdet dies wohl denjenigen, der sich eine bestimmte Aufgabe in der Gesellschaft gestellt hat, die er über sich als subjektives Individuum stellt. Das Leben zwischen der objektiven Aufgabe im Gesamtwesen, sei es in der Firma, im Dorf oder im Volk, und dem ureigenen Wohlbefinden mit all seinen persönlichen Sehnsüchten bis hin zum Chaos einer Wasserschlacht in der Badewanne, scheint einer Gratwanderung zu gleichen. Es ähnelt dem Versuch, einen sich drehenden Kinderkreisel weder umfallen noch sich ganz senkrecht drehen zu lassen. Ein solcher Kreisel hat die typische Tendenz, entweder umzufallen oder sich aufzurichten, und alle Gratwanderungen dazwischen sind unstabil und nur durch immer neues bewusstes Eingreifen zu verwirklichen. Dies erscheint mühevoll und schwierig. Und doch ist es unerlässlich.

Solche funktionalen Zustände sind natürlich der Klassischen Homöopathie besonders gut zugänglich. Aber es gibt auch eine enorme Vielfalt an Arzneien, die infrage kommen. APIS, ACIDUM PHOSPHORICUM, KALIUM CARBONICUM, PHOSPHORUS, die ich andernorts schon erwähnt habe, sind nur eine Hand voll aus Hunderten, die dafür geeignet sind.

Aber von einem interessanten Fall will ich Ihnen erzählen. Ein Geschäftsmann im besten Alter leidet seit Wochen an unerklärlichen Gesäß- und Beinschmerzen. Er läuft mit Stock. Ein Jahr zuvor ist ihm eine künstliche Hüfte eingesetzt worden. Nachts leidet er mehr. Er bezeichnet den Schmerz als „ekelhaft, fast wie Zahnschmerzen, ziehend, stechend", er „kommt anfallartig, ist innerlich aufwühlend, wird ausgelöst durch Wärme". Im Meerwasser in Mallorca habe er sich gebessert; kaum sei er zu Hause, gehe es wieder los. In Italien habe er sogar im Urlaub surfen können, doch nach zwei Tagen zu Hause sei alles wieder beim Alten gewesen.

Er berichtet noch über einen witzigen, ihm komisch erscheinenden Zusammenhang. Immer wenn er samstags in aller Ruhe sein Fahrrad putze und die Felgen blank wienere, wirke das wie eine Heilung auf Zeit. An diesem Wochenende sei er dann nämlich schmerzfrei, könne erstaunlicherweise machen, was er wolle. Dieser Mann lässt beim Fahrradputzen seinen Gedanken freien Lauf, die Milz wird verwirklicht, er wird zum Tagträumer. Die Nacht hingegen wird von Unruhe nach Art der Galle überschattet. Alle Beschwerden deuten auf eine überstarke Galle hin, der Ausgleich findet statt, wenn der Gegenspieler und Heiler, die Milz, auch genügend Zuwendung erhält. Somit überraschen die sonst unerklärlichen Besserungen in der subjektiven Erfüllung beim Putzen des Rades nicht mehr, wonach er unerwartet sogar Sport treiben kann.

Beherrscht die Idee der Milz ihre Gratwanderung nicht, folgt eine breite Palette von Beschwerden. Unbeschreibliche Kraftlosigkeit, hormonelle Störung, Wasseransammlungen und Thrombosen folgen. Das psychische Bild gibt hier den entscheidenden Hinweis vor allem anderen. Selbst der Alkoholiker hat seinen Mittelpunkt und seine heitere Ruhe verloren, die er durch eine milzartige Feuchtfröhlichkeit zu ersetzen versucht.

Bei der intensiven Verflechtung der Organe und ihrer Ideen untereinander ist es verständlich, dass ein Mensch selten nur an einem Organ erkrankt. Wer seine subjektive kleine Welt aufopfert, belastet nicht nur seine Milz, sondern auch seine Lunge. Der große Mittler des Herzens, der die beiden nicht mehr ausgleichen kann, ist mit erkrankt. Dies gilt auch dann, wenn sich dieser Umstand in der biochemischen Untersuchung des Körpers und im EKG nicht äußert. Die geschilderten typischen Beschwerden sollten unsere Gedanken dann auf die Idee der Milz lenken und uns nachfragen und hinterdenken lassen.

Verständlicherweise erkrankt der Mensch selten an nur einem Organ

Mit der Milz haben wir eine Idee gefunden, die in ihren Leistungen und Störungen nicht so strikt an das körperliche Organ gebunden ist, wie dies sonst zu sehen war. Es scheint durchaus ein trefflich klares Symbol zu malen, doch ohne dass entsprechende Belastungen sich auch an diesem körperlichen Organ äußern. Das liegt daran, dass es hier um Ganzheiten geht. Sie werden körperlich keineswegs nur von der Milz repräsentiert. Dadurch ist es für den Außenstehenden körperlich so schwer fassbar wie die Antriebs- und Lustlosigkeit ohne weiteren krankhaften Befund, ohne die Daten aus dem Labor, mit denen wir einen kranken Menschen zu objektivieren suchen. Dennoch stellt dieses Syndrom mit Sicherheit eine der häufigsten Situationen dar, bei denen die Diagnose unfassbar ist und übergangen wird. Ihre Auswirkungen auf das subjektive Wohlbefinden wie ihre objektiven ökonomischen Folgen sind jedoch zu verheerend, um diese Idee, die oft jahrelanger Vorbote chronischer Leiden ist, zu übersehen.

Die Funktion der Milz entspricht einer integrierenden Gratwanderung zwischen dem unteilbaren Ich, dem Individuum als Ganzem, und seinen lebenden Teilen und Bausteinen. Sie verbindet die Lust des Einzelwesens mit der Forderung der Gemeinschaft, des Ganzen. Auch das Individuum ist wieder nur Teilchen eines größeren Individuums, zum Beispiel der Erde, die man erneut als einen Teil noch größerer Einheiten betrachten kann. In der Mitte dieses Grates liegt der Ort der Sehnsucht von Goethes Faust, für den er sogar mit Mephisto paktiert.

Die Medizin hat versucht, das „unberechenbare System Mensch“ mit nur auf vorausberechenbare Mechanismen anwendbaren Regeln zu behandeln. Sie verkennt mit diesen Methoden das Unvorhersehbare des Menschen, das die Milz symbolisiert. Dabei geht etwas ganz Grundsätzliches verloren, für das wir in unserer Sprache nicht einmal mehr ein Wort finden, sodass wir nur sagen können, diese Medizin ist unmenschlich. Dies zeigt, dass wir diese Idee aus unserem Denken hinausgedrängt haben, wo es sich selbst doch schon im hintersten Winkel unseres Oberbauches verborgen hat.

■ Die Milz symbolisiert das Unvorhersehbare des Menschen

Stichworte zum Thema Milz

- Sammler des Blutes. Schützender Hintergrund, Mutter. In diesem Bereich geschützt umhertollendes Kind.
- Keine Konstanz, alles fließt, verformbare Milz.
- Schmetterling, Blütenpollen, Wasserläufe, Jugendspiele.
- Lustig, weil unvorhersehbar. Blindes Vertrauen ins Chaos. Ungezwungene Freiheit des Einzelnen, voller Einklang mit den inneren Gefühlen. Kreativität, schwanger gehen mit Gedanken. Ruhepol, Nabel, Zulassen von Verdrängtem. Besonnenheit, sich selbst besonnen.
- Fünftes Rad als eigene Zeit des Einzelwesens. Subjektive Erfüllung.
- Gemeinschaft von Ruhe und Chaos wie bei Unterforderung des Bewusstseins. Springende Gedanken.
- Das Ende des Lebens eines einzelnen Blutkörperchens ist nicht auch das Ende des Organismus als Ganzem. Objektives ruht auf dem Subjektiven. Das Einzelne und das Ganze.
- Zu starker objektiver Filter führt zu Zensur, zu lascher zu Anarchie. Gratwanderung zwischen der objektiven Aufgabe und dem subjektiven Wohlbefinden. Lösung: Stetig erneuernde Konvention und Integration zwischen allem, allem Subjektiven und allem Objektiven.
- Beispiel Hormone, Boten des Ganzen an das Individuum.
- Milzschwäche oft zusammen mit Leber- und Gallen-Übermacht.
- Kraftlosigkeit, seelisches Ausgelaugtsein und mangelnde Lebensfreude oft ohne fassbare Krankheit. Unfähigkeit, das Schöne des Lebens zu empfinden; Musik. Beruf, Partner oder Hobby waren Spaß und Freude, jetzt anödend.
- Störung der „Wasserläufe“ im Körper.

Dem Milzkranken und seinen geistigen Verwandten rate ich:

Schaffen Sie sich Ihr ganz eigenes, kleines Paradies. Dann wird Ihr Leben niemals leer.

Wenn Sie objektiv bleiben wollen, müssen Sie auch fair bleiben – auch zu sich selbst.

„Alles Sollen ist despotisch; aber des Menschen Wille ist sein Himmelreich"[14].

Lassen Sie dem Zufall eine Chance. Sonst verödet Ihre Psyche wie eine Medienlandschaft unter einem überstarken Zensor.

Wer sich die subjektiven Nischen stiehlt, stiehlt sich auch die objektive Kraft.

Die Bauchspeicheldrüse

Etwas oberhalb des Nabels in der linken Mitte des Oberbauches liegt länglich und schmal die Bauchspeicheldrüse. Weich, aber doch wesentlich fester als die Milz zeigt sie kleine hügelige Unebenheiten an ihrer Oberfläche. Ein feiner Gang führt von ihr zum Zwölffingerdarm und bildet den Kanal, durch den sie ihm ihren Verdauungssaft gibt. Das ist immerhin etwa ein Liter Bauchspeichel jeden Tag. Ganz besonders arbeitsam scheint die Bauchspeicheldrüse auf fettes Essen zu reagieren. Fett ist ein außerordentlich träger Stoff, das merken Sie beim Eingießen von sehr fetter Milch in den Kaffee. Sie fließt träge und ölig im Gegensatz zum quirlig wässrigen Kaffee.

Gar nicht träge ist das zweite Element, mit dem sich die Bauchspeicheldrüse befasst, denn sie erfüllt noch eine Aufgabe im Blut. Dort bewirkt ihr Hormon Insulin, dass die Körperzellen Zucker aus dem Blut aufnehmen. Sehr viel Insulin bedeutet also, dass das Blut wenig Zucker enthalten wird, da es alles an das Gewebe, an Muskeln, Nerven und andere abgibt. Produziert die Bauchspeicheldrüse andererseits wenig Insulin, so führt das zu mehr Zucker im Blut.

Erstaunlicherweise brauchen wir einen recht genauen Pegel des Zuckers im Blut. Sinkt er unter eine bestimmte Grenze, so fühlt der Mensch sich schwach, dann elend, die Konzentration geht zurück, er zittert und schwitzt. Schließlich fällt er ins Koma, eine Art Ohnmacht. Er verliert die Macht über seinen Körper. Daraus könnte man folgern: Je mehr Zucker im Blut gelöst ist, umso besser. Das ist ein Irrtum. Bei einem Übermaß an Zucker im Blut wie bei der Zuckerkrankheit entstehen andere Störungen. Die Haut trocknet aus, die Nerven reagieren gestört mit pelzigen Empfindungen. Der Kranke kann ins Koma fallen, erblinden oder gar ein Bein verlieren. Gegen die Folgekrankheiten, vor allem so unangenehme Nervenleiden wie die Polyneuropathie, sind wir als chemische Ärzte weitgehend hilflos. Die Klassische Homöopathie jedoch weiß gute Arzneien dagegen. KALIUM CARBONICUM kennen Sie schon. Heute sticht es hier, morgen dort, auch in der Ruhe. Hier will etwas herauskommen wie mit einer Nadel bei APIS, das dieser Arznei nahe steht. Doch will der KALIUM-CARBONICUM-Kranke genau das Gegenteil. Ordnung, Halt und Kontrolle sind seine Wünsche, Krankheiten seine Ängste. Das ungelebte Chaos, die Milz, springt jetzt in ihm herum und quält ihn stechend wie ein böser Geist. Zwischen zwei und drei Uhr nachts, wenn der Schlaf am tiefsten ist, erwacht er. Die Ruhe ist hin, scheint hier das Motto zu sein. Es ist eine trügerische Ruhe. KALIUM-CARBONICUM-Kranke fürchten ihre eigenen Impulse. Das geht nicht lange gut. Daher geben wir dieses Mittel. Wirkt es nicht, so schauen wir weiter. Denn dann müssen wir nicht die Kontrolle behandeln, sondern das, was der Kranke kontrolliert hat. Weil das tiefer liegt und oft jahrelang unterdrückt wurde, sind das meist langwierige Verläufe.

Der Zucker ist auch sonst interessant. In den Sechzigerjahren, als sich unsere Wohlstandsgesellschaft noch Leistungsgesellschaft nannte, konnte man an allen Ecken Traubenzucker kaufen. Man meinte, damit leistungsfähiger zu sein. Steht Zucker als Symbol für Leistung? Vielleicht bringt uns ein anderer Umstand weiter. Wohl überall in der Welt stoßen wir auf die Tatsache, dass Kinder nach einer in den Augen der Erwachsenen besonders großartigen Leistung etwas Süßes oder Zuckriges als Zeichen der belohnenden Anerkennung geschenkt bekommen. Welches Kind nähme an gleicher Stelle einen Blumenkohl oder ein Stück Brot hin, wenn es nicht in einer Hungerregion lebte? Zucker scheint etwas Besonderes zu bedeuten. Das drücken wir auch aus, wenn wir als Gastgeschenk etwas Süßes überbringen oder als Gastgeber dem Besucher süßes Naschwerk anbieten. Offensichtlich soll hier das Besondere betont werden wie mit einer Geburtstags- oder Hochzeitstorte. Dieses Besondere, Belohnende oder Anerkennende taucht auch in der Redensart der Gegensätze „Zuckerbrot und Peitsche" auf. Der zuckrige Kuchen krönt vielerorts den Sonntag, jenen besonders sonnigen, weil freien Tag ohne Arbeitsdruck. Sonnenstunden des Lebens scheinen wir uns zu versüßen. Der siebente Tag, an dem wir ruhen, auf die Woche zurückschauen und uns ein Schulterklopfen gönnen, scheint offensichtlich im Zucker sein Symbol zu finden.

Zucker – ein Symbol für Leistung?

So regelt die Bauchspeicheldrüse mit dem Zucker offensichtlich das Symbol der Anerkennung, ohne welche wir seelisch erlahmen wie bei Zuckermangel und uns ohnmächtig fühlen. Sie hängt eng mit der Macht zusammen; man denke nur an Schulterstücke und Orden, die von den militärisch Mächtigen so geliebt werden.

Zu viel Anerkennung und Lob verträgt der Mensch aber so wenig wie zu viel Zucker. Er wird überheblich und vernachlässigt seine Umgebung, kann das Gefühl für sie verlieren, in Selbstgefälligkeit erlahmen und „blind" werden für honigsüße Reden.

Zucker ist der Grundbaustein der körperlichen Leistungsfähigkeit, Anerkennung jener der seelischen. Ist der Zuckerhaushalt ausgeglichen, fühlen wir uns wohl und leistungsfähig.

Wenn wir ausreichend, aber nicht übermäßig gewürdigt werden, fühlen wir uns motiviert. Wir spüren das Lob, sind aber noch nicht damit übersättigt. Das spornt uns an, weiter möglichst gute Leistungen zu vollbringen, die wir auch wieder gewürdigt sehen wollen. Das Süße lockt. Das Gefühl, dass unsere Leistung für gut befunden wird, geht uns „wie Honig herunter". Wir fühlen uns als gut erkannt, anerkannt. Anerkennen beinhaltet wesentlich das Erkennen. Wenn wir eine Leistung nicht erkennen können, können wir sie auch nicht anerkennen. Mag das Erkennen der Leistungen anderer mit etwas Mühe durchaus gelingen, so fällt das Erkennen der eigenen Leistung oft schwerer, als man auf den ersten Blick vermuten mag. Wenn Sie sich nicht selbst auch einmal loben, werden Sie sich zum Ausgleich allzu sehr um Anerkennung von anderer Seite bemühen. Sie werden psychisch Anerkennung und körperlich Zucker sammeln und den Zucker ständig in greifbarer Reserve in seinem Blut bewahren wollen.

Das Erkennen der eigenen Leistung fällt schwer

Nun kommen wir der Bauchspeicheldrüse näher. Jene tiefe innere Ruhe, die aus der „Zufriedenheit mit den Taten" erwächst, wie der Gelbe Kaiser das nennt [31], scheint dem Zuckerkranken zu ermangeln. KALIUM CARBONICUM passt deshalb auch so gut hierher. Im Gespräch mit dem Kranken zeigt sich noch eine häufige Variante. Er scheint um die Güte seines Tuns und seiner Leistungen zu wissen, doch zu fürchten, dass ihm diese wieder verloren gehen könnte. Die Furcht vor dem Morgen weist auf eine mitbeteiligte kranke Leber hin. Als typische Gegenreaktion wird der Kranke versuchen, im Übermaß Streicheleinheiten und Zucker zu sammeln, sie gezählt aufzubewahren und nicht zu vergessen. Studenten wollen dann möglichst viele Scheine pro Semester nach Hause bringen. Statussymbole, wörtlich Symbole des (eigenen) Zustands, sollen wie der Zucker den derzeitigen Leistungs- oder Produkt-Stand demonstrieren.

Leistungsnachweise zu sammeln kennzeichnet die Bauchspeicheldrüse

Hier stoßen wir auf eine Schwäche. Statussymbole können mit mühsamer Leistung erworben, aber auch ererbt, gewonnen oder durch Betrug erhalten sein. Umgekehrt werden immer wieder große Leistungen in der Geschichte – wie die des Psychologen Siegmund Freud – lange Zeit von einer Mehrheit nicht anerkannt. Wieder andere Leistungen werden zunächst über den grünen Klee gelobt und verschwinden dann rasch in der Versenkung, wenn man ihren wahren Gehalt zu erkennen vermeint. So begibt sich der, der mehr auf die Anerkennung durch andere als auf die eigene baut, in eine gefährliche Abhängigkeit. Er riskiert, dass er Leistungen produziert, die er für sich selbst nicht erbringen würde, da er selbst sie nicht so hoch bewertet. Damit aber versklavt er sich. Versklavung ist Zwang, ist eine Störung der Leber. Man jagt einer Illusion nach. Wer über alle Maßen auf äußere Anerkennung aus ist, der handelt folglich wie eine „zuckerkranke" Psyche. Er sieht den Wert seiner

Selbstanerkennung so wenig wie der Körper des Zuckerkranken seinen ausreichenden Blutzucker. So verspürt er dennoch einen Heißhunger gerade auf Süßes, auf Anerkennung. LYCOPODIUM, das ich Ihnen bereits bei der Leber vorgestellt habe, ist die bekannteste Arznei für den quälenden Süßhunger.

Der Kranke, von dem ich jetzt sprechen will, ist auch der Einzige, der bei Lob weint, so nahe geht es ihm. Jetzt werden Sie nicht mehr glauben, dass das Zusammentreffen beider Beschwerden zufällig ist. Vor allem, weil diese Kombination viel länger bekannt ist, als es Psychosomatik gibt. Erinnern Sie sich? Bei LYCOPODIUM hatte sich der Kranke eine diktatorische Pose angewöhnt, er schrie und baute sich auf. Aufbau ist das Ziel des Zuckers. Dahinter stand ein abgebautes Ich, klein, weil all das viele, was er sich vorstellte, nicht zu machen war. Also versuchte er, es durch andere machen zu lassen, durch Macht. Da er sie sonst nicht bekam, wurde er diktatorisch. Wen wird es wundern, dass er sich mit Tränen in den Augen nach Anerkennung sehnte wie nach Süßem? Damit würden die anderen anerkennen, was eigentlich nicht zu erkennen war; dass er der Große war, der er gern sein wollte. Heilen wird ihn das Süße also nicht. So wird es nach immer mehr rufen lassen; dann ist es eine Sucht. So wie bei der Frau, die 13 Tafeln Schokolade am Tag essen musste. Nach zwei klassisch-homöopathischen Behandlungen konnte ich sie auf immerhin drei pro Tag herunterbringen.

Als eine natürliche Folge der Insulinregulation regt sich etwa eine halbe Stunde nach dem Genuss von Süßem erneut der Appetit. So, wie eine Anerkennung im psychischen Bereich den Appetit auf mehr anregt. In beiden Fällen kann dies fließend in eine Sucht übergehen, wenn man dem Irrtum verfällt, mit mehr Anerkennung auch mehr geleistet zu haben. Das führt dazu, dass man sich lieber die Taten schenken ließe, als sie zu tun. Dies könnte unter dem isolierten Aspekt der Anerkennung wirtschaftlicher und wirkungsvoller erscheinen. Man vergisst, dass das Tun an sich erfreut und die Anerkennung nur ein Wegweiser dorthin sein soll. Selbst bei Hochleistungen wie dem Erstbesteigen eines steilen Berges ist das Ziel zwar der Gipfel, doch das Schöne ist das Klettern mit all dem Hoffen und Bangen, ob man die Strapazen durchhalten wird. Bei der Aktivität gilt das Herz, dafür ist der Weg das Ziel.

Mit der Bauchspeicheldrüse verknüpfen wir die Anerkennung in der eher männlichen Art des Schulterklopfens. Man kann sie nach dem klassischen Schema als die anerkennende Liebe des Vaters der mütterlichen Liebe der Milz gegenüberstellen. Mütterlich wird das Kind ohne die Forderung nach Leistung geliebt, wo es tun und lassen kann, was es will. Dieses Laufen- und

Loslassen der Milz bestimmt ganz wesentlich die Kreativität. Doch fehlt ohne die gleichzeitige Motivation durch ein Ziel das lebensnotwendige Element der Konsequenz. Die gezielte Leistungsfähigkeit schwindet. Durch eine gute Leistung etwas erwerben zu können, auch etwas Geistiges wie eine Erfahrung, gehört zur Lebensfreude wie die Bauchspeicheldrüse zur Milz im Sonnengeflecht. Sie steht als Symbol für die Folgen von Leistungen, für etwas, worauf man bauen kann. Sie zeigt die Möglichkeit, dass man in bestimmten Bereichen doch auf die Richtigkeit von Vorhersagen hoffen kann, wie in der Regel einer bestimmten Leistung auch ein bestimmter Lohn folgt.

Geradlinig und konsequent auf das Ziel hin, Schritt für Schritt, eher träge wie das schon erwähnte Fett, zieht dieses Denken vor sich hin. Es rechnet mit der Zukunft wie das Kind mit der versprochenen Schokolade nach der überstandenen Angst. Verschwistert mit ihm ist die Milz, die Seite der unbedingten Freiheit, mit der Möglichkeit herumzutollen, und dem Wissen, dass bei aller Konsequenz das Leben auch ein Spiel und keine Diktatur ist. Pflicht und Lohn kennt die Milz nicht. Die beiden Ideen ergänzen sich wie Eltern. Auch die Schokolade, die das Kind erhofft, zeigt die Vereinigung beider. Schokolade besteht wesentlich aus Zucker als Symbol der Bauchspeicheldrüse und aus Milch als Symbol des Mütterlichen wie der Milz. Tatsächlich haben Forscher festgestellt [46], dass Schokolade körperliche Veränderungen ähnlich denen des Verliebtseins hervorruft. Deutlicher kann die Wirklichkeit der Symbole wohl kaum werden.

Zuckerkrankheit ist homöopathisch sehr schwer zu behandeln. Der Typ 2 hat meist eine allzu lange Vorgeschichte, bei der durch chemische Behandlung viel Raubbau betrieben worden ist. Der jugendliche Typ 1 ist nach meiner Erfahrung noch schwerer zu behandeln. Klassische Homöopathie will daher vorbehandeln. Die Erfahrung zeigt, dass Blutzucker oft auftaucht als Ersatz für andere, viel leichtere Krankheiten, die wie Hautausschläge achtlos weggesalbt worden sind. Meine Hoffnung zielt also dahin, dass es künftig weniger Blutzuckerkranke geben wird, wenn auch die Hausärzte eine gute Klassische Homöopathie anzuwenden gelernt haben.

Kranke mit einer übermächtigen Idee der Bauchspeicheldrüse leiden oft an einer Schwäche der Milz. Sie scheinen das Mütterliche und die Milz, die das Leben ohne lineares Ziel hinnimmt, leicht zu verkennen. Eine Mutter, die ihren Sohn selbst als Mörder verstehen will, wird ihn deshalb noch keineswegs anerkennen oder gar loben. Verstehen heißt nicht gutheißen. Die Hintergründe erkennen zu wollen heißt nicht, sie auch anzuerkennen. Verstehen geht vielmehr einher mit dem Willen, den Werdegang des Gegenübers bis zu seinem heutigen Zustand zu erkennen. Es bedeutet, akzeptieren zu können, dass ein anderer seinen eigenen Weg gegangen ist. Dies ist oft keine leichte Sache. Doch diesen Weg auch zu beklatschen, dazwischen liegen Welten wie zwischen Bauchspeicheldrüse und Milz. Das Sein der Milz möchte wie ein Schmetterling einfach nur leben. Das Haben der Bauchspeicheldrüse will für die Zukunft etwas daraus erwirtschaften, Taten und Erfolge sehen und nicht nur vor sich hin leben. Es zielt auf den bleibenden Aufbau wie den Zucker, den man als Zeichen der vergangenen Leistung aufheben kann, und möchte etwas ins Morgen mitnehmen.

> Verstehen bedeutet, akzeptieren zu können, dass ein anderer seinen eigenen Weg gegangen ist

Es fügt sich gut in dieses Bild, dass die Bauchspeicheldrüse, die dem Bauch den Speichel produziert, intensiv mit dem Darm zu tun hat, aus dem sie auch entstanden ist. Im Dickdarm nämlich finden wir nun jene Teilchen wieder, die nicht unerwartet ihr vorgestelltes Ziel ändern oder gar aufgeben wollten. Sie wollen etwas logisch aus dem Gestern gezielt ins Morgen aufbauen. Die Struktur jener Teilchen konnte nicht von der Leber aufgelöst werden. Sie wurden von der Galle dem Darm übergeben. So wenden wir uns dem Dickdarm zu und schauen, ob die Teilchen, denen die Galle das Oberhaus des Körpers vorenthalten hat, hier auf ihre Art glücklich werden können.

Stichworte zum Thema Bauchspeicheldrüse

- Zucker als Anerkennung, Lob, Macht, Lohn, Orden, väterliches Schulterklopfen.
- Sammeln von Anerkennung, Statussymbolen.
- Gezielte Leistung. Produktgezieltes Handeln.
- Folgerichtiges Vorgehen, Schritt für Schritt.
- Anerkennung verlangt Erkennen als Voraussetzung.
- Prinzip der Anerkennung notwendig für Spüren der Konsequenz, Rechnen mit der Zukunft. Bevorzugt Berechenbares, Träges, Überschaubares.
- Verstehen (Milz) heißt nicht gutheißen (Bauchspeicheldrüse).
- Aufbauen, etwas Bleibendes wie den Zucker als Zeichen der vergangenen Leistung ins Morgen mitnehmen.
- Ansporn für neue Taten.

Gefahren

- Zu viel Anerkennung, dann Verlust des Gefühls für seine Umgebung. Verkennung des Symbolcharakters des Statussymbols, Verwechslung von Symbol und Realität.
- Gefühl von zu wenig Anerkennung, Verlust innerer Ruhe und Verunsicherung, führt zu Angst- und Ohnmachtgefühl. Oft zu finden bei Zuckerkrankheit. Hier oft verknüpft mit übermäßigem, zwingendem Pflichtgefühl, siehe Leber und Galle.
- Ziel über Weg zu setzen und die Lebensfreude (Milz) der Produktivität zu opfern.

Ratschläge

Dem an der Bauchspeicheldrüse Kranken und seinen geistigen Verwandten rate ich:

Anerkennung ist der Ansporn vieler Taten. Doch am wichtigsten ist wohl diejenige, die man sich selbst gibt.

Haben Sie Zeit, sich „am siebenten Tage“ einmal hinzusetzen und selbst die Leistungen der vergangenen Woche zu respektieren?

Wer sich selbst nicht genügend Anerkennung zollt, wird die von anderen nicht empfinden können.

Das Süße lockt. Genießen Sie es auch?

Der Dickdarm

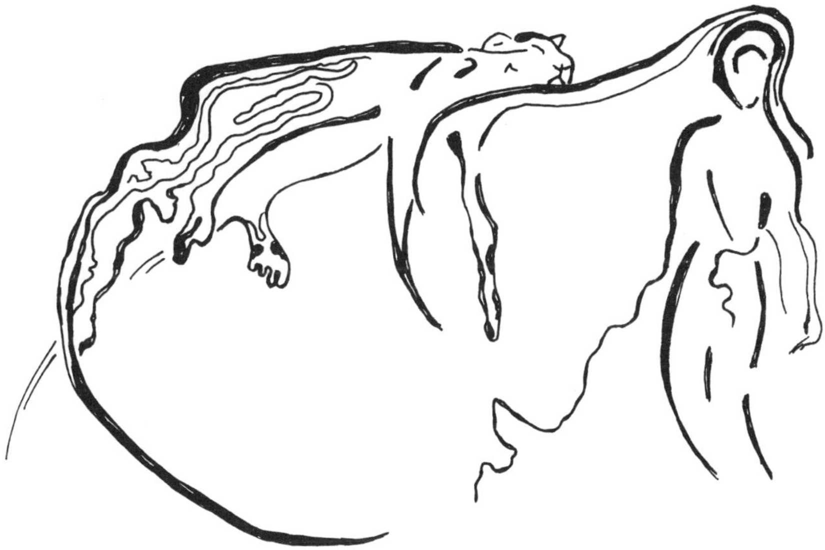

Der Dickdarm sieht ganz anders aus. Während der Dünndarm sich in seiner Länge von fünf Metern im Bauchraum schlängelt wie ein großes Knäuel, zieht der Dickdarm klar und ruhig einen einzigen, fast geschlossenen Kreis um den Bauch herum. Er beginnt mit dem Wurmfortsatz des Blinddarmes rechts unten, den wir bereits beim Magen kennen gelernt haben. Er zieht senkrecht nach oben bis unter die Rippen. Hier kehrt er spitz um, hängt dann wie eine Girlande quer oben im Bauch hinüber bis zur Milz ganz oben auf der linken Seite. An dieser Seite des Bauches taucht er wieder senkrecht hinunter, schwingt sich schließlich in einer S-Form in den unteren Teil des Beckens, wo er als Enddarm am After endet. Er zieht also außen entlang um den ganzen Bauch herum und berührt auffälligerweise dabei sämtliche großen Organe des Bauches, als wollten die Teilchen in ihm jedes einzelne Organ wahrnehmen.

Schaut man bei einer Operation in den Bauch hinein, sieht man den Dickdarm als mächtigen Schlauch, oft wie einen aufgeblasenen, kreisförmiger Luftballon. Tatsächlich bläht sich der Dickdarm regelmäßig durch Gase auf. Sonst läge er nur wie eine schlaffe Haut im Bauchraum. Schließlich entleert der Erwachsene jeden Tag nur etwa die Stuhlmenge von einem großen Wasserglas. Dies ist allerdings nur der Teil, der das Ende des Dickdarmes erreicht. Die doppelte Menge drückt ihm der Dünndarm täglich in seinen Anfang hinein. Doch was geschieht mit der am Ende fehlenden Hälfte?

Der Dickdarm erhält vom Dünndarm den nicht ins Blut aufgenommen Teilchenbrei. Darin liegt nicht nur der versehentlich geschluckte Kirschstein. Auch die von der Gallenblase abgewiesenen Teilchen sind mit von der Partie. Dies alles gibt der Dünndarm durch eine Klappe an den Dickdarm ab. Die Klappe bewirkt, dass das, was einmal in den Dickdarm gelangt ist, nie mehr zurückkommt. Es hat etwas Endgültiges an sich, wenn die Teilchen in den Dickdarm gelangen. Von dieser Klappe an umkreist der Teilchenbrei in der großen Dickdarmrunde den Bauch. Dabei entzieht der Dickdarm dem Brei immer mehr Flüssigkeit, indem er sie wieder ins Blut zurückholt. Am Ende ist der Stuhl geformt.

Dieses Produkt ist unserem Körper wichtig. Kinder zwischen ein und zwei Jahren zeigen stolz ihr erstes Ergebnis ohne Windel. Die ganze Familie muss um den Topf herumstehen und sie loben für das, was sie vollbracht haben. In Anbetracht dessen, wer hier alles am Werk war – vom Magen über den Dünndarm, eventuell die Leber, die Galle bis hin zum Blutkreislauf –, verstehen wir, warum der Stuhlgang mit Produkt und Leistung verknüpft ist. Natürlich kommt Freude auf, wenn man den „Mist“ endlich los wird. Der ist aber nur für diesen Organismus zum jetzigen Zeitpunkt unnütz. Ein anderer wird ihn brauchen, denken Sie nur an den Jauchewagen oder die Pflanzenwelt. Wenn Ihr Kind nur im Stehen in die Windel macht, so ist dies ein Hinweis auf die Arznei CAUSTICUM. Ein Arznei für so Eigensinnige wie Ihr Kind, ein Revoluzzer. Wenn der Himmel bedeckt ist, ist er derjenige, dem es besser geht.

Der Darm gibt ein Produkt ab, an dem lange gearbeitet worden ist. Insofern scheint er der Lunge zu ähneln. Aber er hat seine Eigenheiten. In der Milz tanzten und wirbelten die Nahrungsteilchen durcheinander, unberechenbar wie die Mücken vor einer nächtlichen Laterne. Dem Dickdarm entspricht eher die ruhige und beschauliche Art. Seine Teilchen schätzen wie er selbst das klar Berechenbare. Deshalb passten sie nicht in das pulsierende, zirkulierende Blut. Sie wollten nicht von einer unerwarteten Entwicklung überrascht werden. Der Dickdarm zieht eine klar erkennbare Bahn, ganz anders als der sich verwirrend schlängelnde Dünndarm. Auch seine Entleerung funktioniert bei den meisten Menschen pünktlich auf die Stunde. Er malt geradezu das Regelmaß und die Verlässlichkeit einer Uhr in seinem Verlauf. Im Uhrzeigersinn umkreist er in regelmäßigen Intervallen den Bauch wie eine Sonne. Wie ein Müllwagen dreht er in bestimmten Abständen seine Runde und führt das Überalterte hinweg. Es gehört nicht viel Fantasie dazu, in diesem gleichmäßigen, kreisförmigen Vorgehen das gleichmäßig kreisförmige Schreiten des Zeigers einer Uhr zu sehen. Kein Wunder, dass Krankheiten des Dickdarms seelisch mit der messbaren Zeit zusammenhängen. Der klar übersichtliche Zeitenlauf, der nicht so unberechenbar einschlägt oder variiert wie der von Galle und Milz, ist etwas nach seinem Geschmack. Hier kann man in Ruhe aufbauen. Hier lassen sich Augenblicke festhalten. Das Wasser wird entzogen, jenes quirlige und wie ein Bach unberechenbare Element, und der Stuhl wird fest und träge. Trägheit bewirkt, dass rasche Änderungen kaum noch zu erwarten sind. Daraus entsteht Berechenbarkeit. Sie bietet die Voraussetzung dafür, dass man etwas aufbauen kann. Zwischen dem ersten Spatenstich und der Vollendung eines Hauses vergeht eine lange Zeit. Nur wenn sie berechenbar erscheint, wird man es wagen, den Grundstein zu legen. Revolutionen oder andere Unwägbarkeiten sind hier nicht gefragt. Es bedarf der ruhigen Zeit und eines trägen Ganges der Geschichte. Dann können Menschen darauf bauen, dass die von ihnen geglaubte Wahrheit auch morgen noch gültig ist und bis morgen bewahrt bleibt. Dann lässt sich heute manches ordnen, ohne dass man befürchten muss, dass es morgen schon wie-

> Krankheiten des Dickdarms hängen seelisch mit der messbaren Zeit zusammen

der in Unordnung, also in eine andere Ordnung kommt. Der Dickdarm ist ein ruhiger Ordner. Er verwaltet wie die Lunge. Doch verwaltet er Dinge und Produkte, die Lunge hingegen Taten.

Er vermittelt damit eine besondere Form der Geborgenheit. Hier funktioniert alles so schön wie im Mathematikbuch. Jeder weiß, dass eine Aufgabe auch immer eine klare Lösung hat. Sonst wäre sie hier nicht gestellt. Man weiß, was kommt. So lässt sich manches wagen, das man in der unberechenbaren Welt des Blutes nicht riskiert hätte. Hier frohlocken die Teilchen mit Goethe: „Wie anders wirkt dies Zeichen auf mich ein! Du, Geist der Erde, bist mir näher; schon fühl ich meine Kräfte höher, schon glüh ich wie von neuem Wein, ich fühle Mut, mich in die Welt zu wagen, der Erde Weh, der Erde Glück zu tragen, mit Stürmen mich herumzuschlagen und in des Schiffbruchs Knirschen nicht zu zagen."[47]

Der Dickdarm drängt zur Perfektion

Der Dickdarm will etwas fertig stellen. Sein Tun hat das Produkt im Sinn. Am Ende soll hier etwas aufgebaut sein. Er will etwas haben, an dem man seine Leistung erkennen soll. Sein Ziel ist also ganz wesentlich das Haben. Das Haben ist für Menschen so natürlich wie der Dickdarm. Es geht ihm nicht um das Feriendasein der Milz, die nur unbeschwert und glücklich sein will. Das Dickdarmprodukt ist das Kleid aus der Modeboutique, der rote Sportwagen oder die exotische Sonnenuhr. Darin sonnt sich das Dickdarmprinzip, in aufgebautem Haben. Er liebt den Bauch, er ist sein Vollender. Er möchte gar nicht in die unruhigen Zonen von Herz und Lunge gelangen. Er misst die Zeit an der stetigen Veränderung der Dinge. Umso besser war sein Jahr, je mehr sich im Gleichmaß materiell verändert hat und je mehr produziert wurde.

Nimmt die Idee des Dickdarms überhand und überwuchert das fröhlich-chaotische Milzprinzip, gerät die scheinbar sichere Welt doch aus den Fugen. Dann gilt wesentlich nur noch das, was man hat. Gefühle werden zu Chrom, anstatt sich nur in ihm zu äußern. Der Urlaub wird für das Geschäft geopfert. Geschäft und Stuhlgang sind ein Synonym. Am Sonntag wird noch in der Nacht gearbeitet, um möglichst viel hervorzubringen. Zwanghaft entsteht das Denken, das Tun müsse „etwas bringen, auch wenn man dabei kaputt gehe". Der Dickdarm drängt zur Perfektion als Vollender derer, die das Perfekte aus einem klar berechenbaren Regelmaß schöpfen. Ist SILICEA, die Arznei aus dem Kapitel Dünndarm, hier angezeigt? Das Peinliche ist typisch. Dann rutscht der Stuhlgang heraus – und rutscht gleich wieder zurück. „War es noch nicht gut genug?", möchte ich ihn fragen. Auch THUJA, der den Körper nicht genug achtet, hat dieses Zeichen. Bei ihm aber denke ich: Ist ihm der Stuhl zu schmutzig oder körperlich, als dass er ihn herausließe? Denken Sie nicht zu einseitig. THUJA liebt auch die andere Seite. Dann stirbt ein Kardinal im Bordell. Aber verbergen wollen beide, THUJA wie SILICEA. Bei diesen Perfekten des Dickdarms wurzeln die nicht zu unterschätzenden Leistungen eines Ameisenstaates nach dem Motto „Viel Wenig gibt ein Viel". Sie sind dem Leben wichtig wie das Korn im Herbst, auf das der Bauer klar berechnend das ganze Jahr hingearbeitet hat.

Der Dickdarm braucht das Wissen, dass ein in die Erde gesteckter Same mit einiger Wahrscheinlichkeit eines Tages Früchte tragen wird. Der Schulanfang soll zu einem Berufsabschluss führen. Er möchte ein oft mühsam aufgebautes Haben nutzen. Es ist ihm notwendig für das Sein. Das langsame Heranziehen einer Tomatenpflanze bis zur Ernte beglückt ihn. Es motiviert ihn zu Hege und Pflege. Gedeiht sein Pflänzchen nicht richtig, entsteht Kummer. Die Lunge hatte sich um die Reife des Seins gekümmert. Sein Kummer gilt dem Haben.

> Der Dickdarm möchte ein oft mühsam aufgebautes Haben nutzen

Dies kann sich krankhaft übersteigern. Dann freut er sich nicht mehr, sondern „hat" Freude. Er sorgt sich nicht mehr, er „hat" Sorgen, als ob ihn Schuldzinsen drücken. Er ist dann nicht mehr Freund, er „hat" Freunde. Er könnte übersehen, dass er Freunde hat, wenn er Freund ist, aber dass er Freunde nicht variabel aus der Liste streichen oder „sich erhalten" kann. Er bezeichnet den Tod eines nahen Verwandten als einen „Verlust" und sammelt Kondolenzbriefe wie Gegenleistungen. Im Gespräch möchte er Wahrheiten wie ein Interesse an einem Grundstück durchboxen. Diese Aufzählung lässt sich beliebig fortführen. Haben und berechenbare Daten werden nicht vom Sein und Leben getrennt. Der Körper hat dafür zwei Ebenen geschaffen, Bauch und Brustkorb. Auch die Seele braucht ein trennendes Zwerchfell für ihre Gesundheit. Sie verliert sonst den Kontakt zur Realität. Dann lebt sie nur noch in den selbst produzierten Daten wie in einer überträgen Tradition. Eine Tradition baut wie der Dickdarm auf die Daten von gestern. In den Aspekten des fließenden Seins und des atmenden Lebens ist Wahrheit unwahr, die man „hat".

Übermäßigem Haben fehlt das Lustige und Schwingende der Milz. Es riecht nach Starre und nach Tod. Dem großen Arzt des Mittelalters, Paracelsus, wird der Satz zugeschrieben: „Im Darm sitzt der Tod!" Der Dickdarm kennt selbst kein Zurück. Der Dünndarm verwehrt ihm dies mit seiner Schlussklappe. Der Dickdarm verlangt definitive und klar abgrenzbare Fakten mit der Sicherheit des Endgültigen. Er verlangt damit auch den endgültigen Schluss ohne Umkehr, den Tod. Vielleicht ist das der Preis für dieses Paradies der Rechner.

Dieser Weg raubt allerdings die Möglichkeit der Heiterkeit und Beschwingtheit des Blutkreislaufs. Davon bietet die Girlande des Dickdarms mit ihren zwei spitzen Winkeln oben im Bauch nur einen schwachen Abglanz. Kurz vor seinem Ende allerdings schwingt sich der Dickdarm noch einmal in einer S-Form in das kleine Becken hinunter. Nach dem fast geraden Verlauf kommt hier wieder Dynamik ins Geschehen, als wolle die unveränderliche Gerade nicht zur tödlich bewahrten Wahrheit einer überlangen Tradition werden. Dies wirkt wie eine Ankündigung dessen, dass am Ende des Dickdarms die Teilchen in alle Welt verstreut werden. So bietet sich ihnen mit dem todähnlichen Ende doch ein Neuanfang.

Zuvor aber freuen sich im Dickdarm jene, die Strukturen von gestern erhalten wollen. Wer möchte nicht das Schöne von gestern ins Morgen hinüberretten. „Fördernd ist Beharrlichkeit“[33], betonten die alten Chinesen immer wieder. Zu große Beharrlichkeit im Sinne der Trägheit bringt die Darmträgheit mit sich. Hier missrät die Idee zu Starre und Unbeweglichkeit. „Jeder Körper verharrt in seinem Ruhezustand oder im Zustand der geradlinig gleichförmigen Bewegung so lange, bis er durch Kräfte, die dem entgegenwirken, veranlasst wird, diesen Zustand zu ändern“[34], definieren Physiker die Trägheit. Sie bedeutet nicht etwa Faulheit, sondern die Erhaltung des Status quo. Dann möchte der Körper seine Produkte bei sich behalten und nicht dem Chaos nach der Stuhlentleerung verantworten. Er übersieht, dass auch das Produkt des Dickdarms einmal „das Zeitliche segnet“, das Ende begrüßt, weil es überaltert ist und zerfällt. Dessen Abgabe wirkt so befreiend wie das in Zahlunggeben eines Altwagens. Die beschwingte S-Kurve kurz vor dem Dickdarmende symbolisiert das freudige Gefühl, Dinge loszulassen, um für neue frei zu werden. Das Eintreffen des Neuen animiert direkt zum Loslassen des Alten. Ein Reflex regt den Dickdarm zur Entleerung an, wenn sich der Magen füllt.

So leben im Dickdarm zwei Ideen: die Freude am Haben und die Freude am Loslassen. Dies äußert sich auch körperlich. Der Dickdarm wird nur bis zu seinem spitzen Winkel links oben vom Sonnengeflecht versorgt. Hier sonnt er sich im Verweilen des schönen Augenblicks [20]. Danach kommen andere Nerven zum Zuge. Sie regen das Loslassen an.

Erstaunlicherweise treten die meisten Krebskrankheiten des Dickdarms in diesem letzten Abschnitt des Loslassens auf, als stünde dahinter ein Programm. Die Kranken haben das Gefühl des Stuhldranges, ohne dass sie dabei wirklich etwas lösen könnten. Können sie Produkte nicht gut abgeben? Halten sie an mühsam aufgebauten, aber überalterten und nicht mehr zeitgemäßen Illusionen fest? Fördert der ungelebte Teil des Lösens aus dem Gefühl der Schwäche heraus einen Krebs als Nebenkaiser? Dann werden jene Illusionen zu Kummer, der gelöst werden will.

Der Dickdarm ist nicht wie die Leber ein Frühling, der das Morgen kaum erwarten kann. Er hängt sehr am Gestern. Er hat darauf gebaut. Er ist ein Herbst, der die Früchte des Frühlings und des Sommers trägt. So genießt der Dickdarm diese gemächliche und überschaubare Zeit, als habe er auch sie beschaulich gesichert. Er hält den nächsten Schritt gern zurück. Er mag den dicken Bauch. Tatsächlich gibt es Kranke, die sich bei Verstopfung wohler fühlen. Sie essen liebend gerne Eier. Das kugelige Nahrungsmittel hatte dem Magen schon als Geborgenheitssymbol gedient. Ruhe und Schutz, nichts soll sich rasch ändern, wir wollen etwas produzieren. Deshalb sollten die Eier gekocht sein, fest also. Bitte nicht fließen. Die häufigste Arznei für die Ängste der Kinder. Sie sind gerade erst „aus dem Ei gekrochen". Dann wollten sie vielleicht so wenig heraus wie der Stuhl. Sie schwitzen am Kopf, vor allem an der Stirn, als hätten sie Angst, die Stirn zu bieten.

> Meist steckt hinter der erfolglosen Entleerung eine einfache Verstopfung

Sie bauen weiche, runde Warzen auf die Haut, oft viele, denn sie wollen produktiv sein. Frische Luft ist nicht ihre Vorliebe. Lieber im Zimmer sitzen. Dann spielen Kinder gut allein. Sie wollen gar nicht gestört werden. Werden sie nicht gestört, bauen sie fantastische Gebäude. Wie die Auster in ihrer harten Schale, die dieses weiche Gebilde wie ein Ei schützt. Auch sie baut eine Perle. Und aus ihrer Muschelinnenwand gewinnt man CALCIUM CARBONICUM, die Arznei für die, die lieber auf der Stelle produzieren wollten.

> Kugeln sind die Symbole der Geborgenheit

Für diese wirkt der Dickdarm wie eine Erholungsphase. Sie wollen ihre alte Struktur noch nicht abgeben, obwohl eine neue bereits locken und sie ins Heute zurückbringen könnte. Der Dickdarm ermöglicht ihnen in dieser Ruhepause ein gemächliches Lösen. Leicht kann er Aussitzen mit Lösen verwechseln. Der Arzt weiß eine auch symbolische Lösung. Er ermuntert ihn zur Aufnahme von mehr Ballaststoffen. Sie scheinen die Last zu symbolisieren, an der er trägt. Tatsächlich regt diese vermehrte Last den Darm an, endlich das Überalterte abzugeben.

Der Dickdarm macht das Ende gültig, die Unterschrift unter das mühsam hervorgebrachte Werk. Wer am Ende des Dickdarms immer noch meint, es sei im Detail nicht perfekt genug und er könne es so nicht abgeben, wird an der Verstopfung des Perfektionisten leiden. Dieser bringt zu wenig hervor, weil er alles als zu ungenügend verwirft. Er will den Punkt auf dem i noch perfekter gestalten. Einen solchen nennt man im süddeutschen Raum einen „i-Tüpfele-Scheißer". Klingt dies auch ein wenig lieblos, trifft es doch den Kern des Problems. Ich denke wieder an SILICEA und viele andere Arzneien.

Zwei weitere archaische Symbole benützen wir als Abführmittel, das Wasser und das Salz. Das Salz kennen wir von der Salzsäure des Magens. Es weist auf das Verhaftetsein im Gestern hin. Dort liegt ein Leid wie in Sodom, wie mit Salz konserviert. Der Dickdarm spürt, dass sein mühevoller Aufbau und seine hoch entwickelten Strukturen durch den Zeitenfluss der Zerstörung anheim gegeben sind. Er erlebt dies alltäglich. Der Büroangestellte stellt sich der Anwendung des Computers entgegen. Er hat so mühsam gelernt, die riesigen Aktenberge zu verwalten. Nun will er nicht wieder von vorn anfangen. Die Lehrerin will den Fortgang der Biologie nicht wahrnehmen. Sie bietet ihren Schülern eine überalterte Theorie an, mit der sie sie nicht mehr fesseln kann. Der Autofahrer würgt den Motor seines neuen Wagens täglich mehrmals ab. Er kann sich an die neue Kupplung einfach nicht gewöhnen. Gewöhnung und unerwünschte Umstellung bringen die Trägheit wieder ins Spiel.

Ohne Wasser wirkt das Salz auffallenderweise nicht abführend. Es ruft dann nur Krämpfe hervor. Es scheint die krampfhaft festgehaltenen Probleme von gestern zu aktivieren. Das hinzugenommene Wasser aber löst das Salz wie ein altes Problem. Der Dickdarmkranke sollte viel Wasser trinken. Nun kann das Salz wie das Wasser fließen, der Stuhlgang löst sich. Er vollendet damit endgültig das Neinsagen der Galle. Der Dickdarm klärt auch den Grund des Neins im Körper: Die Zeit fließt an verschiedenen Orten verschieden schnell. Wollen die verschiedenen Welten sich treffen, muss man den richtigen Moment abpassen.

So wartet der Dickdarm auf den richtigen Moment der Entleerung. Das liegt nicht nur in seiner Hand. Will jemand sein Auto verkaufen, muss er einen Käufer dafür finden. Dafür muss er gegebenenfalls geduldig eine Umrundung der Uhr abwarten. Diese ihm dann zu träge verlaufende Zeit belastet in der Regel den Dickdarm. Das erinnert an den, der offensichtlich schon die Hintergründe seiner Beschwerden verstanden hat, sie aber irgendwie unbewusst noch nicht ganz loslassen kann. Auch nach der Einnahme einer homöopathischen Arznei müssen wir warten, bis sie zu wirken beginnt. Hier bedarf es der sanften Geduld des Dickdarms. Er weiß, dass die Zeit in seinem Revier klar bemessen ist. Er weiß, dass er produzieren wird. Die Sache wird laufen, da er selbst nicht mehr der hemmende Faktor ist.

Auch die Angst zu versagen kann die Darmentleerung stören. Es scheint, als fürchte der Kranke, er werde nicht gelobt wie das Kind auf dem Topf. Produktivität bedarf des verständig ruhigen Lobes. Der Dickdarm liebt keine Unruhe. Er braucht die innere Ruhe. Das Gefühl, dass die Zeit zu schade ist für das, was es produziert, lässt das Kind verhalten. Es muss erst verarbeiten, dann kann es loslassen. Kein Mensch kann loslassen, ohne Neues dafür zu bekommen. Deshalb erscheint uns der Tod so grausam. Daher kann eine Speise oder eine Erwartung abführen. Sie bietet das Neue.

> Kein Mensch kann loslassen, ohne Neues dafür zu bekommen

Erwartung regt den Darm an. Erwartungsdruck kann ihn übererregen. Dann bekommt er „Schiss". In der Eile wird die Flüssigkeit nicht ausreichend entzogen. Der Stuhl wird halbfertig abgegeben. Anstatt das Haben zu genießen, schleudert der Dickdarm es hinaus. Der Kranke, der auf diese Weise „über das Ziel schießt", berichtet, dass er extrem süchtig auf Süßes sei. Das Süße, das zum Ziel lockt, ist sein Element. Doch tut es ihm nicht gut. Er kann es nicht genießen, hastet schon nach dem nächsten, will unbedingt aufbauen und verliert es doch wie seinen halbfertigen Stuhl. Jetzt erklärt sich auch seine sonderlichste Beschwerde. Er hat Schwindel beim Hochschauen an Häusern. Und er meint, die Häuser beugten sich vor, als engten sie seinen Weg ein. Er fühlt sich dadurch erdrückt. Er achtet und fürchtet das hoch Aufgebaute, er will es erreichen, auf Teufel komm raus. Das macht Schiss. Auch da die Eile. Er braucht ARGENTUM NITRICUM. Die Sanftheit und die schrittweise vorrückende Zeit, die großen Symbole des Dickdarms, lassen sich nicht zwingen. Sie wollen ein Produkt bis zum Ende lieb haben, solange es nur geht. Es geht nicht ewig. Mancher möchte sich gar nicht erst verlieben, da er fürchtet, dass es wie ein Durchfall „in die Hose gehen" könnte. Er erkennt nicht, dass es notwendig ist, auch einmal an Dingen verweilend festzuhalten, bis man ihr Wesen ganz verstanden hat. Die ersehnte perfekte Sicherheit, etwas möge gut gehen, ist erst das Produkt eines langen Marsches der Imperfektion. Dieser Marsch lässt sich nicht abkürzen. Er bietet aber die Chance, aus einem „Mist, den man gebaut hat", die Konsequenz zu ziehen, diesen abzugeben und nicht wieder zu holen.

Der Dickdarm bringt es auch anders nach außen – über Hautausschläge. Wie der Magen als Wartehalle diejenigen sammelt, die die Reise durch den

Körper beginnen wollen, so sammelt der Dickdarm jene, die am Ende der Reise stehen. Er entspricht einem Flugzeug, das Gruppenreisende nach einem wochenlangen gemeinsamen Segeltörn oder einer anstrengenden Ägyptentour nach Hause bringt. Ein jeder ist ein wenig erschöpft und träge. Das Erlebte ist noch nicht ganz verarbeitet. Man ist froh, dass bei dem stundenlangen Flug wenig Änderung auftritt. Jeder will in Ruhe vor sich hin sinnieren und gelöst nach Hause kommen. Die Trägheit ist unübersehbar. Sie will nicht gestört werden. Aber etwas Neues ist bereits im Gange. Es fährt gallig aus der Haut oder brennt auf der Pelle, wie der Magen, der alles eingrenzt. Tiefe ungelebte Impulse, die in diesen Phasen des Wechsels Morgenluft wittern, stehen fast immer hinter Hautausschlägen wie der Akne.

Im Urlaub haben die meisten zugenommen. Im Fett sammelt der Körper die Speisen von gestern. Was man hat, das hat man. Gibt man das Gestern und seine Illusionen nicht ab, so trägt man es mit sich herum. Das Übergewicht wirkt wie ein Symbol für diesen trägen Ballast. Der Charakter des wohlbeleibten Menschen, den nichts aus der Ruhe bringen kann, rundet das Bild ab. Mit dieser Ruhe und Bedächtigkeit erfüllt der Dickdarm die Wünsche derer, die nicht den freien, aber unruhigeren Weg gehen wollten. Sie lernen den Herrscher Herz nicht kennen, sie spüren nur dessen Folgen. Er bleibt ihnen fremd wie der chemischen Medizin die Psyche des Menschen. Die Medizin ahnt nicht, wie ganzheitlich der Mensch funktioniert. Sie behandelt den Menschen nach den Grundsätzen der Anatomie, die aus den Toten gewonnen ist. Da geht alles seinen trägen Weg. Doch wie lebendig, vielfältig und geistig ist der Mensch. Der chemische Weg erscheint auch manchem Kranken aufgrund seiner Abschätzbarkeit auf den ersten Blick als der einfachere. Einfaches erscheint aus der Weiterentwicklung aber primitiv. Unseren Geist und unser Sein, das dem Brustkorb entspricht, verpassen wir aber damit. Sie beschweren sich durch immer neue Beschwerden, die unter der chemischen Therapie entstehen. Dann wird aus der Vielfalt des Frühlings Leber die Einfalt des Dickdarms, bei der es nur den einmal eingeschlagenen, geradlinig fortgesetzten Weg zu geben scheint. Immer noch einmal eine Tablette. Stecken wir in einer solchen Situation, ist es wichtig, dass wir in dieser Einbahnstraße unsere geistige Vielfalt und unsere geistigen Ideen wieder entdecken.

> Übergewicht wirkt wie ein Symbol für trägen Ballast

Was wäre unser Körper ohne Herz und Lunge, was unsere Medizin ohne Homöopathie, die den Menschen wie das Herz als Ganzes behandelt?

In unserer Welt will entsprechend dem Trägheitsgesetz jedes Teilchen so weitermachen wie bisher. Aber der Körper zeigt, dass Chaos und Ordnung unter einem Dach leben können. Die Milz liebt das Abenteuer des Unerwarteten, der Dickdarm den Aufbau aus dem Bekannten. Das kann sogar die Wissenschaft noch nicht vereinen. Die Physik der Quanten ist der klassischen Physik völlig fremd, obwohl sie in der gleichen Welt gilt. Homöopathie ist der chemischen Medizin völlig fremd, obwohl sie den gleichen Menschen behandelt. In diesen Konfrontationen stehen wir an einem Anfang. Wie der Magen müssen wir fremde Aspekte tolerieren, auch wenn wir sie wie der blinde Magen noch nicht durchschauen und vereinen können. Wer aber meint, in dieser Anfangsphase das Alte nicht abgeben zu dürfen, weil die Vorstellung, der Mensch funktioniere nur chemisch, so schön war, dem droht Verstopfung und Verschluss.

Ganzheit beinhaltet das Berechenbare und das Chaotische

Nimmt der Darm das ihm Undurchschaubare nur als Randrealität an, muss er sich mit Wahrscheinlichkeiten abfinden. Es entsteht die seltsame Realität, dass Millionen von Menschen die Möglichkeit eines Tschernobyl-Unfalles verdrängen, die gleiche Unwahrscheinlichkeit beim Lotto aber geradezu herbeisehnen. Diese seltsame Bewusstseinsspaltung, der wir heute erliegen, wird im Körper durch Herz und Sonnengeflecht vereint. Die Sonne und das Herz, die strahlenden Verbinder der verschiedenartigsten Planeten und Organe, sollten uns ein Symbol dafür sein, dass wir diese Spaltung in unserem Bewusstsein zumindest verringern können, wenn wir beides, den heiteren Weg der Milz und den produktiven des Dickdarms, zu verwirklichen suchen.

Stichworte zum Thema Dickdarm

- Sanft, beschaulich, berechenbar wie eine Uhr, schrittweise vorrückende Zeit.
- Beharrlichkeit. Kein Zurück, Endgültigkeit.
- Gleichmäßig, gerade, so weiter wie bisher. Starre, Tod.
- Verlangt nach der Galle zur Abwendung der Unruhe. Furcht vor dem Chaos.
- „Geschäft", Produkt, Herbst, Leistung, Ordnung, Tradition.
- Dickdarm vom Nervensystem in zwei Teile unterteilt: Behalten und Loslassen.
- Endliche Befreiung. Abgabe des nicht mehr Nützlichen. Geduld.
- Kümmern um das, was man hat, hegt und pflegt. Kummer.
- Chance der Gewöhnung an den Zeitfluss. Produkt eines langen Marsches der Imperfektion. Gewöhnung, Umstellung unerwünscht.
- Einfalt des Dickdarmes.
- Hilfen durch Ballaststoffe, Salz und Wasser.
- Gefahr des Perfektionsdranges.
- Versagensangst.
- Enge Beziehung zu Haut.
- Fett. Bewahren von Gestern, Schutz vor Unruhe.

Ratschläge

Dem Dickdarmkranken und seinen geistigen Verwandten rate ich:

Lieben Sie die Beschaulichkeit, aber verdrängen Sie nicht das lebendige, jugendliche Element des Frühlings.

Schauen Sie, ob nicht irgendetwas schon allzu lange das Gleiche geblieben ist.

Loslassen heißt frei machen, verspricht Freiheit und neue Freude.

Jeder Apfel muss einmal gegessen werden, sonst fault er.

Die Nieren

Immerhin ein Viertel des gesamten Blutvolumens pumpt das Herz mit jedem Pulsschlag zu den Nieren. Sie sind aber nur gut zehn Zentimeter groß. Sie sitzen beidseitig in Höhe der untersten am Rücken tastbaren Rippe, also ganz hinten im obersten Bauchraum. In ihrer über Jahrmillionen entwickelten, durch den gleichnamigen Tisch bekannten Form verbirgt sich ein aufwendiges Inneres, das einen höchst merkwürdigen Mechanismus beherbergt.

Das mit großem Druck anströmende Blut fließt bis hin zu sehr dünnhäutigen kleinsten Gefäßen. Ein Teil dieser Gefäße stülpt sich nun hinein in kleine becherförmige Kapseln. Es marschiert eigenartigerweise heraus aus ihnen und sofort wieder zurück. Dieser Weg erscheint sinnlos, denn was für eine Bedeutung mag ein Transport haben, der an der gleichen Stelle wieder landet, wo er angefangen hat? Es passiert aber noch etwas bei der Runde durch diese Becherchen. Die dünne Haut der Blutgefäße wirkt bei dem hohen Druck des Blutes wie ein Filter. Immerhin ein Fünftel dieser Blutflüssigkeit wird durch die Wand des Gefäßes herausgedrückt, begleitet von Nährstoffen wie Salz und Zucker, die klein genug sind, um mit durch dieses Sieb zu rutschen. Sie landen in den Becherchen und gehen so dem Blut verloren. Aus den becherartigen Töpfchen führt ein Ablaufkanal in die Harnblase. Gelangte aber wirklich all diese dem Blut verlorene Flüssigkeit in die Harnblase, so landeten dort schließlich jeden Tag 180 (!) Liter Urin. Diesen Tag würden wir kaum überleben, denn wie wollten wir die 180 Liter abgegebene Flüssigkeit durch Trinken ersetzen? Deshalb hat die Niere hinter das siebartige Blutgefäß noch einen weiteren Mechanismus eingebaut. Dazu ziehen die Ablaufkanäle aus den Becherchen eine lange, gerade Strecke in die eine Richtung. Dann drehen sie eine enge Schleife wie auf einer Pferderennbahn, und zurück geht es die gleiche Strecke. Auch hier treffen wir wieder auf die scheinbare Sinn- und Richtungslosigkeit. Anstatt zu einem Ziel zu führen, geht es wieder zurück. Und doch steckt ein Sinn dahinter. Parallel zu dieser seltsamen Pferderennbahn läuft ein Blutgefäß, das in jener mühsamen Art, die wir schon beim Dünndarm kennen gelernt haben, wichtige Stoffe, etwa das Salz, einzeln zurück ins Blut holt, Teilchen für Teilchen. So gewinnt es diese dem Organismus zurück. Mit dem Salz zieht das Wasser zurück ins Blut. Es geschieht das Erstaunliche, dass neunundneunzig Prozent dessen, was ursprünglich in die becherartige Kapsel abgegeben wurde, wieder gerettet wird, bevor es in der Harnblase endgültig verloren wäre. So passiert in den Nieren das scheinbar Sinnlose, dass zunächst einmal eine Unmenge Wasser und Salze und Zucker aus dem Blut unter großem Druck herausgepresst wird, um schließlich mühevoll wieder hereingeholt zu werden. Was mag dies bedeuten, wo liegt der Sinn?

Unübersehbar treffen wir bei der Niere immer wieder auf eine Bewegung in einer Richtung, der eine Bewegung in der entgegengesetzten Richtung folgt, wie ein Hin- und Herpendeln, oder wie ein von der Wand zurückgeworfener Schall, der Widerhall [35], oder wie reflektiertes Licht, weshalb der Vollmond bei diesen Kranken oft eine Rolle spielt. Auch beim Herzen hatten wir eine gleichmäßige Hin- und Herbewegung gefunden. Doch war diese außerordentlich rasch vor sich gegangen. Außerdem hatten sich hier zwei Teile aufeinander zu bewegt, was wir in der Niere nicht finden können. Eine Verwandtschaft, die auch der Volksmund kennt, fällt zwischen beiden Organen ins Auge, wenn wir uns vom Arzt „auf Herz und Nieren" prüfen lassen. Wir meinen damit „vom Scheitel bis zur Sohle". Sollten Herz und Nieren Gegenpole sein wie der Scheitel und die Sohle? Können wir das herleiten?

In den Nieren geht etwas vor sich, ohne wirklich „vor sich" zu gehen. Vorgänge werden hier zum größten Teil gleich wieder aufgehoben, sodass ein deutliches Fortschreiten nicht sichtbar wird. Während das Herz schon mit seinem mächtigen und spürbaren Schlag Aktivität zeigt, erinnert die Bewegung in den Nieren eher an ein Auf-der-Stelle-treten. „Wie ein Standquartier, in dem sich die Truppen sammeln", schrieb ein alter Chinese [36]. Dieses bedächtige Treten auf der Stelle, das nachdenkliche Umhergehen in einem Zimmer, das dem langsamen Pendelschlag einer Uhr gleicht, vermittelt ein Bild tiefer Ruhe, wie ein Winterschlaf. Auch der Winter mag auf den ersten Blick sinnlos erscheinen, ist er doch so gänzlich anders als die anderen Jahreszeiten. Kaum etwas regt sich noch, alles ist wie tiefgefroren, kein Fließen des zu Eis verdichteten Baches. Nur von den Eiszapfen tropft es. Auch in der Niere fließt fast nichts trotz des hohen Druckes, mit dem das Blut in die Nieren einströmt. Ihr winterliches Nichtfließen entsteht daraus, dass nur weniger als ein Prozent dessen, was in ihr eigentlich fließen könnte, in den Urin tröpfelt. Was ist hier los? Fließt oder bewegt sich etwas nicht trotz eines hohen Druckes, so hängt das mit einem Widerstand zusammen. Das führt dazu, dass Auswege gesucht werden. Jeder schaut, wie er dem hohen Druck ausweichen kann. So „verdrückt" sich alles, was durchpasst, durch die Poren der hauchdünnen Gefäße. Es entflieht in die dahinter gelegenen Becherchen. Das erinnert an eine Flöte, in die man Luft hineinbläst. Sie pfeift an den offen gelassenen Löchern wieder heraus. Hier erklingt aber nun keineswegs ein sanftes Flötenspiel, bei diesem Druck schrillt eher eine Alarmsirene. Die Niere zeichnet nicht etwa das lustige Bild der Milz, sondern eines von Druck und Gegendruck, von Widerstand und Enge.

Wo Druck herrscht und Widerstand, da ist auch die Angst zu Hause. Die Niere braucht den Druck, sonst hört sie auf zu arbeiten. Aber wohin damit, wenn kein Ausweg und kein Ziel in Sicht ist? Angst entspricht dem Druck, für den wir keine Lösung erkennen. Dieses Gefühl der Ziel- oder Sinnlosigkeit empfanden wir schon beim Zurückholen von 179 der 180 Liter gelösten Urins. Es ist, als gelangte man an eine Mauer und würde zurückgeworfen wie der Widerhall. Hier tritt eine Gegenkraft in Erscheinung, die zu einer Verschlossenheit des Weges führt, als Pendant zur Entschlossenheit des Herzens. Das bildet einen Rückstau wie ein Stausee durch das an der Mauer hochgedrängte Wasser. Wasser wie Mauer sind an diesem Bild beteiligt. Wasser allein zerflösse in alle Himmelsrichtungen und riefe niemals einen Stausee hervor; eine Staumauer allein und ohne Wasser brächte ihn ebenso wenig zustande. Erst beide zusammen führen zum Stau, kreieren wie ein polares Paar den Stau und geben damit Kontur.

Paarigkeit werden wir bei der Niere immer wieder finden

„Den Nieren entspricht das Wasser", schrieb der Gelbe Kaiser [35, 37]. Die Chinesen liebten das Wasser wegen seiner ungewöhnlichen Fähigkeiten. Es kann aufnehmen, lösen und verändern. Wer kennt nicht die Farben des Malkastens, denen man Wasser beimengt, wodurch sie plötzlich fließen können, nachdem sie zuvor steinhart waren. Das Zuckerstück in der Teetasse entschwindet unseren Augen völlig, wenn es sich auflöst. Der alte Lao Tse schwärmte vom Wasser als einzigem Stoff, der nicht zerbrechen könne und damit eigentlich der stabilste sei. Wasser zeigt auch den Weg der Gerechtigkeit. Füllt man es in einen Gummisack oder Luftballon, so drückt es diesen rundherum gleichmäßig ohne jede Spitze auseinander. Es verteilt alle Lasten und Gaben gleichmäßig. Das Gegenteil beobachtet man, steckt man in einen solchen Ballon ein paar Steine, die deutlich ihre Kontur herausdrücken. Das Wasser ist eben konturlos. Erst wenn es auf Widerstand stößt und eine Staumauer es passiv formt, entsteht die Kontur eines Stausees. Werden das Blut und die in ihm gelösten Stoffe durch die Kraft des Herzens in die Niere gepumpt, stoßen sie dort auf eine große Gegen- und Rückhaltekraft. Darin liegt unverkennbar jene Ruhe, die von einem Spaziergang an einem Stausee ausgeht. „Die Nieren erzeugen die Kraft", lesen wir beim Gelben Kaiser [8], eine geballte und gestaute, aber eine ruhige Kraft.

Wächst der Stau zu sehr an, weil sich die Blutgefäße der Nieren verengen, so wird der Druck so unerträglich wie beim zunehmenden Aufblasen eines Luftballons. Da kein Abfluss vorhanden ist, entsteht eine Art des Bluthochdrucks. Das Herz kann die Niere nicht zwingen, ihren Widerstand und ihre Gegenkraft zu erniedrigen. So muss es die eigene Kraft und seinen Druck erhöhen, um ihrem Gegendruck standzuhalten. Dieser Wettkampf entartet auf die Dauer zu einem Wettrüsten, worunter das Herz ganz erheblich leiden kann. Hier scheint die Idee des Herzens, die Liebe, Öffnung und Entschlossenheit, von der Niere mit ihrer Verschlossenheit und Angst überwältigt zu werden. Beide halten sich beim Gesunden die Waage; doch sollte wie bei Herz und Nieren die Entschlossenheit ihren Gegenpol regelmäßig ein wenig übersteigen, damit Aktivität entstehen kann und Vorgänge vor sich gehen können. Wer kennt nicht die Überwindung innerer Widerstände, um etwas durchziehen zu können, vor dem er sich vielleicht ein wenig fürchtet. Davor und danach, in den Phasen der Ruhe, mag dann durchaus der Widerstand die Aktivität wieder überragen, wie auf einer Kinderwippe, wo einmal der eine, einmal der andere oben ist.

Entschlossenheit sollte den Gegenpol regelmäßig ein wenig übersteigen

Dieses Wechselspiel zwischen Herz und Niere entspricht dem von Tag und Nacht. Am Tag ist das Herz mit dem Mut und der Entschlossenheit in der Regel stärker als die Passivität und der Widerstand. So bringen wir einiges zuwege. Nachts hingegen überwiegt die Gegenkraft, und wir liegen im Bett und rühren uns kaum. Ein außerirdischer Besucher könnte meinen, wir seien gelähmt. So wird es nicht verwundern, dass Lähmungen in den großen Bereich der Idee der Niere gehören. Hier scheint der innere Widerstand oder die Angst den Mut zu besiegen, als sei man „vor Angst gelähmt“. Das Prinzip der Nacht mit ihrer Ruhe weicht nicht. Wird unbewusst die Passivität auch als positiv empfunden? Kann die Neugier des Frühlings die körperliche Seele nicht aus ihrem Dornröschenschlaf erwecken? Die mögliche Starre erinnert nicht an den weichen Druck des fließenden Wassers. Sie wirkt wie ein gefrorener, äußerlich scheinbar toter Fluss, der den Frühling zu fürchten scheint, der ihm das kalte Eis schollenartig zerbrechen könnte.

Tatsächlich treffen Nierenkrankheiten nicht selten mit Kälte zusammen. Wer kennt nicht die Nieren- und Blasenentzündungen durch Kälte und kalte Füße. „Kalte Füße“bekommt man aber auch aus Angst. Wie bei PULSATILLA, der Arznei für den Kranken, der seinen Willen zugunsten eines anderen abgegeben hat, den er besitzen will. Man schaudert nicht nur vor Kälte, sondern auch aus Angst. Der tiefgefrorene Fluss, der nicht weiterfließen will, wirkt wie die Angst, die zurückschreckt, und die Niere, die auf halber Strecke wieder umkehrt. Sie scheinen das Gestern mehr zu suchen als die erwartete Zukunft. Das erinnert an die Idee von NATRIUM MURIATICUM.

Die Sehnsucht nach einer unfassbaren Vergangenheit zieht sich wie ein roter Faden durch die Niere. Wir kennen dies als Neigung älterer Menschen, in der Vergangenheit zu schwelgen. Sie sind gefährdet, darüber eine noch lebendige Gegenwart zu übersehen. Die letzte Jahreszeit des körperlichen Lebens, das Alter, ist die Zeit der Niere. Der alte Mensch ist bedächtiger und nicht mehr so impulsiv wie der Frühling und der Sommer. Er zieht sich gerne zurück. Er braucht die Ruhe. Er leistet eine wichtige Aufgabe durch seinen konstanten Widerstand zum feurigen Herzen, das sonst in seiner schier unermüdlichen Energie leicht zu viel des Guten täte. So wie das Feuer vom Wasser, so wird das Herz in der Psyche von der Niere im Gleichgewicht gehalten. In diesem Fall treffen wir auf vollendete Großeltern, die aus ihrer Vergangenheit für das Heute schöpfen und doch das Morgen in Gestalt ihrer Enkel und der scheinbaren Bedrohnisse einer sich verändernden Welt einbeziehen können. Die Kraft der Niere erwächst aus dem Herzen, aus dem Gespür für das Weiterfließen der Zeit. Sie schätzt das Gestern, unterschätzt aber das Heute und das Morgen nicht. So entsteht keine Angst vor dem Morgen. „Angst ist lediglich die bewusste Erlebnisseite der unbewusst abgewehrten Regung“[38], schreibt der Tiefenpsychologe Eugen Drewermann. Wer unbewusst die Regung, also die Bewegung und das Vorgehen der Zeit und den nächsten Schritt abwehrt, weil er zurück ins Gestern möchte, der erlebt typischerweise Angst. Wer hingegen weiß, dass es auch einmal so laufen kann wie in der Niere, drei Schritte vor und drei Schritte zurück, ohne dass er dadurch verzweifelt, der fürchtet sich nicht. Was aber für ein Sinn in jenem Treten auf der Stelle stecken mag, dies bleibt die Gretchenfrage des Nierenprinzips. Es ist die Frage nach dem Sinn des Winters wie des Alters.

Wer den nächsten Schritt abwehrt, weil er ins Gestern zurück möchte, erlebt Angst

Das Organ Niere gibt uns auch die Antwort auf seine Frage. Der Grund für dieses Zurückkehren liegt in einer besonderen Freundschaft. Dass wir nicht 180 Liter Urin pro Tag verlieren und fast alles Wasser wieder ins Blut zurück erhalten, liegt nicht etwa daran, dass das Wasser wieder zwangsweise zurückgeholt würde aus dem Urinkanälchen. Es kehrt vielmehr freiwillig zurück ins Blut! Es folgt dem Salz, das zuvor mühsam aus jenem Kanälchen ins Blut zurückgepumpt wurde. Dessen Anziehung bewirkt, dass auch das Wasser den Rückweg antritt. Dieses bringt nun wiederum Salz mit, „reißt es mit sich“ [39, und so gelangen schließlich beide wieder ins Blut zurück.

Erstaunlich, wie attraktiv das Salz dem Wasser und das Wasser dem Salz erscheint, dass sie sich so anziehen, gar an sich reißen. Mancher wird den Trick kennen, mit dem man frische Flecken aus einer Tischdecke heraussaugen kann: Man gibt Salz darauf, und dieses zieht die Flüssigkeit heraus. Andererseits löst sich das Salz in Wasser äußerst schnell auf. Es wird von diesem so aufgenommen, dass man es mit dem Auge nicht mehr herausfinden kann. Die Kombination beider, Salz und Wasser, gilt seit Jahrtausenden als heilend. Kurorte leben davon. Völlig salzloses Wasser hingegen empfindet unser Geschmack als äußerst fade. Die richtige Kombination von Wasser und Salz bewirkt auch hier den Wohlgeschmack und das Wohlbefinden. Können uns diese beiden besonderen Stoffe der Niere die Antwort auf die Frage nach seinem Sinn geben?

Das Salz NATRIUM MURIATICUM kennen wir schon. Frau Lot erstarrte zur Salzsäule, als sie sich nach der Katastrophe von Sodom nicht lösen konnte, sich „nach Sodom umdrehte". Hören Sie hier die Niere? Sie drehte sich um nach dem Ort, von dem sie ausgegangen war. Dies genau hatten wir bei den Blutgefäßen in der becherförmigen Kapsel wie auch bei den Harnabflussröhrchen beobachtet. Die Unfähigkeit der Frau Lot, sich nicht vom Gestern lösen zu können, entspricht dem Erstarren zur Salzsäule. So scheint das Salz allein nur auf die Schwäche der Niere, nicht auf ihren Sinn hinzuweisen.

Nun aber kommt das Wasser hinzu. Das Salz findet es außerordentlich attraktiv, scheint es zu „lieben". Wasser ist das Symbol des Geistes und des Weiterfließens, ein Symbol der Gerechtigkeit und des Gleichmaßes, aber auch der Stoff mit der mangelnden Kontur, der nur passiv und gestaut Formen annimmt. Dieses Wasser seinerseits hat größtes Interesse am Salz und nimmt es gänzlich auf. Was mag ihm das Salz bringen, dass es sich so nach ihm sehnt?

Das Salz bringt dem Wasser, was diesem fehlt. Im Gegenzug erhält es vom Wasser etwas, das es selbst nicht vermag. Das Prinzip Salz gleicht jenem alten, trocken verknöcherten, wie gelähmt unbeweglichen Kranken. Er ist das Bild dessen, der nur immer und immer wieder an das unzerstörte Sodom zurückdenken kann. Nur im Gestern findet er das Gute. Dieser Kranke wird durch das Wasser gelöst, sodass selbst er in der Zeit weitergehen und fließen kann.

Das Lebensziel: „Mit allen Wassern gewaschen" sein

Dann wird aus dem ungelösten und harten Salz als der Sehnsucht nach dem Vergangenen das gelöste Salz – die Erfahrung. Erfahrung andererseits gibt dem kontur- und profillosen Wasser alias Geist ein Gesicht, so wie ein alter, verwachsener, knorriger Baum ein individuelleres Gesicht zeigt als ein junges Pflänzchen. Dann hat dieser knochige Alte, der nur immer von gestern geredet und damit alle anderen gelangweilt hat, endlich seinen Sinn gefunden. Nun berichtet er nicht nur von gestern, sondern auch von den Konsequenzen von gestern für morgen, von der Erfahrung, die Perspektiven eröffnet. Er ist nun, wie der Volksmund sagt, „mit allen Wassern gewaschen", als habe er die verschiedensten Zusammensetzungen von Wasser und Salz erlebt, von Psyche und Leid. Wie dem Magen versprochen, löst die Niere das Salzproblem. Das gelöste Salz des homöopathischen NATRIUM MURIATICUM wirkt tatsächlich in gleicher Art. Unser Kranker lässt sein Sodom los. Vielleicht hat er verstanden, was ihn quälte? Vielleicht hat sich das Leid nach der Arznei scheinbar grundlos aufgelöst, weil ihm der Grund entzogen wurde.

In seiner Ruhephase, ob Alter, Abend oder Winter, kann er die Erfahrung aus der Rückbesinnung gewinnen, dem oben erwähnten Widerhall der Niere. Damit löst er das Leid von gestern, löst sein persönliches Sodom und kann auch das Heute beeinflussen. Gelöst und entkrampft gibt ihm das Leid die ungemeine Kraft der Erfahrung, weil sie nur die Folgerung aus dem Gestern, aber nicht das Gestern selbst bewahrt. Beherrscht er diese Kunst, werden alle Generationen zu ihm kommen, um an seiner Erfahrung teilzuhaben. Seine Erfahrung weist jetzt ins Morgen, zeigt die Konsequenzen für das Morgen auf. Er ist das gelöste Salz der Erde.

Das Leid von heute ist die Erfahrung von morgen

Beide Symbole, Wasser und Salz, üben also nicht nur in körperlicher Sicht eine solche Anziehungskraft aufeinander aus, dass sie sogar bereit sind, die seltsamen und scheinbar auf der Stelle tretenden Bahnen in der Niere zu beschreiben. Die Antwort auf die Frage nach dem Sinn der Niere liegt nun auf der Hand. Sie liegt in dem seltsam liebenden Verhalten von Wasser und Salz verborgen, einander aus dem Blut und zurück ins Blut nachzulaufen. Hier wird „rückkehrend" vorgegangen. Man kehrt noch einmal ins Gestern zurück und gewinnt daraus konsequent die Erfahrung, das Salz für das Morgen. Der Winter, der das alte Jahr beschließt, will die Erfahrung des alten hinüberretten in das neue, in das er mündet. Er will nicht vergessen, was der letzte Frühling der erwartenden und träumenden Leber im Sommer des Herzens und der Realität erlebt hat. Auch will er das Gefühl der reifen, ertragreichen Fülle des Herbstes weitergeben, der Lunge und deren Leid, dass die Erwartungen des Frühlings nicht immer den Tatsachen entsprachen.

Niere als Winter folgt somit dem Herbst der Lunge. Sie ist ein würdiger Nachfolger. Sie löst das mit der Lunge so intensiv verwobene Leiden und Dulden durch ruhige Rückbesinnung und gestaltet daraus die bleibende Erfahrung. Sie kann aus dem Leiden sogar eine Kraft gewinnen, die Kraft des Erfahrenen, der „breitere Schultern" mitzubringen scheint, der mehr ertragen und erdulden kann als andere. Mit der Erfahrung bringt er die Geduld mit, die aus dem Überblick erwächst. Die Kunst des geduldigen und zielsicheren Wartens, die aus dem Hintergrundwissen der Erfahrung erwächst, führt zur inneren Ruhe der Niere und gibt ihr ihre ungeheuere Kraft, wie eine geduldige und langsame Aufladung. So ungeduldig, wie ein frühlingshaftes Kind voller Ungestüm und in Unkenntnis der Gefahren manches im Überfluss der unerfahrenen Kräfte zerstört, so ruhig und scheinbar lässig kann der Erfahrene, kann die Niere Probleme mit wenigen Handgriffen lösen.

Das Sammeln dieser Kraft ist ein alter Traum des Menschen. Er wird oft symbolisiert im Bild des Kelches, um den sich Mythen wie die Gralssage ranken. Offensichtlich wird die Quintessenz als etwas Höheres angesehen, das in einen Kelch eingegossen wird. Interessanterweise hat die Niere tatsächlich Nierenkelche, in denen der Urin aufgefangen wird. Bei chronischen Nierenerkrankungen geht Eiweiß verloren. Eiweiß ist im Körper der Stoff, den man am ehesten als Bausubstanz betrachten könnte. Ein chronisch Nierenkranker büßt also tatsächlich Substanz ein; es geht ihm „an die Nieren“, an die Substanz. Substanzverlust wie ein Haarausfall gehört hierher. Der LYCOPODIUM-Kranke, der seine Ideen so wenig körperlich umsetzen kann, leidet an Eiweiß- und Haarverlust. Die erfahrene Niere weiß, dass Substanzverlust droht, wenn der Kranke Anerkennung und Macht durch andere mit der eigenen Tat verwechselt. Denn nur die eigene Tat, nicht die der anderen, bringt die Erfahrung.

Erfahrung führt zur Stärke der Quintessenz, wörtlich: „dem fünften Dasein“

Menschen, die das Geschehen mit erfahrener Besonnenheit und zielsicherem Warten überblicken können, scheinen wie das gelöste „Salz der Erde“ jenes Charisma auszustrahlen, dem man sich gerne anvertraut. Es erwächst aus dem Wissen, dass es unabdingbar zum Leben gehört, Leid nicht etwa zu meiden, sondern es wie Wasser und Salz in bestimmten Mengen anzuziehen. Man verfolge nur, wie sich ein Kind bei seinen ersten Gehversuchen gleich wieder aufrappelt, nachdem es bei den ersten Schritten hingefallen ist, und sich bei dem erneuten Versuch wieder weh tut. Und doch wiederholt es dieses leidvolle Unternehmen immer und immer wieder. Hätte es nicht jenen Frühlingsdrang, der ihm das Morgen so begehrlich macht, dass es dafür heute Leid in Kauf nimmt, so bliebe es wohl auf dem Boden sitzen und gäbe das Laufenlernen auf. Es würde damit aber Fortschreiten und Erfahrung verpassen. So provoziert der Anfang, das Frühlingsprinzip der Leber, die Erfahrung der Blutkörperchen und der anderen Teilchen im Blut, und sie stürzen sich hinein, als gäbe es etwas zu gewinnen. Wenn sie danach mit ihren Blessuren in die Phase des Winters kommen, so werden sie, wenn sie weise wie die Nieren geworden sind, wissen, was es zu gewinnen gab: Erfahrung.

Doch muss das Haben, im Gegensatz zu den trägen Strukturen aus dem Gestern, die sich in Galle und Dickdarm so schwer dem Zeitfluss anpassen konnten, den Körper nicht notwendig verlassen. Das Haben der Niere können wir getrost ins Morgen mitnehmen, da es uns dort nicht etwa behindern wird, sondern im Gegenteil hilft, neuerliche Probleme zu meistern. Damit antwortet die Niere auf die Schwäche der Leber. Jene hat sich zwar ein enormes Wissenssystem zusammengedacht, doch steht sie noch vor der Nagelprobe wie ein Student nach dem Staatsexamen. Erst in einer reellen Berufswelt wird er erfahren, ob sein Bücherwissen eine Träumerei bleibt, die ein Eigenleben nur in der Fantasie entwickeln kann, oder ob es sich an der Realität bewährt. Die Erfahrung der Niere hat diese Probe hinter sich wie ein weiser Meister, ein Meister der vorhergehenden Organe. Der Dünndarm hatte geglaubt, es könne zu einer sinnvollen Gestaltung kommen, die Leber hatte es geplant, das Herz hatte es verwirklicht, die Lunge hatte es verwaltet und erlitten, hatte die Früchte hervorgebracht. Die Milz hatte auf den Spaß an der ganzen Geschichte hingewiesen, die Niere nun schließt diesen Zyklus in der Form unserer Märchen mit dem Satz ab: „Und die Moral von der Geschicht' …".

Erfahrung scheint ein Gewinn zu sein, eine Art des Habens

Wie bei einem Jahresabschluss rückblickend, gewinnt die Niere Erfahrung durch ruhiges Überdenken und Wiedergeben nach genauem Hinhören. „Die Nieren regieren die Ohren", meinte der Gelbe Kaiser [37], und dieses aus unserer Sicht zunächst so abstrus erscheinende Wort wirkt dennoch wie selbstverständlich. Denn die Klassische Homöopathie lebt vom Hinhören. Das lernen die homöopathischen Ärzte gründlichst. Im ärztlichen Gespräch wird alles und jedes Wort aufgenommen und aufgezeichnet. Das ist, wie die Niere, der erste Schritt zu einem neuen Frühling für den Kranken. Die Ohren sind auch die Aktiven im Schlaf, der den Tag verarbeitet wie der Winter das Jahr. Sie und nicht die Augen melden einen nächtlichen Störer und den rasselnden Wecker am Morgen. Sie weisen damit auf das Lebendige hin in dieser scheinbar leeren Ruhe.

Werden Tag für Tag und Jahr für Jahr Erfahrungen verarbeitet und aufeinander aufgebaut, so entwickelt sich ein Mensch wie ein Baum zu einem unverwechselbaren Individuum mit für ihn typischen Strukturen wie Jahresringe, die Kontinuität mit sich bringen. Diese Kontinuität hilft ihm, dass er sich und seine Individualität nicht in der Weite verliert wie ein Wasser ohne den formenden Widerstand eines Berges oder Dammes, sondern

Kontinuität hilft, die Individualität nicht zu verlieren

dass er wie der Stausee sein ganz typisches, von seiner Erfahrung geprägtes Ich, seine „Form“, bewahren und weiterentwickeln kann. So wie der Stausee nur durch den Staudamm seine Form erhält, so erhält die Seele des Menschen offensichtlich durch den Widerstand ihr ureigenes Format. Widerstand, auf den sie stößt und an dem sie leiden oder sich als Herausforderung freuen wird. Alles, was dem Menschen zugestoßen ist, alle Informationen – positiv wie negativ – formen ihn zu einem ureigenen Gefüge, das sich bei stets neuen Informationen auch immer wieder von neuem fließend verändert, wenn er sich der nachdenklichen, hinterdenkenden Phase des Lebens nicht verschließt. Diese Form ist sein eigentliches Haben. Hat unsere leber- und dickdarmkranke Kultur vergessen, dass wir nichts dauerhaft haben außer der Erfahrung? Dies wäre erstaunlich, denn gerade die modernen gedanklichen Höhenflüge haben die persönliche Erfahrung wieder entdeckt. Bereits Galileo Galilei, einer unserer großen Denkerfürsten, stellte fest, dass Geschmack, Gerüche oder Farben „nichts weiter als reine Namen“[40] seien, die in dem Moment verschwänden, wenn derjenige, der das geschmeckt oder gerochen habe, nicht mehr existiere. Wahrnehmungen nennen wir sie, weil sie für wahr genommen werden. Sie hängen von dem ab, der sie für wahr nimmt. Daher bedarf der, der die Konsequenz aus den Wahrnehmungen zu ziehen versucht, eines möglichst eigenständigen Standpunktes – wie die Niere.

Interessanterweise erhalten die Nieren einen außerordentlich präzisen eigenen Blutdruck in sich, solange der Blutdruck im übrigen Blutkreislauf nur einigermaßen stimmt. Die Niere als unbestechliche Pendeluhr erscheint wie der Versuch, eine ruhige Insel zu installieren, von der aus man möglichst ungestört die Umstände rundherum berücksichtigen und beurteilen, also für wahr nehmen kann. Je unabhängiger jemand von seiner Umgebung ist, umso unabhängiger wird seine Wahrnehmung sein. So ist die Niere wie der Winter ein Symbol der Unabhängigkeit. Ob es schneit oder unerwartet warm ist, stürmt oder lähmend friert – was anderen Jahreszeiten zu schaffen machte, den Winter stört es nicht. Das in der Beziehung zu den anderen Organen ruhende und bewahrende Prinzip scheint am ehesten geeignet, Feststellungen zu treffen, auf die man langzeitig bauen kann. „Die Nieren bewahren die Quintessenz“ [40]. Etwas Ähnliches hatten wir bei der Milz gesehen. Doch während die Milz versucht, subjektive Erfahrung zu leben und zu verwirklichen, zieht das Nierenprinzip wie der Winter oder das Alter die Summe aus den Erlebnissen des Jahres, des Lebens.

> Die Niere ist ein Symbol für Unabhängigkeit

Ohne einen solchen bleibenden, möglichst unabhängigen Ruhepol könnten wir nichts messen. Jedes Maß beruht auf dem Vergleich mit etwas, von dem wir glauben, dass es konstant geblieben ist; man denke nur an das Meter. Auch im seelischen Bereich bedarf es zum Begreifen von Wahrheiten dieses scheinbar zeitlosen Ruhepols. Man nimmt jemanden zur Seite und setzt sich in Ruhe hin, will man wirklich etwas über ihn erfahren. Man vergisst die Zeit, schenkt sie ihm in dem Wissen, dass diese Zeitlosigkeit eine unabdingbare Bedingung für den Versuch ist, ihn möglichst umfassend und überschauend zu begreifen wie ein alter zeitloser Weiser. Das ist das Vorgehen des erfahrenen homöopathischen Arztes. Es geht darum, alle sonderlichen Krankheitszeichen eines Menschen exakt zu erfassen. Das ist für den Arzt nicht so einfach, denn er ist schließlich auch ein Mensch mit all seinen Gefühlen und Vorurteilen. Es bedarf eines harten Trainings wie dem eines Winters, dass der Arzt exakt das wahrnimmt, was der Kranke ihm offenbart. Dann ist dieses Gespräch mit seiner Freiheit von der Zeit eine große Kostbarkeit und auch immer eine tiefe menschliche Erfahrung für den Arzt. Nur diese Insel der Aufmerksamkeit und Objektivität kann wie die Niere Fakten liefern, die sicher genug sind, darauf eine Heilung des Ganzen zu stützen.

Dieses winterliche Stehenbleiben, abwägend Auf-der-Stelle-treten, das Absterben der Anteile des gestern Wahren, das sich heute als falsch erweist, gibt dem nächsten Frühling die Chance, sich wirklich frei neu zu entfalten, gestärkt durch die als bleibend erkannten Erfahrungen des letzten Jahres. Natürlich gehört hierher auch der Tod als scheinbar stehender Zeitpunkt, der die Vergangenheit an sich vorbei fließen lässt. Ihn stellt der Arzt durch den Stillstand von Kreislauf und Atmung fest, das Ende der periodischen Bewegungen. Dann ist typischerweise nichts mehr festzustellen außer der Nichtbewegung. Ohne feststellbare Bewegung weiß man aber nicht, woher und wohin es geht, da kein Weg zurückgelegt wird, der Anfang oder Ende aufwiese. Da versagt der mechanistisch denkenden chemischen Medizin die Stimme. Sie kann nichts dazu sagen. Der Tod kann in der chemischen Medizin nur als Nichtleben definiert werden.

Das Heute ist die einzige lebendige Zeit, das Gestern ist tot und nicht mehr zu ändern, das Morgen liegt noch nicht in unserer Hand, nur das Jetzt können wir beeinflussen, gestalten. Das überschauende Prinzip der Niere weiß, dass wir die Moderne und die Jugend derer von gestern sind – und gleichzeitig die Alten derer von morgen und die Primitiven derer von übermorgen. Deswegen ahnt es, dass das Überleben eines

Das Überleben einer Idee ist nur im Heute möglich

Menschen wie einer Idee im Heute nur möglich ist, wenn das Gestern wirklich bis zum Grund verarbeitet ist und klar und integer dem Morgen übermittelt wird. Spätestens das Übermorgen wird jeden Makel aufdecken. Die gesunde Niere als ein Organ der wahrhaftigen Beurteilung löst dann auch die Angst. „Bist du wahrhaftig, so schwindet Blut und weicht Angst", sagten die alten Chinesen [42].

Die Niere setzt Erfahrungstatsachen über Vorstellungen. Darin ist sie ein direkter Gegenspieler zur Leber, ein heilender, weil sie den Vorstellungen und Träumen ihre Blindheit zu nehmen vermag. Denn „ein Kerl, der spekuliert, ist wie ein Tier, auf dürrer Heide von einem bösen Geist im Kreis herumgeführt, und rings umher liegt schöne grüne Weide"[43]. Dieser blinden Spekulation setzt die Niere die handfeste Erfahrung an der Realität gegenüber, auch wenn sie damit der gängigen Vorstellungswelt zunächst Bauchschmerzen verursachen mag. Das sind die Wehen, die – vielleicht noch heimlich – ein neues Jahr und einen neuen Frühling ankündigen.

> Eine schwache Niere wird immer von Angst begleitet sein

Mit dem Mut zur persönlichen Erfahrung gebärt die Niere neue große Wahrheiten, ob bei revolutionären Wissenschaftlern oder Religionsgründern mit dem immer wiederkehrenden Aufruf „Augen habt Ihr und seht nicht"[44]. Sie will genau hinschauen und durch Nachsinnen über das Geschaute Quintessenzen aufdecken. „Die Furcht schadet den Nieren, aber das Nachdenken siegt über die Furcht" [53]. Dieses Nachdenken als ein wahrhaftiges Hin(ter)schauen fordert, alle Vorurteile vorübergehend zur Seite zu stellen. Die neue Erfahrung ist integer, also unberührt, und zu betrachten, als sei sie die Erste, und unvoreingenommen, soweit dies möglich ist. Nur so ist ihr sauberes Integrieren möglich. Dahinter steht die Ahnung, dass kein Wissen ein eEwiges ist. Unsere Wahrheit entwickelt sich stetig weiter durch Erfahrung. Mit diesem Mut zur Integrität nach dem Motto Gandhis, dass man ihm die Knochen zerschlagen, aber nicht die Wahrheit nehmen könne, beantwortet die Niere die Fragen all ihrer vorhergehenden Organe. Deshalb wahrt sie die Quintessenz und Summe dieser ihrer Vorgänger. Ihre Kraft ist der Mut, hinzuschauen, selbst wenn die dabei erfahrene Wahrheit unerwartet oder unangenehm und leidvoll ist. Immer wieder zeigt sich im Alltag, dass auf diese Weise tatsächlich Angst gelöst werden kann. Deshalb wird eine schwache Niere immer von Angst begleitet sein.

Die gesunde Niere will diese Quintessenz durchsetzen, ohne die anderen Prinzipien zu unterjochen. Dramen und Volkslieder handeln vom spannungsgeladenen Kampf eines Winters, der dem neuen Frühling eine Chance bieten will, sich gegen überalterte Vorstellungen des vergangenen Frühlings durchzusetzen [45], so wie ein Großvater seinen Enkel unterstützt. Der Frühling der Leber verliert im gesunden Winter all das, was sich in der Erfahrung der Realität nicht bewährt hat. Natürlich wird er sich wehren, wenn ihm die Einsicht der Niere fehlt. Schiller kreiert den starren und typischerweise fast blinden greisen Kardinal in „Don Carlos". Ihm fehlt die winterliche Erfahrung aus einer sommerlichen Wirklichkeit. Wie einen überalterten, festgefahrenen Frühling lässt er ihn äußern: „Vor dem Glauben gilt kein Richteramt der Natur" [46]. Eine fantastische Erwiderung auf diesen Irrtum liest man in den Memoiren von Carl Gustav Jung: „Als die Erzsünde des Glaubens erschien mir die Tatsache, dass er der Erfahrung vorgriff" [47]. Wahrheiten lassen sich erfahren, und auf diese Erfahrungen baut ein gesundes Individuum seine Vorstellungen. Schillers folternder Kardinal müsste bereit sein, überholte Auffassungen wie die Blätter im Winter fallen zu lassen. Nur die weise Niere könnte ihm einen neuen Frühling bescheren. Sonst kommt es zu einer Schwächung beider, denn sie leben voneinander. Die Leber kann die Niere so wenig ersetzen wie die Niere die Leber. Eine gesunde Verbindung des Herzens zwischen beiden jedoch wirkt ungemein überzeugend. In der Niere entsteht nach der Verarbeitung der Erfahrung die Weisheit, während die Leber, wie es die Schlange Adam und Eva voraussagte, nur die Klugheit hervorbrachte.

Die Leber verändert oder eliminiert, was nicht in ihr Schema hineinpasst und ihr fremd- oder eigenartig erscheint. Die Niere übergeht nichts. Passt es nicht in ein Denkschema, versucht sie, alles zu integrieren, was ihr irgendwie auffällt, gerade auch sonderbare Realitäten, also von der üblichen Vorstellung abgesonderte. Integriert erscheinen jene gar nicht mehr sonderbar oder eigentümlich. Dem Integrieren aller Erfahrungen folgt logisch die Integrität. Hat ein Mensch alle Erfahrungen in sein Denken und Fühlen konsequent integriert – mit all ihren scheinbar unvereinbaren Widersprüchen –, so ist er zu einer Einheit und einem Ganzen geworden, widerspruchslos mit sich im Reinen und damit integer. Ist alles integriert, wird wenig überraschen, und innere Ruhe kehrt ein. Um dies zu erhalten, ist ein stetig wiederholtes Integrieren vonnöten angesichts der Veränderung auch der inneren Realität im Fluss der Zeit. Der Mensch ist ein Prozess, er bleibt nie stehen, so wie am Ende eines jeden Jahreszyklus immer wieder ein Winter folgt. Auch künftig werden neue, zunächst eigenartig, fremd und nicht integrierbar erscheinende Tatsachen auftauchen, die vielleicht den erfahrenen ähnlich, aber ihnen nicht unbedingt gleich sein dürften und daher ein erneutes grundsätzliches Überdenken erfordern. Das ist der Zustand, in dem sich die Ärzte sehen, die zunehmend wieder verstehen, dass sie es mit dem Heilen ehrlich meinen müssen. Viele alte Philosophen waren der Auffassung, dass einen Menschen mit einem innerlich integeren Zustand keine Störung von außen treffen könne. So schreibt der Gelbe Kaiser, dass dann „die Menschen sich nicht vor äußeren Phänomenen fürchteten“[31]. Lao Tse hat dies sehr bildhaft umschrieben: „Wer es versteht, richtig zu leben, kann überall hingehen, ohne Angst vor dem Nashorn oder dem Tiger; er wird auch nicht verwundet werden im Kampf. Das Nashorn findet an ihm keine Stelle, wo es sein Horn hineinstoßen könnte, und der Tiger findet keinen Platz für seine Pranken; ebenso finden auch andere Waffen keine Stellen, wo sie treffen könnten.“[1]

Eine faszinierende, ungeahnte Sicherheit spricht aus diesen Worten. Aber woher nimmt LaoTse das Wissen? Anfangs wusste ich es nicht. Aber mit dem Kennenlernen der Homöopathie wurde mir klar, dass darin das Grundgesetz liegt, nach dem Homöopathie heilt. Als junger Arzt stellte ich fest, dass die Mandelentzündungen der Kinder nach Gabe von Penicillin zwar erst einmal zurückgingen. Sie heilten aber offenkundig nicht ab, denn sie traten regelmäßig wieder auf. Als ich meine ersten homöopathischen Grundkenntnisse anwandte, kamen sie zu meinem großen Erstaunen nicht wieder. Meist gab ich MERCURIUS SOLUBILIS. Dann sah man die Zahneindrücke an der Zunge, das Kind roch manchmal aus dem Mund, es schwitzte vielleicht bei Anstrengung, und die Mandeln hatten in den nicht akuten Phasen den typische Aussehen der chronischen Entzündung. Was war durch die Gabe von MERCURIUS SOLUBILIS passiert? MERCURIUS SOLUBILIS enthielt seine Information nur für das Kind. Und die bakterielle Entzündung, auch die chronische, verschwand tatsächlich dauerhaft. Aber ich hatte doch nur das Kind und nicht die Bakterien behandelt. Woher „wussten“ diese, dass sie jetzt nicht mehr angreifen sollten? Unerklärlich! Dieses „Wunder“ vollbringt ein erfahrener homöopathischer Arzt auch bei einer Ohren- oder Lungenentzündung. Warum? Weil, wie Lao Tse es blumig ausdrückt, nichts von außen mehr angreift, wenn innerlich alles gelöst ist. Das klingt unerhört, doch nicht nur die Homöopathie, auch die chinesische Medizin der letzten 5000 Jahre hat erfolgreich darauf gebaut. Auch hier spricht viel dafür, dass wir das mit zunehmendem Verständnis der Quantenlogik besser verstehen werden. Offensichtlich weist etwas Ganzes, wie das Herz uns lehrt, eine besondere Eigenschaft der Stabilität auf. Für Sie als Patienten bedeutet es, dass die klassisch-homöopathisch richtig wirkende Arznei Sie nicht nur gegen die Anginabakterien heilt, sondern generell stabi-

> Wenn innerlich alles gelöst ist, greift von außen nichts mehr an

ler macht. Wie eine Rundum-Impfung. Jeder, der sich so behandeln lässt, macht diese Erfahrung. Wenn ich einen Kranken wegen eines Unterschenkelausschlages erfolgreich behandle, bekommt er auch die Erkältung nicht mehr, die ihn vor der Behandlung regelmäßig heimgesucht hat. Das ist es, was ich meine. Homöopathie ist eine notwendige Medizin der Zukunft.

Geistige Integration von Vorstellungen, nachdem wir sie auf Realitätsgehalt abgeklopft haben, ist natürlicherweise eine stete Utopie. Nie wird die Erfahrung sich von der Vorstellung befreien können. In jedem Wort, das wir sprechen, ist bereits eine fixe Vorstellung beheimatet. Daher bleibt die Weisheit eine stete Aufgabe und ein unentwegter Vorgang in Richtung auf ein Ziel. Dieses Ziel ist letztendlich nicht erreichbar, aber der Weg dorthin. Als Lohn winkt die Befreiung von der Angst. Je mehr Erfahrungen wir sammeln, umso eher können wir annehmen, dass sie der Realität entsprechen.

Es ist selbstverständlich, dass der Einzelne nie auch nur annähernd alle Erfahrungen selbst machen wird oder machen kann. Daher muss er die meisten Erfahrungen von anderen übernehmen, sie ihnen glauben. Dies ist die Achillesferse aller Wissenschaften, auch der Medizin. Wissenschaft ist daher eher eine „Glaubenschaft". Sie ist, und da ähnelt sie der Religion, nur lebendig, wenn sie kontinuierlich alle neuen Erfahrungen integriert. Klammheimlich gerät sie sonst in die Nähe der Lehrsätze der Kardinäle Galileis. Neue Erfahrungen verlangen von ihr mehr als von einer Schule. Hier ist ein Blätterfallen gefordert, sonst wird die Niere vom Frühling der Leber unterjocht, dessen Stärke wie Schwäche die Schulenbildung ist. Wir sprechen dann von einer Schulmedizin.

„Wer weiß, aber glaubt, dass er nichts weiß, ist groß", wissen Sokrates und Lao Tse [48] mit dem Scharfsinn der Niere [8]. Wir streben heute nach Objektivität, objektiv ist wahr. Objektiv hieße eine Wahrnehmung unabhängig von den Erfahrungen des Individuums. Das ist nicht möglich, lehrt die Niere, weil Wahrnehmungen immer Reaktionen des Einzelnen auf seine Umgebung sind. Ein Bild kann nicht gesehen werden, wenn keiner da ist, der sieht. Aus der Annahme, sehen zu können, ohne selbst hinzuschauen, entsteht keine objektive Sicherheit. Diese Fehlannahme ist vielmehr die Wurzel der Angst.

Das Hinterfragen eines Sokrates nimmt die Bretter vor dem Kopf weg, welche die Vorstellungen der Leber gezimmert haben. Dann verschwindet die Angst. Sie verschwindet wie die Dunkelheit, die mit dem Licht das Zimmer verlässt. Niemand wird zuerst die Dunkelheit entfernen. Das führt zu nichts. Sie bleibt, solange kein Licht da ist. Um die Probleme seiner inneren Dunkelheit zu lösen, muss der Kranke in eben jenes Loch hinuntersteigen, das er fürchtet, um dort im Licht das anzuschauen, was er bisher nicht anzuschauen wagte. Nur durch die Tortur, dem, was er aus meist unbewusster Angst nicht wahrnehmen will, ehrlich in die Augen zu sehen, kann er den Hintergrund der Angst erfahren. Es ist, als würde er die Angst zunächst gebären, um sie dann zu heilen. CALCIUM CARBONICUM kann hier helfen oder NITRICUM ACIDUM, wenn sich der Kranke tief in eine Problematik verbissen hat. Dies gilt jedoch nur, wenn die anderen Beschwerden des Kranken auch mit dem Arzneimittelbild übereinstimmen.

Die Lösung der Angst geschieht mit den Augen

Der Schlaf legt jeden Abend einen Winter ein. Danach kann er wieder einen kräftigen Frühling gebären. Er braucht den Mut der Niere zur Klärung der Probleme von gestern. Sonst wird das Gestern im nächtlichen Heute nachleben, bis es zur Ruhe gekommen ist. Auch hier gibt es wieder viele Arzneien, NATRIUM MURIATICUM ist nur eine. Dann stören die hartnäckigen Gedanken den Schlaf. Der All-Bezwinger, wie Homer den Schlaf genannt hat, der unabwendbar wie ein Winter den Tag abschließt als Ruhe nach dem Sturm, kann nicht nur zu schwach, sondern auch zu stark ausgeprägt sein. Dann wird die Ruhe zur psychischen Lähmung. Das gehört in die Hand des klassisch-homöopathischen Fachmannes.

Schreiten auf der Stelle kann zur Langeweile entarten. Alte Menschen sind für jede Abwechslung und jedes Frühlingsprinzip dankbar. Sonst kann es zu einem geistigen Leben in vergangenen Zeiten führen. Ständig werden Kriegserlebnisse oder Jugendfreundschaften aufgewärmt. Schließlich wird die Erinnerung zu einem seelenzerstörenden Faktor wie das Salz ohne Wasser, welches die Häuser am Meer zerfrisst. Dann werden aus lebensfrohen Menschen todessüchtige. Die Konsequenz ihrer Philosophie ist Resignation. Da erinnert die Seele an einen Salzsee des NATRIUM MURIATICUM, an dessen Ufern kaum etwas vom Leben zeugt, sondern alles wie tiefgefroren erstarrt ist. Die Altersstarre des Denkens wirkt, ebenso wie die eines Gelenkes, nicht etwa stärker, sondern gebrechlicher. Schillers Bogen zerbräche hier noch früher.

So wenig wie die Leber ihre Vorstellung ins Morgen festschreiben kann, so wenig darf fixierte Tradition dem Morgen den Weg verstellen. Sie entspräche einem Nierenstein, der als riesige Ansammlung ungelösten Salzes die ganze Niere blockieren und zu einer sehr schmerzhaften Kolik führen kann. LYCOPODIUM ist hier eine große Arznei. Die Niere ist immer wieder der Punkt für diesen Kranken, der ihn aus seinen Fehlvorstellungen herausholen will. Schmerzen können aufwachen lassen. Typischerweise wird dieser Kranke durch eine Nierenkolik zu äußerster Aktivität und Unruhe angeregt. Er liegt fast nie im Bett, sondern läuft ruhelos umher. Dagegen wird die überaktive Galle bei einer Gallenkolik extrem ruhig ans Bett gefesselt.

Ist die Niere im Zusammenspiel mit ihren Vorgängern ausgeglichen, erwirbt sie die Weisheit, die Blätter abzuwerfen, wenn die Last des Schnees zu erwarten ist, und erleidet dadurch nicht das Brechen der Äste. Sie erfährt Leid als Veränderung, an der es selbst ändernd nicht leiden muss. Sie durchlebt den Winter wie eine Rückführung zur eigenen Quintessenz. Daraus schöpft sie Kraft und Willen für eine neue Tat, für einen neuen Frühling.

Dann startet der erneute Durchbruch. Es ist, als sei die letzte Runde eine Embryonalphase der nächsten. Wie eine Geburt bricht der Frühling erneut hervor, wie ein Frühling die neue Geburt. Die Quintessenzen der letzten Niere werden sich als Archetypen im Magen zu etwas Neuem zusammenfinden, wie eine neue Artusrunde. „Wir dürfen nicht versuchen wollen, das, was wir als Wertvollstes aus der Vergangenheit haben, nun als Gestaltetes aufzubewahren, in konservativer Weise all dies Schöne, das uns lieb geworden ist, beisammen zu halten und nicht zerstören zu lassen. Auf diese Weise würde das Schöne gefrieren und erstarren. ... Die neue Zeit muss in Kontakt bleiben mit der alten Zeit“ [50]. Die neue Zeit, das ist der Frühling, das ist die Leber, die zwischenzeitlich bereits vom Magen Nachschub bekommen hat und weiter daran arbeitet, ein schönes neues Morgen zu planen. Doch sind wir noch nicht am Ende unserer Betrachtung der Harnwege. Der Urin durchfließt noch ein Organ, die Harnblase, das uns kurz, aber doch gewichtig beschäftigen wird.

„Wenn nicht in die Enge getrieben wird, kein Durchbruch“

Betrachten wir noch einige weitere Organe, die der Niere nahe stehen:

Zähne

Anerkennung ohne Grund ist wie reiner Zucker. Er zerfrisst die Wahrhaftigkeit der Niere. So wie zu viel Zucker die Zähne, so zerstört zu viel Anerkennung die geistige Substanz der Erfahrung. Der Volksmund weiß davon; denn wenn „einem etwas an die Nieren geht“, dann geht es einem an die Substanz.

Die Nebennieren

Am oberen Pol der Nieren liegen die Nebennieren. Sie produzieren das Stresshormon, welches wir dann brauchen, wenn wir all unsere Erfahrungen und all unsere Kraft in einer Notsituation schnell zur Hand haben müssen. Dann wird die Lunge zur tiefen Atmung angeregt, Herz und Kreislauf aktiviert. Die Nebenniere kann auch in den schönsten Momenten des Lebens aktiv werden. Dann ruft die Niere, die wie ein Fotograf diese Augenblicke objektiv festhalten möchte, das „Verweile doch!". Verweilen aber ist tödlich für das Herz. Es erinnert daran, dass ein Leben in Fotoalben die Realität nicht ersetzen kann.

Stichworte zum Thema Nieren

- Druck, Angst, Enge, kein Ausweg und kein Ziel.
- Widerstand, Gegenkraft, Filter, Urkraft.
- Scheinbar sinn-, ziel- und richtungslos, Widerhall, Pendel, Vollmond, Rückbesinnung, Standquartier, Treten auf der Stelle.
- Wasser, konturlos, gerecht. Salz, Leiden und Dulden, Geduld.
- Wasser und Salz in gegenseitiger Attraktivität wie Geist und Erfahrung, dadurch Lösen (von) der Vergangenheit, Konsequenzen von gestern für morgen, bewahrt Erfahrung als Folgerung aus dem Gestern, nicht das Gestern selbst, Quintessenz, Erfahrung als geistiges, einziges dauerhaftes Haben.
- Erfahrung aus dem Leid vermindert künftiges Leid.
- Informationen aus Gestern formen Heute und Morgen.
- Erfahrung über Vorstellung setzen, Vorstellung (Leber) mit Realität (Herz) vergleichen (Niere).
- Antwort auf Fragen aller vorhergehenden Organe. Polar zu Herz, Milz, Leber.
- Auf sich selbst hören, Unbewusstes wahrnehmen, Wurzel, Tiefe, Innerstes.
- Kelch, Bewahren, Kontinuität, Substanz, Eiweiß, Urkraft, Sicherheit, Selbstbewusstsein.
- Ruhepol, Nacht, Alter, Winter, Tod, Kälte, tiefgefroren.
- Starre, Lähmung, Resignation.
- Zeitloser Überblick, Objektivität, Unabhängigkeit durch eigenständigen Standpunkt, Besonnenheit, genaues Hinhören. Integer alles integrieren, wahrhaftiges Beurteilen, Unvoreingenommenheit. Mut, selbst hinzuschauen.
- Lösung der Angst. Angst gebären, um sie zu heilen.

Dem Nierenkranken und seinen geistigen Verwandten rate ich:

Versuchen Sie, das Rinnen des Wassers aus dem Hahn zwischen Ihren Fingern zu spüren.

Fertig gestellt wird das Puzzle uninteressant. Seine Quintessenz war das Wesentliche. Man möchte es auflösen und von neuem beginnen.

Üben Sie wahrzunehmen, ohne den Einfluss anderer, die Ihnen erzählen, was Sie wahrzunehmen hätten.

„Bist du wahrhaftig, so schwindet Blut (=Zerstörung) und weicht Angst“ [43].
Wahrheit hat man nicht gekauft. Nur stetig neues Prüfen bewahrt Sie vor der Überraschung. „Der Weise stößt nicht auf Schwierigkeiten. Er stößt nicht auf Schwierigkeiten, weil er sie erkennt“ [48].

Der Hochmut des Erfahrenen zeigt seine Unerfahrenheit.

Die Harnblase

Die Harnblase wirkt wie der gestaute See aus dem Nierenkapitel. Beide Nieren führen ihr den Urin zu, den sie durch die Harnröhre entleert. Sie trägt den Urin und damit das Wasser als archetypisches Symbol des Geistes.

Die Blase löst das, was die Niere abgegeben hat. Dabei handelt es sich nicht um das verdichtete, hoch strukturierte Produkt des Dickdarms, sondern um Wasser und Salz. Sie scheint symbolhaft zu zeigen, dass das Leid lösbar ist wie das Salz, wenn es lange genug ausgehalten wurde. Das Halten der Blase ist ein langes Ertragen, das Lösen geschieht in Kürze. Ähnlich löst sich der Leidensdruck durch die Erkenntnis der Erfahrung.

Schmerzen beim Lösen des Urins weisen auf Entzündungen hin, die oft wiederkehren. Kann der Kranke geistig etwas nicht lösen, loslassen? Die Lösungen sind vielfältig.

NUX VOMICA hat einen Stuhldrang bei den Schmerzen. Es ist die Arznei, bei welcher der Kranke nach Überreizung und Überforderung am liebsten alles loswerden will.

CANTHARIS brennt und schneidet fürchterlich beim Urinieren. Nach meiner Erfahrung ist hier oft das Sexuelle mit im Spiel. Das kann auch eine frische Erfahrung sein.

CAUSTICUM brennt ebenfalls beim Urinieren. Der innere Revoluzzer, der Gerechtigkeitsfan, hat wohl mit etwas noch nicht abgeschlossen, das zur Lösung ansteht.

PULSATILLA schmerzt nach dem Urinieren. Wollte es nicht losgelassen haben. Es ist eine der Arzneien für Kranke, die zu innerer Widersprüchlichkeit neigen. Bei PULSATILLA sind meist die kalten Füße der Auslöser.

Der Rücken

Das Tragen- oder Nicht-mehr-ertragen können ist nicht nur ein Gedanke der Blase, sondern auch anderer tragender Organe wie des Rückens und der Knie. Das kann in die Knie zwingen. Die Knie knacken bei einem Kranken. Hat er sich der Gerechtigkeit zuliebe überladen, spricht schon einiges für CAUSTICUM.

Der Rücken scheint drei Ideen oder Grundfunktionen zu beheimaten: das Drehen, das Rückgrat und das Tragen.

Führt eine plötzliche Drehbewegung zu einem jähen Hexenschuss, hat die Idee der Galle zugeschlagen. Oft war es eine Vorstellung, die unbedingt noch verwirklicht werden sollte. Schon beendet der Rücken das Vorhaben und zwingt in die Realität zurück. Drehen des Rückens heißt Fließen.

Das Rückgrat hat mit Standfestigkeit zu tun. „Rückgrat haben", sagt der Volksmund. Zu viel davon bedeutet Rigidität und mangelnde Dynamik. Schließlich besteht das Rückgrat als Wirbelsäule aus kleinen Einheiten, den Wirbeln, die beweglich sein müssen und deshalb nur mit Bändern verbunden sind. Hier gibt es ein spezielles Rheuma, die Bechterewsche Krankheit, welche die Wirbelsäule wie ein Bambusrohr verhärten lässt. Hier ist frühzeitig Klassische Homöopathie gefordert, um ein Fortschreiten zu verhindern.

Aber auch mangelnde Festigkeit finden wir in der Wirbelsäule, mit Wirbelgleiten und Bandscheibenschwäche. Eine solch langzeitige Stoffwechselstörung erfordert langzeitige homöopathische Therapie. Ist das Aushalten von Situationen gegenüber dem Ausweichen im Ungleichgewicht? Die gesunde Wirbelsäule bewegt und biegt sich wie ein Fisch im Wasser. Sie symbolisiert das Fließen und Reagieren.

Aber auch das Tragen. Hier sind die Muskeln und Bänder ebenfalls gefordert. Die Harnblase hat eine ähnliche Funktion. Man wundere sich also nicht, wenn auf chemische Spritzen für den Rücken ein Blasenleiden folgt und umgekehrt. Auch Myome gehören in diesen Kreis. Immer geht es um Selbstüberlastung. Der Drang nach einer vermeintlichen Gerechtigkeit oder Moral kann hier zur Unmoral werden, weil der Rücken versagt und dann die anderen für diesen Kranken tragen müssen. Natur bringt grundsätzlich alles ins Gleichgewicht, notfalls über Krankheit.

Wie Rückenschmerzen mit unerträglichen Situationen einhergehen können, die man vielleicht als längst aus dem Sinn wähnt, zeigte mir ein junger Mann. Er berichtete, er leide seit über zehn Jahren an Rückenschmerzen, früher mit Unterbrechungen. Die Abstände seien immer kürzer geworden. Seit zwei Jahren schmerze ihn der Rücken ununterbrochen. Breiteste Therapie bis hin zu einer stationären Kur war ohne Erfolg.

> Der Rücken zeigt, was im Leben unerträglich ist

Man habe einen „Verschleiß“ diagnostiziert. Durch die Erkrankung, aufgrund derer er seit vielen Monaten nicht arbeiten könne, habe er seinen Arbeitsplatz verloren. Er fürchte nun um seine berufliche Existenz. Er meint, dass diese Beschwerden von seinem Beruf als Bauarbeiter kommen könnten. Aber es falle ihm auf, dass die Schmerzen am schlimmsten sind beim ruhigen Sitzen. Das ist sonderlich. Er ist doch dann körperlich entlastet, hat aber Zeit, die Gedanken laufen zu lassen. Ist es das? Was nimmt ihm die Ruhe, was mag dieser junge Mann als unerträglich empfinden oder empfunden haben? In stundenlanger Aussprache bringt er etwas hoch. Vor zehn Jahren habe er seinen zweiten Sohn verloren. Dieser sei neun Tage nach der Geburt gestorben. Das sei ein „starker Einschnitt in sein Leben“ gewesen. Im Gespräch zeigt sich, dass er dies immer noch als unerträglich und ungerecht empfindet, daran immer noch „trägt“. Sanfte Hinweise darauf, dass sein Kind ein eigenes Leben geführt habe, das nicht nach den Erwartungen der Eltern verlaufen müsse, begleiten die homöopathische Arzneigabe von CAUSTICUM.

Vier Wochen danach erscheint er zur Kontrolle und sieht merklich erleichtert aus. Er berichtet, dass er bereits seit zehn Tagen wieder arbeite. Außer einem kurzen Rückfall ist dies in den folgenden Monaten auch so geblieben. Natürlich hatte dieser Kranke eine degenerierte Wirbelsäule. Doch war dies nicht die eigentliche Ursache der Schmerzen. Das unerträgliche Problem von gestern ist nun irgendwie in sein heutiges Weltbild eingeordnet, bestätigt er froh. Mit diesem Hintergrund ist auch der Vordergrund, die Rückenschmerzen, in erstaunlicher Weise gelöst.

Stichworte zum Thema Rücken

- Tragen, Unerträglich.
- Biegen, Beugen, Dehnen, Fließen.
- Rückgrat, Starre und Rigidität oder Gleiten und Haltlosigkeit.
- Krankheiten sind verwandt mit denen der Knie, Blase, Prostata, des Uterus (Myome).

Ratschläge

Dem Rückenkranken und seinen geistigen Verwandten rate ich:

Niere und Galle zeigen die Ideen, die sich über den Rücken „beschweren". Wenn Ihre Beschwerden mehr in der Mitte liegen und eher andauern, werden Sie ihn unter dem Punkt der Niere finden. Sollten Ihre Schmerzen jäh und anfallsweise und eher seitlich auftreten, so lesen Sie bitte das Kapitel Galle.

Denken Sie darüber nach, ob Sie an der richtigen Stelle ausweichen und an der anderen Stelle aus- und hinhalten.

Ihnen erscheint vieles unerträglich? Sind Sie sicher, dass Sie es tragen müssen?

Fließen Sie, entspannen Sie. Geben Sie so dem Zufall eine Chance!

Übermäßige Härte erscheint stark, ist aber eine Schwäche. Nur Wasser bricht nicht.

Die Sexualorgane

Die Sexualität als der besondere Ausdruck der Liebe zwischen zwei Menschen zeigt den vereinigenden Herz-Aspekt der Liebe. „Vereint und wieder vereint, die Pforte zu jedem Geheimnis", schrieb Lao Tse. Hier vollzieht der Mensch, auch der Intellektuelle, lustvoll archaische Riten, als opfere er den alten Göttern. Alle sonst mathematisch formulierten Archetypen vom Pfeil bis zur Kugel werden Fleisch, als sei auch hier das Wort Fleisch geworden. Das Fleisch muss aus dem Wort kommen, damit nicht Wort als Geist und Fleisch auseinander driften. Das wäre im vereinigenden Ganzen der Liebe ein galliges Trauma.

Gesunde Sexualität lebt tiefe Gefühle

Gesunde Sexualität beheimatet das Lockersein der Milz. Ein Paradies. Endlich kann man sich so geben, wie man ist, ohne Maske, offen wie das Herz. Doch maskenlos kann auch schutzlos sein. Nur die Liebe bietet dann Schutz. Sexualität ist der Ort, an dem man Schutzlosigkeit erfahren kann, ersetzt durch Liebe. Fehlt die Liebe, wird die Schutzlosigkeit leicht unerwartet zum Trauma. Sexualität lässt also den Grad der Liebe spüren.

Leider wird die Tiefe der Wirkung der sexuellen Vereinigung in unserem Unbewussten leicht unterschätzt. Eine ungewollte Vereinigung kann bei Mann wie bei Frau tief traumatisch wirken, auch wenn nach außen hin ein Paar entsteht. Sie tun ihrem Unbewussten Gewalt an, sei es für das gemeinsame Geld oder eine versteinerte Moral. Eine gesunde Sexualität offenbart die Liebe. Sie erhält Partnerschaften, auch wenn beide gegen den Strom schwimmen müssen.

Je länger ich als Arzt die Seele der Menschen kennen lerne, umso mehr Achtung bekomme ich vor der körperlichen Liebe. Sie kann zerstören und Leben retten. Nirgendwo sonst zeigt sich so deutlich, dass die Vorstellung der Trennung von Körper und Seele beim Lebenden eine Illusion ist. Die Liebe hält sie zusammen.

Störungen im Bereich der Sexualität sind tiefe Störungen

Das gilt ebenso für die Genitalorgane, die der Fortpflanzung dienen. Bei allen gelten zwei wichtige Grundsätze: Es darf nicht herumprobiert werden. Alle Beschwerden gehören in die Hände des klassisch-homöopathischen Arztes. Denn hier zeigt sich leider zu oft, dass eine chemische Behandlung der erste Schritt zur chronischen Krankheit ist.

Die Sexual- und Genitalorgane des Mannes

Der Penis kann schon beim kleinen Jungen Probleme machen. Dann lässt er sein Schwert eingepackt, Phimose oder Vorhautverengung nennt man das. Niemals hätte ich gedacht, dass sich das homöopathisch lösen lässt. Aber immer wieder mache ich diese Erfahrung. Die Phimose geht dann ganz rasch zurück. Doch sie ist eine tiefe Störung wie alle genitalen Beschwerden. Die Arzneien weisen immer auch auf die Hintergründe hin. CARCINOSIUM, auch MERCURIUS und NITRICUM ACIDUM weisen auf Gemeinsamkeiten mit dem Krebs hin. Erschrecken Sie nicht, es ist nur die gleiche Information oder Idee, die der Krebs ebenfalls trägt. Welche ist es? Sich zurücknehmen, sich verbergen. Erinnern Sie sich. Der Krebs wird so versteckt und weggedrängt, dass er sich vom Ganzen verabschiedet. Und hier wird der Penis als eine Äußerung der eigenen Kraft und Lust verpackt. Lassen Sie sich nicht erzählen, das „Auspacken" ginge nur operativ. Dies ist ein Irrtum.

Bei manchen Kranken passt LYCOPODIUM, wenn der Penis nicht steif wird, obwohl die Lust da ist. Die typische Konstellation von LYCOPODIUM: Wieder ist die Vorstellung da, aber die Realität gehorcht ihr nicht. Viele Arzneien haben ein ähnliches Bild.

Ausfluss aus dem Penis heißt Wegfließen. Das kann ungelebte Lust sein. Oder ist die sexuelle Lust ein Ersatz für eine andere, ungelebte?

Hodenschmerzen sind ein Warnsignal und müssen erst einmal urologisch untersucht werden. AURUM und ARGENTUM, also Gold und Silber homöopathisch, sind häufig helfende Arzneien. Sie zeigen den Wert dieser Träger weiteren Lebens. Unerklärliche Hodenschmerzen, die oft spontan auftreten, reagieren auf Homöopathie sehr gut.

Wird der Anfangsteil der männlichen Harnröhre durch eine vergrößerte Prostata oder Vorsteherdrüse zusammengedrückt, tröpfelt beim Wasserlassen der Urin, ist unterbrochen, zwingt zum raschen Toilettengang und so fort. Die Vielfalt der Beschwerden zieht viele mögliche Arzneien nach sich. An diesen Beschwerden leiden „Vorsteher", also Verantwortungsträger. Sie neigen dazu, sich selbst zu überfordern. Dann läuft ihnen das, was sie nicht tragen können, heimlich weg. Es ist für sie gewiss nicht einfach herauszufinden, wo die Überforderung liegt, denn sie sind disziplinierte Männer. Hier gilt es, genau zu sein und zu wissen, dass die Klassische Homöopathie die Dinge eher nicht schlagartig verändern wird.

Die Sexual- und Genitalorgane der Frau

Die Scheide birgt den Penis. Das ist eine Magenfunktion. Folglich sind hier die großen Archetypen am Wirken. Kleine Beschwerden sind Hinweise auf Störungen mit großen Hintergründen. Sie lange auf die leichte Schulter zu nehmen, verkennt den Ernst der Lage. Hier ist gute Klassische Homöopathie gefordert, ob Ausfluss, Jucken oder Trockenheit. Das gilt auch für die äußeren Genitalien.

Der Muttermund ist eine Kampfzone. Zwei Schleimhauttypen treffen aufeinander, die auch durch die beiden weiblichen Haupthormone vertreten sind: die Scheide als Ort der Partnerliebe und die Gebärmutter als Ort der Mutterliebe. Das kann zu Wucherungen einer Partei führen, bis hin zum Krebs. Ist die Vorsorge grenzwertig, wie zum Beispiel bei einem PAP3, kann häufig THUJA helfen. Aber alle sonderlichen Beschwerden sind zu berücksichtigen! Warum THUJA? Weil es die Arznei für die Betonung einer Seite und die Nichtakzeptanz der anderen ist. Sind sexuelle Wünsche unterdrückt, verboten? Wo wollen Sie die Freiheit leben, wenn nicht dort?

Die Scheide hat zwei Funktionen

Die Gebärmutter ist an Bändern aufgehängt und liegt auf der Harnblase. Sie kann sich senken. In ihr kann eine Frau fremdes Leben tragen und ertragen. Manchmal mag es ihr „unerträglich" erscheinen, wenn sie für die ganze Familie da ist. Dann läuft auch ihr, wie dem Mann mit den Prostataproblemen, das Wasser weg. Sie kann es ebenso wenig tragen wie ihre Probleme.

Man sieht auch den Versuch, die Fähigkeit des Ertragens zu verstärken. Sinnlose Verdickungen der Gebärmutterwand, so genannte Myome, weisen darauf hin. Doch sie sind eine Maßnahme am falschen Ort. Eine Frau ist kinderlos geblieben. Ihr Mann ist beruflich viel unterwegs. Sie hat große Ängste beim Alleinsein. Hält sie es aus? Sie kann sich nicht durchsetzen. Da wuchern plötzlich Myome. Alle sonderlichen Beschwerden zeigen LYCOPODIUM, die Vorstellung, die sich nicht durchsetzen kann. Tatsächlich werden die Myome deutlich kleiner. Aber die Angst kommt wieder. Mit der kann sie nicht umgehen, sie kann ihr Problem nicht lösen. Später passt alles zu PHOSPHORUS. Das verringert die Angst, aber nun entstehen gutartige Knoten in der Brust. Sehen Sie, das ist nichts Leichtes. Besonders, da auch die Gebärmutter zur Idee des Magens gehört, wie sich leicht einsehen lässt. Diese Kranken neigen eher zum Verbergen. Später tauchen rheumatische Beschwerden auf. THUJA passt, nimmt sie weg. Sofort kommt die Angst wieder. Manchmal ist das wie ein Kampf. Dann versuche ich, tief und klar zu durchschauen, was vorgeht.

Alle Störungen der Monatsblutung, auch allgemeine Beschwerden vor der Regel, Schmerzen bei der Regel oder ein Ausbleiben des Anfangs der Regel in der Pubertät sind homöopathisch sehr wichtig und in der Regel gut zu behandeln. Doch ebenso wenig wie bei PMS kann ich hier Anleitungen zur Selbsthilfe geben, denn diese beiden gehören zu den ganzheitlichsten der ganzheitlichen Störungen.

Das Gehirn

Im Reigen der Jahreszeiten haben sich die Organe zusammengefügt, und der Frühling der nächsten Runde steht bevor. Wieder wird es quer durch das ganze Beet menschlicher Organe und menschlicher Gefühle gehen. Das pulsierende Zentrum Herz wird dabei für die unvoreingenommene Kommunikation aller stehen, so unverändert, wie es die Teilchen von einem zum anderen Organ transportiert. Hierdurch scheint sich aus den Beeten ein einziger bunter und blühender Garten und aus den Organen ein einziger dynamischer und gesunder Mensch zu formen.

Das Herz steht auch für den Geist, der sich unverkennbar in den Organen wie in den Krankheiten des Menschen äußert. Für einen chemischen Arzt wie mich war es anfangs unglaublich, zu entdecken, dass hier eine Art der Sprache stattfand. Zunächst hielt ich es für Einbildung. Aber in langen Gesprächen mit den Kranken ordneten sich die Beschwerden so logisch, dass ich den Zufall nicht mehr als Ausrede zu Hilfe nehmen konnte. Als ich lernte, dass ich diesem „Zufall" antworten konnte, indem ich Homöopathie gab, war ich mir meiner Sache gewiss. Der Mensch ist kein Zufall, und wohl nichts an ihm ist Zufall. Das ist keine Glaubensfrage, sondern eine Frage der Zeit, die man sich nimmt, ihm zuzuhören und seine Informationen aufzunehmen.

Unsere Mathematik haben die alten Griechen „erfunden". Ihnen war sie der Beweis, dass es etwas dahinter geben müsse, eine Art mathematische Überwelt. Sie verwirklicht sich in dieser Welt, auch in uns. Dies gilt heute noch, auch wenn wir das nicht mehr aussprechen. Unsere Rakete landet auf dem Mond, weil auch dort unsere Mathematik gilt. Wir kennen keinen Ort, von dem wir sicher wüssten, dass er nicht von Mathematik bestimmt wird bzw. mathematisch bestimmbar ist.

Krankheit strukturiert sich klar wie Mathematik

Doch gesehen haben wir die Mathematik nirgends. Wir kennen sie nur aus unseren Gehirnen. Haben Sie die Zahl vier gesehen? Oder den Kreis? Kaum. Es gibt den idealen Kreis nirgends, nur in unseren Gehirnen. Und doch ist die Mathematik überall. Wo 12 Kinder, 12 Äpfel, 12 Autos sind, da ist auch die Zahl 12. Irgendwann haben wir sie in der Kindheit kennen gelernt, aber nie gesehen. Und wir sind uns sicher, dass es sie gibt. Sonst gälte keine Zahl, auch nicht die Seitenzahl dieses Buches. Sie muss vor uns gewesen sein. Denn auch vor uns hat man schon gerechnet. Das Ergebnis war stets das gleiche: 2 und 2 ist 4. Das bleibt so. Wir haben etwas Bleibendes gefunden, als wäre es von einem anderen Stern gefallen.

Und doch ist es nicht da. Wir können es nicht in die Hand nehmen, nicht greifen, auch wenn wir es ganz sicher begreifen. Mittlerweile bauen wir auf dieses nicht existierende Sein so, dass wir Flugzeuge danach konstruieren und den Mut haben, ihnen in 10000 Meter Höhe unser Leben anzuvertrauen. Es scheint zu tragen. Es ist in jeder Sache drin, sobald sie eine Form hat. Schon kommt die Geometrie zum Zuge. Form scheint Information zu beinhalten.

Welche Macht diese Information hat, die wir begreifen, aber nicht greifen können, merken wir, wenn wir unseren Fernseher fernbedienen. Natürlich gehorcht er, wie das Kinderauto oder andere Maschinen. Keiner denkt darüber nach, dass es eine Information, ein Nichts ist, auf das sein Bild anspringt. Ein elektromagnetisches Feld? Niemand hat es gesehen. Niemand wird es je sehen. Einstein schon wusste, dass es eine Vorstellung ist und bleibt. Eine, die wirklich ist. Das zeigt der Fernseher. Information scheint Form zu formen.

Was für ein Wunder, dass wir angesichts dieser Welt von Informationen, die in Form kommen und in Formen sind, nie auf die Idee gekommen sind, uns auch als aus Informationen geformt zu sehen. Das stimmt nicht ganz. Die alten Chinesen taten das 2000 Jahre lang. Und die Klassische Homöopathie behandelt sogar mit Informationen, seit 200 Jahren. Sie gibt Kranken Informationen, die niemand greifen kann. Denn die Moleküle der Stoffe, aus denen sie hergestellt wird, sind im Endprodukt nicht mehr enthalten. Dennoch wirken homöopathische Arzneien, und sie wirken in einem engen Zusammenhang zu der Ausgangssubstanz, die sie nicht mehr enthalten. Also tragen Sie deren weiterverarbeitete Information. Und diese formt den Kranken, Körper wie Seele, Krankheiten loslassend, als seien Mensch und Krankheit eine Information.

Obwohl ich einen Fernseher habe, fand ich – entsprechend dem Vorurteil meines Berufsstandes – nicht gleich Zugang zu diesem Denken. Aber jeder Kranke brachte es mit, jede Krankheit und jedes Organ offenbarte es. Heute, fast zwanzig Jahre später, kann ich es nicht mehr wegdenken. Der Mensch ist Information. Etwas kommt in ihm zur Form. Etwas, das nicht greifbar, aber sehr begreifbar ist. Also etwas, das man geistig nennen kann. Dieses mein Begreifen geschieht mit meinem Geist. Mein Geist, so habe ich gelernt, sei in meinem Gehirn zu Hause.

> Der Mensch ist Information. Etwas kommt in ihm zur Form

Also sollte ich mich diesem Organ noch zuwenden. Das Gehirn erscheint wie eine Quintessenz. Was die anderen Organe mühsam ausdrücken, das sagt es uns direkt. Das Gehirn spricht, indem es dem Mund Informationen zuführt. Dann spricht dieser, und das kann sehr geistreich sein. Woher und wozu? Das Gehirn will verstehen und wissen, was etwas Bestimmtes bedeutet. Es will nicht nur funktionieren, es will durchschauen.

Das Hirn scheint wie eine Quintessenz aller Organe, eine übergeordnete Kommunikation. Es ist also etwas wie ein Herz auf höherer Ebene, hoch sensibel, hoch anfällig. Doch kann es selbst viele Störungen reparieren – wenn sich nicht etwas einschleicht, das man „Komplex" nennen könnte. Dieser durchzieht wie ein Virus alles, was das Gehirn produziert, obwohl er auch nur Information ist, jedoch störende. Geschieht das, steht Information gegen Information. Ein Krieg droht. Und doch muss das Gehirn, dieser oberste Stein der Pyramide, immer einen kühlen Kopf bewahren.

Denn der Komplex will integriert werden. Er hält das Gehirn offenkundig für eine Mischung aus Herz und Niere. Dabei steht das Herz als Kommunikationszentrum, die Niere als Integrator. Und vielleicht ist das ja auch so. Folglich nehme ich mich des Komplexes an. Ich versuche, die Ideen aller Organe anzuwenden. Offensichtlich sind sie alle auch in meinem Gehirn, denn ich kann sie denken. Ich schlucke den Komplex, verdaue ihn, analysiere ihn, lehne ab, was mir unzuträglich ist, und vereine den Rest mit mir. Dann warte ich. Überlege die Quintessenz. Es rührt sich, und der Komplex wird ich.

Das ist ein ganz normaler Verdauungsvorgang, nur auf anderer Stufe. Das heißt nicht, dass der Komplex eingebildet ist. Ich selbst bin ja auch keine Einbildung. Ich bin beeindruckbar durch Informationen. Ich merke, wie mein Gehirn mit ihnen umgeht, wo es sie staut, wo es sie ablehnt, wo es sich aufregt, wo es sich freut. Das Herz hatte gelehrt: Je höher die Entwicklung eines Systems, umso wichtiger ist seine Ganzheit und umso gefährdeter. Wie wir gesehen haben, kann das hinsichtlich des Körpers Krebs heißen. Im Gehirn heißt das Psychose, Geisteskrankheit. Tatsächlich ist die Information beider Krankheiten so ähnlich, dass große Krebsarzneien wie PHOSPHORUS ebenfalls große Arzneien für Geisteskrankheiten sind. Für Ganzheitsorgane wie das Gehirn, das alles verbindet, ist eine ganzheitliche, also klassisch-homöopathische Behandlung noch wichtiger als für den Körper, und eine lokale noch schädlicher. In den meisten Fällen ist unsere chemische Medizin darüber hinaus noch weniger möglich. Bei den Krankheiten des Gehirns versagt sie meist kläglich, weil sie nicht an der Information ansetzt. Die können wir in diesem Fall vermutlich Geist nennen.

Verdauungsvorgänge laufen auf unterschiedlichen Stufen ab

Die Informationsträger des Gehirns sind natürlich durchaus chemisch. Doch erklären sie so wenig wie das Material der Musik-CD, warum dieser oder jener Ton besser klingt. Auch im Gehirn erklärt die Chemie nicht, warum die Epilepsie einen Menschen mit einer bestimmten Charakterstruktur befällt. Das verrät ihr alter Name, Morbus sacer, die heilige Krankheit. Sie befiel die großen Herrscher wie Caesar und Augustus, aber auch die Gerechtigkeitsfanatiker, welche die Arznei CAUSTICUM brauchen. Sehen Sie die Idee? Hier sind Menschen aktiv, die niemals ausfallen dürfen. Ihre Kontrolle ist extrem gefordert. Kein Wunder, dass auffallend viele der großen homöopathischen Arzneien, die wir Leberkranken geben, auch auf die Epilepsie passen. Hier wird die Kontrolle überzogen, ebenso wie bei der Leber, auf Teufel komm raus. Dann kommt er tatsächlich heraus. Der Kranke verliert völlig die Kontrolle über sich selbst, wie bei Donner, Blitz und Sturm, plötzlich und schlagartig. Erkennen Sie die Gallenfunktion?

Hoch entwickelte Systeme wie das Gehirn lassen sich leicht von der Idee der Leber verführen, der strategischen Kontrolle. Sie gehören aber ins Oberhaus, zu Herz und Lunge. Nur ganzheitlich denkend können sie lange überleben. Hat das den alten Chinesen ihren Staat über Jahrtausende erhalten, den berühmten Denkern der Ganzheit? Warum soll es dem Menschen als höchst entwickeltes biologisches System der Erde anders ergehen? Behandeln wir ihn ganzheitlich! Ersparen wir uns die gallige Reaktion, wenn er entartet und zur Bestie wird, wie das leicht in Kriegen geschieht.

Das hoch entwickelte Organ Gehirn wirkt wie ein Oberhaus des Oberhauses. In seiner reflektierenden Art hat es die Funktion der nachsinnenden Niere mit der des ganzheitlichen Herzens vereint. Es ist wie eine ganzheitliche Quintessenz aller Quintessenzen. Es drückt die Information direkt aus, es spürt sie als Information. Das Gehirn braucht keine Verschlüsselung, es will Direktinformation. Dadurch ist es einen Schritt weiter. Es muss allerdings darauf achten, dass, wenn es abstrahiert, kein Informationsverlust entsteht. Dann wird es an den Beschwerden des Körpers erkennen können, was es übersehen hat.

> Das Gehirn ist eine ganzheitliche Quintessenz der Quintessenzen

Sollte der Mensch nicht imstande sein, mithilfe dieses Wunderorgans auch sich selbst zu betrachten, seinen eigenen Ausdruck? Das hat er immer wieder getan. Jeder kosmologischen Periode, die Wissen von der Natur brachte, folgte eine anthropologische, bei der er sich selbst betrachtete. Wir sind auch jetzt an dieser Schwelle. Just hier fängt das Gehirn gerade an, wahrzunehmen, dass der hilflose Ausdruck des ewigen „Zufalls" immer nur Ausrede und Ausflucht war.

Was für eine weitreichende Bedeutung das hat, kann das Gehirn noch nicht ermessen. Aber wenn die Beschwerden des Körpers Beschwerden im wahrsten Sinne des Wortes sind, also Äußerungen, mit denen sich jemand beschwert, dann könnte man sie bei sich selbst ebenso lösen wie die Beschwerden des Nachbarn – mit Informationen. Man braucht nur den richtigen Zugang. Dazu benötigen wir Informationsärzte, und dann versteht das Gehirn, dass vieles nicht chemisch heilbar sein kann. Sobald Sie bei einer Autopanne feststellt haben, dass die Störung an der Elektronik liegt, werden Sie sich dieser zuwenden. Dementsprechend gehen Sie beim Menschen an die Information, wenn seine Störung dort liegt. Genau das ist die Vorgehensweise der Klassischen Homöopathie.

Wenn das Informationszentrum der höchste Besitz eines Menschen ist, warum sollte es dann bei der Krankheit anders sein? Warum die unteren Ebenen chemisch angehen? Wenn bei einem Autokonzern etwas schief läuft, weil der Chef Fehler gemacht hat, feuern Sie doch auch nicht den Pförtner. Sie können das jeden Tag machen und alle Pförtner des Großunternehmens entlassen; so ähnlich macht es ja die chemische Medizin. Stattdessen sollten Sie versuchen, den Chef mit der richtigen Information dahin zu bringen, dass die Firma wieder läuft. Das würden Sie doch sicher tun. Warum aber wollen Sie Ihrem Körper erst dann Chemie geben, wenn er hustet?

Das Gehirn ist ja auch Chemie? Richtig. Doch seine Information ist es nicht! Das verhält sich wie beim Nachrichtenblatt: Dieses selbst ist Chemie, seine Nachricht jedoch nicht. Was interessiert daran? Die Nachricht oder das Papier? Die Nachricht. Was interessiert am Menschen? Seine Chemie oder seine Information? Kennen Sie die Chemie Ihres Partners? Ich will den Menschen. Und seit ich weiß, dass das Wesentliche meines Fernsehers Information ist, frage ich mich, warum ein Mensch weniger gelten soll als ein Nachrichtenblatt.

Was also ist das Gehirn? Seit ich mit der Präzision eines Piloten Homöopathie anwende und sehe, wie sie wirkt, weiß ich, dass das Gehirn sich nicht in der Chemie erschöpft. Ob ich das will oder nicht, es gibt unübersehbar menschliche Information ohne jede Chemie. Ich, ein Fan aller Naturwissenschaft, finde im Gehirn das, was ich in allen anderen Organen fand: den Geist.

Die Homöopathie bietet die historische Chance, Geistes- und Naturwissenschaften zu verbinden. Sie beherbergt quantenlogische Elemente ebenso wie die Psychologie C.G. Jungs. Alle verbindet das geistige Gut von Logik und Mathematik, den anerkanntesten Kindern des Geistes. Oder sind sie seine Vorfahren, wie der Mathematiker Pythagoras meinte? Die Homöopathie offenbart uns etwas im Menschen, das wie Geistiges wirkt, das als Information begreifbar und in Form der Krankheit fassbar ist. Wir können damit umgehen wie mit der Mathematik; es ist abstrakt, ganzheitlich,

> Du gleichst dem Geist, den du begreifst

nicht lokal, aber streng wirklich. Man kann darauf bauen, man sollte darum wissen. Denn Himmel und Erde sind ohne Erbarmen, sagt Lao Tse. Will sagen: Im Geistigen, Seelischen wie Körperlichen gelten Gesetze so klar und eindeutig wie die Mathematik.

Du gleichst dem Geist, den du begreifst. In der Beschäftigung mit der Klassischen Homöopathie begreifen wir uns selbst wieder. Die Ideen dieses Buches sind nur eine Möglichkeit, Krankheiten und Heilung – und nicht nur sie – zu begreifen. Sie schließen andere nicht aus. Das ist die Freiheit des Geistes. Aber alle müssen sich bewähren, das ist die Notwendigkeit der Niere. In der Praxis des klassisch-homöopathischen Arztes zeigt sich die Wirklichkeit der Homöopathie mit der Kraft einer neuen Wahrheit, die einen Paradigmenwechsel fordert. In ihr wird der zwischen allem spiegelnde Geist wie eine physikalische Information Realität.

Alles Denken und Beobachten an sich beschreibt immer ein Dazwischen, das von allen Beteiligten ein bisschen abgefärbt hat. Es ist selbst etwas und existiert doch nur durch die Beteiligten, wie eine Spiegelung. Spiegelungen sind wie Wasseroberflächen, die manches vom Grund des Sees durchschimmern lassen und manches auch vom Gestade oder Himmel spiegeln. Und doch weder Grund noch Himmel sind, nur Wasser oder nur Luft, sondern ein Zwischending, wie die dargelegten Organe weder Psyche noch Körper zu sein scheinen, sondern Spiegelungen zwischen Körper und Psyche, zwischen Körper und Seele.

Literaturverzeichnis

[1] C. G. Jung: Gesammelte Werke. Walter Verlag, Olten und Freiburg im Breisgau, 1 . Auflage 1981 .

[2] Hoang Ti Nei King So Ouenn, Nguyen Van Nghi. Medizinisch Literarische Verlagsgesellschaft mbH, Uelzen 1977, Seite 203.

[3] Das Alte Testament, Verleger Johann Georg Kota, 1739, 1 . Buch Mose, 19, 26.

[4] Birninghaus: Hals-Nasen-Ohrenheilkunde. Springer Verlag, Berlin, Heidelberg, New York, 4. Auflage 1977, Seite 118.

[5] Benninghoff-Goerttler: Lehrbuch der Anatomie des Menschen. Urban und Schwarzenberg Verlag, München-Berlin-Wien, Band 2, Seite 94.

[6] Das Alte Testament, op. cit., 1 . Buch Mose, 1, 10-11.

[7] Hoang Ti Nei King So Ouenn, Nguyen Van Nghi, op. cit., Seite 353.

[8] Hoang Ti Nei King So Ouenn, Nguyen Van Nghi, op. cit., Seite 224.

[9] Ling Shu, zitiert in Nguyen Van Nghi: Traditionelle chinesische Medizin, Band 1, Medizinisch Literarische Verlagsgesellschaft mbH, Uelzen 1989, S. 67.

[10] Lao Tse, Tao Te King. Diogenes Verlag, Zürich 1985, S. 21.

[11] Manfred Porkert: Die chinesische Medizin. Econ-Verlag, Düsseldorf, Wien 1982, Seite 107.

[12] Noang Ti Nei King So Ouenn, Nguyen Van Nghi op. cit., Seite 414.

[13] Eugen Drewermann: Das Markus-Evangelium, Erster Teil, Bilder der Erlösung. Walter Verlag, Olten, 4. Aufl. 1989, S. 13.

[14] Johann Wolfgang von Goethe: Shakespeare und kein Ende! Aus: Goethes Werke in 6 Bänden, 6. Band, Insel-Verlag, S. 343.

[15] Matthias Uphoff: context zitate, context pro Textverarbeitungsprogramm, DMV Verlag.

[16] Friedrich Schiller: Wilhelm Tell. Aus: Schillers Werke in fünf Bänden, 5. Band, Aufbau-Verlag, Berlin und Weimar 1974; 3. Aufzug, 3. Szene, S. 466.

[17] D. Suzucki: Leben aus Zen, Otto Wilhelm Barth Verlag 1987, Seite 182.

[18] Das Alte Testament, op. cit., Moses, 1 . Buch, 1 . Kap.

[19] Das Alte Testament, op. cit., Moses, 1 . Buch, 1, 31 .

[20] Das Alte Testament, op. cit., Moses, 1 . Buch, 2, 16 u. 17.

[21] Das Alte Testament, op. cit., Moses, 1 . Buch, 3, 6.

[22] Das Alte Testament, op. cit., Moses, 1 . Buch, 3, 10.

[23] Mündliche Mitteilung des Theologen und Psychoanalytikers Dr. Helmut Hark, Karlsruhe.

[24] Das Alte Testament, op. cit., Moses, 1 . Buch, 3, 11.

[25] Duden Bd. 7, Das Herkunftswörterbuch, Dudenverlag Mannheim-Wien-Zürich, 2. Aufl. 1989, Seite 44.

[26] Johann Wolfgang von Goethe: Faust 1, C. H. Beck Verlag, München, Sonderausgabe 1989, Verse 259-264, Seite 16.

[27] Carl Gustav Jung: Erinnerungen, Träume, Gedanken von C. G. Jung. Walter Verlag, Olten und Freiburg im Breisgau, Sonderausgabe, 4. Aufl. 1986, Seite 194.

[28] Hoang Ti Nei King So Ouenn, Nguyen Van Nghi, op. cit., 6. Buch, Kap. 1 9, Seite 353.

[29] Z B. James Gleick: Chaos - die Ordnung des Universums. Droemer Knaur Verlag 1988, S. 20 ff.

[30] Das Alte Testament, op. cit., Moses, 1 . Buch, 32, 25.

[31] Das Alte Testament, op. cit., Moses, 1. Buch, 32, 31.

[32] Johann Wolfgang von Goethe: Faust 1, C. H. Beck Verlag, München, Sonderausgabe 1989, Vers 1675-1677, Seite 56.

[33] Johann Wolfgang von Goethe: Faust 1, C. H. Beck Verlag, München, Sonderausgabe 1989, Vers 1700, Seite 57.

[34] Friedrich Schiller: Das Lied von der Glocke. Aus: Schillers Werke in fünf Bänden, 1. Band, Aufbau-Verlag, Berlin und Weimar 1974, S. 180.

[35] Duden Bd. 7, Das Herkunftswörterbuch, Dudenverlag Mannheim-Wien-Zürich, 2. Aufl. 1989, S. 127.
[36] Mahatma Gandhi in „The Nation's Voice". Zitiert in M. G., Worte des Friedens, Herder Verlag, Freiburg, Basel, Wien 1984, S. 35.
[37] Mahatma Gandhi, Harijan, 15.07.39, zitiert in: M. G., Worte des Friedens, Herder Verlag, Freiburg, Basel, Wien 1984, S. 127.
[38] Johann Wolfgang von Goethe: Faust 1, C. H. Beck Verlag, München, Sonderausgabe 1989, Verse 259-266, Seite 16.
[39] Lingen Lexikon, Band 12. Lingen Verlag 1974, Seite 297.
[40] Mahatma Gandhi, Hind Swaraj, 1946. Zitiert in: M. G., Worte des Friedens, Herder Verlag, Freiburg, Basel, Wien 1984, S. 114.
[41] Johann Wolfgang von Goethe: Der Zauberlehrling. Aus: Goethes Werke in Einzelausgaben, Gedichte. Büchergilde Gutenberg, Frankfurt a. M., Seite 136.
[42] Hoang Ti Nei King So Ouenn, Nguyen Van Nghi, op. cit., 6. Buch, Kap. 1 9, Seite 356.
[43] s. a. C. G. Jung, Gesammelte Werke. Walter Verlag, Olten und Freiburg im Breisgau, 1. Auflage 1981, Band 8, §§ 169 f., S. 99 f.
[44] Hoang Ti Nei King So Ouenn, Nguyen Van Nghi, op. cit., Seite 358.
[45] Hoang Ti Nei King So Ouenn, Nguyen Van Nghi, op. cit., Seite 35.
[46] Forschungsergebnisse aus der Universität Erlangen.
[47] Johann Wolfgang von Goethe: Faust 1 . C. H. Beck Verlag, München, Sonderausgabe 1989, Verse 460-467.
[48] I Ging, Das Buch der Wandlungen. Eugen Diederichs Verlag 1989, z.B. Zeichen 1, S. 25 oder Zeichen 34, S. 134.
[49] Albert Einstein, Leopold Infeld: Die Evolution der Physik, Rowohlt Verlag 1956, S. 12.
[50] Karl Lagerfeld in der Sendung „Wetten dass", ZDF, 15.12.90.
[51] Hoang Ti Nei King So Ouenn, Nguyen Van Nghi, op. cit., Seite 357.
[52] Tchang Tse Tong, zitiert in: Hoang Ti Nei King So Ouenn, Nguyen Van Nghi, op. cit., Seite 357.
[53] Hoang Ti Nei King So Ouenn, Nguyen Van Nghi, op. cit., Seite 130.
[54] Eugen Drewermann: Strukturen des Bösen, Band 1. Ferdinand Schöningh Verlag, Paderborn, München, Wien, Zürich, Sonderausgabe 1988, Seite 61.
[55] S. Silbernagl, A. Despopoulos: Taschenatlas der Physiologie, Georg Thieme Verlag, Stuttgart 1979, Seite 118.
[56] Galileo Galilei: II Saggiatore, Mascardi, Rom, 1623, 2. Auflage; zitiert in: Pietro Redondi, Galilei - der Ketzer. C. H. Beck Verlag, München 1989, Seite 60.
[57] Hoang Ti Nei King So Ouenn, Nguyen Van Nghi, op. cit., Seite 205.
[58] Hoang Ti Nei King So Ouenn, Nguyen Van Nghi, op. cit., Seite 357.
[59] Richard Wilhelm zitiert das I Ging in: Erfahrungen mit dem I Ging. Eugen Diederichs Verlag, 1. Auflage 1984, Seite 37.
[60] Johann Wolfgang von Goethe: Faust 1, C. H. Beck Verlag, München, Sonderausgabe 1989, Verse 1830-1933, S. 60.
[61] Das Markus-Evangelium in der Übersetzung von Eugen Drewermann. Walter Verlag Olten und Freiburg im Breisgau, Kap. 8,18, S. 39.
[62] Z. B. Parzival und Trevrizent in: Wolfram von Eschenbach: Parzival. Philipp Reclam Jun. Verlag, Stuttgart 1989.
[63] Friedrich Schiller: Don Carlos, Infant von Spanien. Aus: Schillers Werke in fünf Bänden, 3. Band, Aufbau-Verlag, Berlin und Weimar 1974, S. 218.
[64] Erinnerungen, Träume, Gedanken von C. G. Jung. Walter Verlag, Olten, und Freiburg im Breisgau, 4. Auflage 1986, Seite 99.
[65] Lao Tse, Tao Te King. Diogenes Verlag, Zürich 1985, S. 50; analog hierzu Seite 55.
[66] Walter Köster: Hahnemann und C. G. Jung. Ein homöopathisches Denkmodell. Karl F. Haug Verlag, Heidelberg 1992.
[67] Lao Tse, Tao Te King. Diogenes Verlag, Zürich 1985, S. 71.

[68] Se ve muy bien los toros desde la barrera. Spanisches Sprichwort aus dem Wortschatz des Autors.
[69] Richard Wilhelm in: Erfahrungen mit dem I Ging. Eugen Diederichs Verlag, 1. Aufl. 1984, S. 38.
[70] Lao Tse, Tao Te King. Diogenes Verlag, Zürich 1985, S. 18.
[71] Paracelsus zitiert von Erich Fromm. Gesamtausgabe Band IX, Seite 438, 1. Aufl. 1989, Deutscher Taschenbuch Verlag, München.
[72] Lao Tse, Tao Te King. Diogenes Verlag, Zürich 1985, S. 5.
[73] Lao Tse, Tao Te King. Diogenes Verlag, Zürich 1985, S. 17.
[74] Lao Tse, Tao Te King. Diogenes Verlag, Zürich 1985, S. 7.

Stichwortverzeichnis